조선의 출세길

# 장원급제

# 조선의 출셋길, 장원급제

**초판 1쇄 발행** 2010년 5월 7일
**초판 2쇄 발행** 2010년 6월 10일

**지은이** 정구선

**펴낸이** 박세현
**펴낸곳** 팬덤북스

**기획위원** 김정대
**마케팅** 전창열

**주소** (우)121-868 서울시 마포구 연남동 487-119번지 골든빌 104호
**전화** 070-8821-4312 | **팩스** 02-6008-4318
**이메일** fandombooks@naver.com
**블로그** http://blog.naver.com/fandombooks

**등록번호** 제300-2009-81호

ISBN 978-89-963020-4-9 03910

· 값은 뒤표지에 있습니다.
· 잘못된 책은 구입하신 서점에서 바꿔드립니다.

# 조선의 출세길, 장원급제

영광과 좌절이 교차한 공부 귀재들의 과거시험과 출세 이야기

정구선 지음

팬덤북스

들어가는 말

# 영광과 좌절이 교차한 '공부 귀재' 들의 삶

조선 시대의 과거 시험은 문과, 무과, 잡과로 나뉘어 시행되었고 문과는 다시 대과와 소과로 나뉘었다. 소과는 대과 응시를 위한 예비시험적 성격을 띠고 있었는데, 생원진사시 또는 사마시라고도 불렸다. 조선 시대에는 대과를 보통 문과라고 했으므로 이 책에서도 그 관례를 따라 대과를 문과라고 하겠다.

문과에 급제한다는 것은 양반 관료사회에 당당히 진입하기 위한 중요한 관문을 통과했다는 의미였다. 학자들마다 통계에 약간씩 차이가 있기는 하지만 조선 시대를 통틀어 문과 시험이 대략 744회 실시되어 급제자는 모두 1만 4,620여 명이 나왔다. 이 가운데 정기 시험인 식년시 163회에서 6,063명, 각종 부정기 시험 581회에서 8,557명이 선발되었다. 다만 이 숫자는 중시를 제외한 숫자다.

조선 시대 전 시기에 걸쳐 문과 시험이 740여 회 치러졌으므로 장원급제자도 740여 명이다. 문과 급제자 전체에 비하면 지극히 적은 숫자고, 1년에 장원급제자가 대략 1.4명 배출되었으니 정말 어려운 관문을 통과

한 셈이다. 문과 급제는 개인의 영광일 뿐 아니라 가문의 커다란 영예였다. 급제만 해도 대단히 영광스러운 일이었는데 더구나 장원급제는 말할 필요도 없었다.

이 책은 조선 시대의 과거제도를 살펴보고, 또한 문과 장원급제자들의 삶을 살펴볼 것이다. 특히 흔히 생각하는 '수석'의 탄탄대로를 걸어간 인물들이 아닌, 예측할 수 없는 운명의 소용돌이 속에서 영광과 좌절이 교차한 삶을 살아간 장원들의 자취를 더듬어보려 한다.

조선 시대는 양반의 시대고, 양반 가운데도 소수의 문벌 가문이 지배한 사회였다. 그리고 권력의 중심에 접근하려면 무엇보다 문과에 급제해야 했다. 또한 대를 이어 문벌을 유지하려면 문과 급제가 필수였고, 이왕이면 장원급제를 기대하는 것이 당연했다. 그렇다 보니 자연히 서울에 사는 문벌가의 자제들이 문과 장원으로 급제하는 비율이 높을 수밖에 없었다. 이렇듯 장원을 차지하려면 무엇보다 든든한 집안 배경이 중요한 요소로 작용했는데, 그러한 배경이 없는 시골의 가난한 선비들은 오로지 공부에 의지해야 했다. 게다가 그들은 어려운 현실을 벗어나 입신양명하려면 열심히 공부해서 급제하거나 장원이 되는 길밖에 없었다.

그러나 장원이 되기란 결코 쉬운 일이 아니었다. 그런 까닭에 어떤 이는 엄중한 금기를 깨고 불공을 드리기도 하고, 과거 시험만 보게 해준다면 개구멍이라도 지나겠다고 통사정을 하는가 하면, 신문고를 두드리는 이까지 있었다. 그리고 장원급제자들 가운데는 어렵다는 과거에 연달아 장원을 차지한 수재도 있었고 신동으로 이름을 날린 이들도 있었다. 부자

지간 또는 아버지, 아들, 손자 3대가 모두 장원을 차지한 집안도 나왔다.

장원 중에는 온갖 어려움을 극복하고 마침내 장원을 차지한 인생 역전의 승부사들도 있었다. 서얼은 과거를 볼 수 없었지만 신분 제한을 뛰어넘어 장원급제까지 한 사람도 있었고, 여러 차례 낙방을 거듭하다가 장원을 하거나, 문과에 급제했다가 취소된 후 다시 시험을 보아 장원급제의 영광을 거머쥔 이들도 나왔다. 그 밖에 귀양살이를 한 뒤 분발하여 장원을 차지한 이도 있었다.

이러한 장원급제자들은 으레 모두 순탄한 과정을 거쳐 출세하고 영달했을 것 같지만 꼭 그렇지만도 않았다. 그들 가운데는 끈질긴 비판에 직면하거나 억울하게 정치적인 희생양이 된 이들도 있었으며 순탄치 못한 관직 생활을 이어간 이들도 있었다. 물론 국왕의 총애를 받거나 공신이 되고 정승, 판서까지 올라 영화를 누린 이들도 있었고 청렴강직한 자세로 선정을 베풀어 칭송을 받은 장원도 있었지만 말이다.

과거에서 장원급제했다고 인생에서도 반드시 장원을 차지하는 것은 아니었다. 요즘 말로 과거 시험의 달인이 곧 인생의 달인이 되는 것은 아니었다. 성경에 "먼저 된 자가 나중 되고, 나중 된 자가 먼저 된다"라는 구절이 있다. 장원이라고 자만에 빠져 나태하거나 불성실하게 생활하는 자들은 성실하고 끈기 있게 살아가는 비장원급제자들에게 추월당할 수밖에 없었다.

이 책은 이와 같은 다양한 장원들의 인생 역정 내지 삶의 방식을 통해 인생살이의 교훈을 조금이나마 얻을 수 있기를 바라는 마음에서 시작되었다. 또한 공직자들의 생활에 약간이라도 도움이 되고, 어려운 여건 아래 각종 시험을 준비하는 이들에게 작은 용기라도 줄 수 있으면 한다.

정구선

차례

## 오매불망 장원급제 생각



## 최고 중의 최고들



## 깊어만 가는 과거제의 폐단

# 2부 장원들의 삶, 그 빛과 그림자

## 공직자의 귀감이 되다



## 평생을 따라다닌 비난



## 끊겨버린 탄탄대로

장원으로 가는 길, 과거 시험

장원급제의 비결

오매불망 장원급제 생각

최고 중의 최고들

깊어만 가는 과거제의 폐단

# 1부

# 출세의 지름길
## 과거와 장원급제

# 장원으로 가는 길 과거시험

## 과거 시험이란?

과거제도가 처음 실시된 것은 중국 수나라 문제 때부터다. 문제는 당시 강성하던 귀족 세력을 억누르고 황제가 정점인 중앙집권체제를 강화하기 위해 과거제도를 채택했다. 수나라의 과거제도는 당나라로 계승되어 확립되었고, 이후 중국의 주도적인 관리 등용 제도로 발전했다.

중국의 과거제도가 우리나라에 처음 도입된 것은 고려 광종 9년(958)이다. 이때 후주後周에서 귀화한 쌍기雙冀의 건의를 받아들여 실시했는데, 중국처럼 각 지역의 호족 세력을 억누르고 그들을 중앙 관료로 편입해 중앙집권적 관료 체제를 확립하고 왕권을 강화하고자 하는 의도를 띠고 있었다.

고려 시대의 과거에는 제술과製述科, 명경과明經科, 잡과雜科가 있었다. 제술과는 시와 문장으로 시험을 보았고 명경과는 유교 경전을, 잡과는 의업醫業, 복업卜業, 지리업地理業 등으로 시험을 보아 기술관을 임용했다.

이러한 고려의 과거제도는 조선왕조로 이어졌다. 조선의 과거제도는 고려의 제도를 기본으로 하되 제술과와 명경과를 통합해 문과로 하고 무과를 신설했으며 잡과를 유지했다. 문과와 무과를 통해 문무 관료를 균형 있게 선발함으로써 조선왕조는 명실상부한 양반 관료 체제를 확립했다.

따라서 조선 시대의 과거에는 문과, 무과, 잡과가 있었다고 할 수 있다. 넓은 의미의 문과에는 문과의 예비시험 성격이 강한 소과(생원진사시, 사마시)가 포함되었다. 소과는 다시 생원시와 진사시로 나뉘었다. 잡과에는 역과譯科, 의과醫科, 음양과陰陽科, 율과律科가 있었는데 기술직 중인들이 주로 응시했다.

과거는 또한 시험 시기에 따라 정기 시험과 국가의 경사 등이 있을 때 임시로 치러지는 부정기 시험으로 구분되었다. 그 가운데 정기 시험은 3년에 한 번씩 실시했는데 이를 식년시式年試라 했다. 식년은 간지干支의 12지에서 자子, 묘卯, 오午, 유酉가 오는 해를 말하며, 그해에 시험을 본다고 해서 식년시라 했다. 식년시에는 초시初試, 복시覆試(회시), 전시殿試가 있었다.

식년시는 초기에는 정월부터 시작해 5월까지 시험을 모두 마치게 되어 있었지만 농사철에 응시자들이 왕래하느라 농사에 방해가 되었다. 그래서 성종 3년부터 중국의 예에 따라 매 식년 전해의 가을에 초시를 보고 식년 봄에 복시와 전시를 치렀다. 식년시에는 모든 과거가 함께 실시되었다.

국가의 경사 등이 있을 때 베푼 부정기 시험에는 증광시增廣試, 알성시謁聖試, 별시別試, 정시庭試, 춘당대시春塘臺試 등이 있었다. 이 가운데 증광시는 국가에 큰 경사가 있을 때 실시되었다. 처음에는 국왕 즉위 때만 시행되었으나 선조 이후에는 왕세자 탄생, 왕비와 왕세자 책봉 등 왕실의 커다란 경사를 기념하기 위해 실시되었다. 증광시는 식년시와 마찬가지로 문과뿐 아니라 무과, 소과, 잡과가 동시에 베풀어졌다.

알성시는 국왕이 봄가을에 성균관의 문묘에 참배한 후 명륜당明倫堂에서 주로 성균관 유생을 대상으로 치른 시험이다. 국왕이 직접 나와 실시하는 과거의 하나로 단 한 번의 시험으로 합격 여부가 결정되었다.

별시는 나라의 보통 경사가 있을 때 실시된 시험으로, 예고 없이 실시되었기 때문에 지방 거주자에게는 불리했다. 선발 인원도 정해진 것이 아니라 그때그때 사정에 따라 달랐다. 외방별시外方別試는 국왕이 지방에 행차할 때 행재소行在所에서 실시한 특별 시험이다. 국방상의 요지인 함경도에서 치른 북도과北道科, 평안도에서 치른 서도과西道科, 강화도와 제주도, 개성부에서 치른 별시가 있었다.

정시는 제술 시험 한 번으로 당락이 결정되는 시험으로, 본래 정식 과거라기보다는 학문을 장려하는 의미로 시행해 우수한 사람에게 전시에 응시할 자격을 주거나 물품을 하사하던 시험이었는데 선조 이후 독자적인 시험으로 승격되었다. 춘당대시는 본래 각 군문軍門의 무사들을 창경궁 안의 춘당대에 모아 무재武才를 겨루게 하던 것이었는데 이후 문과에도 적용되었다.

그 밖에 중시重試는 이미 문무과에 급제한 당하관 이하의 문무관을 대상으로 한 시험으로 10년에 한 번씩 시행했다. 합격자에게는 성적에 따라 관직을 올려주었다. 즉 참하관에서 참상관으로, 당하관에서 당상관으로 승진시키는 시험이었다.

한편 식년시와 증광시에는 초시, 복시, 전시의 세 단계가 있었는데, 초시에는 향시鄕試, 한성시漢城試, 관시館試가 있었다. 향시는 각 도의 관찰사가 주관해 실시하는 시험으로 8도에 거주하는 유생이 대상이었다. 한성시는 한성부에서 주관하고 주로 당하관 이하의 관리와 한성부에 거주하는 유생들이 응시했으며, 관시는 성균관에서 공부하는 유생들이 대상이었다. 그 밖의 각종 부정기 시험은 대체로 초시와 전시 두 단계만 있었다.

문과 식년시 초시의 선발 인원은 향시가 150명(경기 20, 강원 15, 황해 10, 충청 25, 경상 30, 전라 25, 평안 15, 함경 10), 한성시가 40명, 관시가 50명이었다. 이들 초시 합격자 240명을 대상으로 복시를 치러 33명을 뽑고, 전시에서 급제자들의 등급을 정했다.

문치주의를 표방한 국가의 정책 때문에 양반들은 문과를 더 선호했다. 이에 따라 문과는 조선 시대 과거의 꽃이라 할 만큼 중요시되어 문과 급제는 곧 가문의 영광이며 사회적인 인정과 명예를 얻는 지름길이었다.

## 성균관 수험 생활 엿보기

과거 시험은 교육과 밀접하게 연계되어 있었다. 관료 국가 조선왕조의 지배계급이던 양반들에게는 벼슬자리에 나아가는 것이 사회적 지위를 유지하고 부귀영화를 누릴 수 있는 유일한 길이었고, 그것이 인생의 최고 목표이기도 했다. 관리 등용의 정규 통로인 과거가 중요시된 것도 이 때문인데, 이에 따라 교육도 과거 준비가 가장 중요시되었다.

양반 자제들은 대략 7, 8세가 되면 서당에 들어가 훈장에게 《천자문》, 《동몽선습》 등 학문의 초보와 습자를 익히고 15, 16세가 되면 서울은 사학四學, 지방은 향교에 들어가 5, 6년 동안 공부를 하고 소과에 응시했다. 여기에 합격하면 생원, 진사의 칭호를 얻고 성균관에 진학했다. 성균관에서 공부하다가 다시 문과(대과)에 응시해 이에 급제하면 비로소 관직을 얻었다. 이처럼 조선 교육의 최고 목표는 과거에 필요한 경학經學과 시문詩文을 배워서 과거에 합격해 관리가 되는 데 있었다.

각종 학교 가운데 서울의 성균관은 과거 시험 공부를 위한 마지막 교육기관이었다. 유생들은 소과에 합격하면 최고 학부인 성균관에 입학해서 대과 즉 문과 급제를 위해 공부를 계속해야 했다. 성균관은 공자 등 성현의 위패를 모시고 제사를 지내는 문묘와 공부를 하는 명륜당, 기숙사인 동, 서, 재齋 등의 건물로 구성되었다.

성균관 유생들은 원칙적으로 모두 기숙사 생활을 해야 했는데, 기숙사 생활은 상당히 엄격한 학칙에 따라 규제되었다. 학칙을 어기면 식당 출입이 금지되거나 제적당했다. 유생들이 공부하는 데 필요한 종이나 붓 등은 물론이고 식비도 모두 나라에서 대주었다. 요즘 식으로 말하면 모든 유생은 국비 장학생이었다.

아침 식사가 끝나면 명륜당에서 공부가 시작되는데, 유생들은 우선 학관學官 즉 교수들에게 절을 하고 이어서 교수가 앞서 배운 내용에 대해 질문을 한 뒤 수업에 들어갔다. 유생들은 주로 과거 과목인 사서오경 등 유교 경전과 글짓기인 제술을 아울러 공부했다.

학업 성적 평가는 여러 차례의 까다로운 시험을 거쳐야 했다. 유생들은 매일 학관이 부과하는 학관일강學官日講이라는 강경(시험관이 지정해주는 경서의 대목을 외우던 일) 시험을 보고, 열흘마다 다시 학관순제學官旬製라 해 제술 시험을 치렀다. 또한 매달 예조에서 주관하는 월강月講을 보았다. 그 외에도 매년 3월과 9월에는 의정부, 육조에서 실시하는 제술 시험인 연고年考를 통해 평가를 받아야 했다. 이러한 시험의 결과는 연말에 합산되어 우수한 자는 천거해 등용하거나 문과 시험을 볼 때 초시 면제 등과 같은 혜택을 주었다.

매달 8일과 23일은 휴일이어서 유생들의 외출과 의복 세탁 등이 허용되었다. 성균관의 재학 연한은 제한이 없었으며, 일종의 출석 점수인 원점圓點을 따서 문과 초시 응시 자격을 획득하면 성균관을 나갈 수 있었다.

태종 17년(1417)에 정해진 과거법에 따르면 성균관 유생이 문과에 응시하려면 원점 300점을 따야 했다. 성균관 식당에서 아침과 저녁 두 끼를 먹으면 원점 1점을 얻었다. 따라서 원점 300점은 300일간 성균관에서 공부하는 것을 의미했다. 즉 소과에 합격한 사람은 성균관에 들어가 약 1년간 수학해야 문과에 응시할 자격을 얻었다. 그러나 실제로는 원점 제도가 잘 지켜지지 않아 원점을 줄여주기도 하고, 영조 이후에는 아예 원점을 묻지 않기도 했다.

예나 지금이나 학생들에게 학교생활은 지루하고 힘든 과정이라, 학업에 태만한 유생들 중에는 꽉 짜인 성균관 생활이 싫어서 부모의 노환 등을 핑계로 고향에 내려가버리는 자들이 많았다. 그러다가 과거 시험 시기가 임박하면 부모의 노환을 증명해줄 허위 진성장陳省狀(지방 관아에서 중앙 관청에 올리는 보고서)을 받아 가지고 올라와서 과거에 응시하는 일이 많았다. 그리하여 성종 때는 진성장을 받은 자는 성균관에서 실시하는 관시館試에 응시하는 것을 허락하지 않고, 청탁을 받고 진성장을 발급해주는 지방의 수령은 처벌하게 했다.

성종 때는 또한 성균관 유생들이 공부는 제대로 하지 않고 사치에만 신경을 써서 문제가 되기도 했다. 그 전의 유생들은 모두 삼이나 모시로 만든 미투리를 신었으며 말을 타는 자라고는 없었는데, 당시에는 거의 모두가 살진 말을 타고 아름다운 옷을 입었으며 사대부들이 신는 목화木靴나 가죽신을 신고, 책을 끼고 다니는 자는 한 사람도 없었다고 한다. 이러한 사치 풍조를 바로잡기 위해 예조에서는 성균관 유생들이 검소하게 생활하게 가르치되 가르침을 따르지 않는 자는 학교에서 내치고 과거도 보지 못하게 해야 한다고 건의해 임금의 윤허를 받았다.

성균관은 타의 모범이 되는 곳으로서 사제지간의 의리를 매우 중시했다. 스승을 임금이나 부모와 같이 공경하고 따라야 했으며, 스승에 대한 불손한 언동은 용납될 수 없었다. 그런데 유생들이 스승을 능멸하는 사건이 일어나서 커다란 파장을 일으킨 적이 있다. 성종 4년에 생원 임지任沚, 최희철崔希哲, 김준손金俊孫 등이 학관인 장관생원長官生員이 기숙사인 재사齋舍에서 기거하는 데 격분해 장관생원을 회초리로 때리고, 눈을 부릅뜨고 큰 소리를 치는 등 거칠고 무례한 행동을 했다. 더구나 다른 유생들을 선동해 모두 성균관에서 나가게 했다. 아마도 스승이 기숙사에 기거하면서 유생들을 엄하게 감독하자 이에 불만을 품고 난동을 부린 듯하다. 요즘도 교사를 구타하거나 욕을 하는 학생들이 있는데, 조선 시대에도 이런 학생들이 있었던 것이다.

이 사건이 일어나자 사헌부에서는 "조정을 경멸하고 유교를 크게 허물어뜨렸으니, 그 죄가 깊고 무겁다. 엄하게 징계하지 않는다면 거칠고 사나운 무리들이 장차 악을 조장하고 풍속과 교화를 오염시킬 것이다"라면서 강경한 처벌을 요구했다. 그리하여 최희철은 곤장 100대의 처벌을 받았고, 임지는 죄를 묻는 자리에 나타나지 않았다고 해서 죄 2등을 더해 곤장 60대와 일종의 징역형인 도徒 1년에 처했다. 그 밖에 김준손 등의 유생들은 각각 곤장 90대에 해당하는 재물이나 노동을 제공하게 했다. 아울러 이들은 모두 영영 과거를 보지 못하게 했다. 이처럼 한순간의 철없는 행동 때문에 혈기왕성한 젊은이들이 평생 후회할 대가를 치러야 했다.

## 출제부터 채점까지, 시험장 풍경

시험문제는 과거를 보는 날 새벽 시험관들이 한자리에 모여 상의해서 출제했다. 이미 출제된 문제나 명나라와 청나라에 저촉되는 문제, 국왕을 비판하는 문제는 내지 못하게 되어 있었다. 시험문제가 정해지면 시험장에서 시험이 시작되었다. 문과의 초시는 서울과 지방에서 치르고 복시와 전시는 서울에서 치러졌다.

시험장을 감시하는 입문관入門官은 시험 당일 새벽에 문을 열고 기다리다가 녹명책(응시자 명부)을 보고 호명하여 응시자들을 들여보냈다. 순조 때는 응시자가 많아 시험 전날 저녁부터 다음 날 아침까지 입장시키게 했다. 이때 한번 들어온 자는 다시 나가지 못했다. 응시자들은 시험장에 들어갈 때와 나갈 때 증명서를 검사받았고, 증명서를 위조했거나 증명서 없이 들어온 자는 모두 시험장에 난입한 죄로 처벌하여 군역에 복무하게 했다.

응시자의 이름 등을 기록하는 녹명錄名은 처음에는 시험 열흘 전까지 끝내게 되어 있었으나 뒤에는 시험장에 입장할 때 하는 일도 많았다. 조선 초기에는 녹명을 할 때 담당 관리들이 응시자들에게 뇌물을 받아 물의를 일으키기도 했다. 급기야는 세종이 이러한 위반 행위를 하는 관리를 처벌하라는 명을 내렸다.

수협관搜挾官은 문밖에서 응시자들의 옷과 소지품을 수색했다. 책을 가지고 들어가다가 발각되면 응시자는 최장 6년 동안 과거를 보지 못하게 하고, 이를 묵인한 수협관은 처벌을 받았다. 입장이 끝나면 입문관은 수험생들을 여섯 자 간격으로 떼어 앉혀서 서로 이야기하지 못하게 하고 금란관禁亂官이 문을 잠가 잡인들의 접근을 막았다. 시험을 돕기 위해 임시로 차출된 차비인差備人과 잡인들이 시험장 내에 마구 출입하는 것을 막기 위해 장내에서는 대간臺諫이, 장외에서는 의금부 낭관이 나누어 맡아서 엄하게 감시했다.

시험을 치르는 동안 응시자들이 용변을 보러 갈 때는 반드시 대간에게 고한 연후에 나가야 했으며 여럿이 한꺼번에 출입해서는 안 되었다. 그리고 서리書吏 등과 같은 잡인은 응시자가 앉아 있는 곳에 가까이 가서 응시자와 이야기하는 것이 금지되었다. 이러한 규칙들을 어기면 응시자는 쫓겨나고 잡인은 처벌을 받았다.

시험장에서 쓸 시험지는 나라에서 주는 것이 아니라 응시자들이 각자 구한 것을 사용했으며, 시험장에 입장할 때 제출하면 관리가 도장을 찍어 주었다. 그런데 권세가나 부호의 자제들은 시험관이 누구의 답안지인지 단번에 알아볼 수 있게 두껍고 질 좋은 종이를 사서 쓰는 일이 많았다.

시험문제가 게시판에 게시되면 응시자들이 답안을 작성하기 시작하는데, 시험 시간은 식년시와 증광시는 정해진 시간이 없었고 통행금지 시각인 인정人定(밤 10시경)까지 답안지를 내면 되었다. 당일에 합격자를 발표한 알성시, 정시, 춘당대시 등은 시간이 정해져 있었는데, 숙종 때는 오시午時(오전 11시~오후 1시) 지나서 시험문제를 출제해 신시申時(오후 3시~5시)까지 답안지를 내게 했다. 순조 때부터는 제술 시험은 세 시간으로 시간을 한정하기도 했다. 시험이 끝나면 종료를 알리는 종을 쳤는데, 종소리를 못 듣고 시간을 넘기는 자가 많아 숙종 때부터는 북을 울렸다. 시험 도중에 응시자들에게 죽이나 술이 제공되기도 했다. 세종 14년에는 시험장마다 죽 여덟 단지와 술 서른 병씩을 주게 했는데, 이는 응시자들이 시장기를 달래고 목을 축이고 긴장도 풀게 하려는 배려였다.

답안 작성이 끝나면 답안지를 수권소收券所에 냈는데 수권관 두 명과 군졸 몇 명이 답안지를 제출하는 순서대로 받고, 시험 시간이 지나면 즉시 포장布帳이나 멍석을 답안지 위에 덮었다. 마감 시간이 지나면 답안지를 제출할 수 없었다. 마감 이후에 포장 위에 억지로 답안지를 던지는 유생도 있었지만 그 즉시 답안지 위에 '限後(마감 이후)'라는 두 글자를 써서 낙방으로 처리했다. 마감 이후에는 모든 유생을 시험장 바깥으로 내보내고, 이를 어기는 자가 있으면 난입의 법을 준용해 엄중히 다스렸다.

군졸들이 답안지를 받는 데도 농간이 있었기 때문에 순조 18년부터는 응시자가 군졸에게 직접 주지 않고 대臺 위에 던지게 했다. 대 위의 사방에는 나무를 심고 노끈을 얽어서 답안지가 굴러떨어지지 않게 했다. 답안지 제출이 끝나면 제출한 순서에 따라 100장씩 묶어 정리했는데, 이를 작축作軸이라 했다. 마감 안에 제출되어 포장 밑에 쌓인 답안지는 제출 순서를 불문하고 한데 뒤섞어서 여러 시험관과 감찰, 수권관이 모두 모여 보는 가운데 군졸들이 일제히 작축하게 했다.

문과의 초시와 복시는 삼장연권법三場連券法 또는 동당삼장東堂三場이라 하여 초장初場이 끝난 하루 뒤에 중장中場, 중장이 끝난 하루 뒤에 종장終場을 보았다. 시험 과목은 초장에는 경학, 중장에는 시, 부賦, 표表, 종장에는 시무책을 보았다. 초장의 경학 시험은 강경과 제술이었다. 강경은 경서를 대상으로 하는 구두시험이고, 제술은 의의疑義라고도 했는데 논문식 필기시험이었다. 강경에는 책을 보지 않고 물음에 답하는 배강背講과 책을 보고 답하는 임문고강臨文考講이 있었다. 제술 시험에서 응시자들이 작성하는 답안지에는 일정한 규칙이 있었다. 즉 반드시 해서楷書로 쓸 것, 불교나 도교 등 이단에 대해 쓰거나 인용하지 말 것, 붕당을 언급하지 말 것, 국왕의 이름을 쓰지 말 것, 신기하고 기괴한 문자를 쓰지 말 것 등이었다.

또한 조선왕조에서는 과거의 공정성을 확보하기 위해 여러 가지 제도를 마련했는데, 그중 하나가 봉미封彌(봉명)다. 이는 답안지 오른쪽 끝에 응시자들이 이름, 생년월일, 주소, 본관, 사조四祖 등을 적고 이 부분을 접어서 보이지 않게 풀로 붙인 것을 말한다. 이 제도는 채점자가 응시자의 이름을 알지 못하게 하는 방법으로, 채점이 다 끝난 뒤 접은 부분을 펴서 성적을 발표하게 했다.

그런데 문과에서도 간혹 문제가 된 적이 있지만 소과에서는 봉미 제도가 원래부터 잘 지켜지지 않았다. 영조 이전에는 소과의 복시에서 합격자들의 등수를 매길 때 고시관들이 합격자들의 봉미를 미리 떼어서 보고 문벌이 좋고 학문이 높은 자를 가려서 뽑아 장원으로 삼는 것이 일종의 규례였다. 그런 다음 생원의 셋째와 진사의 여섯째는 '이 등수에 든 사람은 명이 짧아 일찍 죽는다'는 소문이 떠돌았기 때문에 시골의 미천한 선비를 가려서 채웠다. 이에 따라 성적과 관계없이 문벌이 좋으면 장원이 되고 시골의 이름 없는 선비는 사람들이 기피하는 낮은 등수를 받았다. 그런데 영조가 "이것이 공인가 사인가? 과거를 엄하게 하는 도리가 이래서는 안 된다. 이제부터는 이것을 영구히 폐지하고, 범하는 자는 처벌하라"라고 명함에 따라 이러한 규례가 폐지되기에 이르렀다. 이처럼 조선 사회는 과거의 공정을 기하기 위해 좋은 제도가 마련되어 있었지만 그보다는 문벌 등의 다른 요소가 더 크게 작동하는 폐쇄적인 신분 사회였다.

봉미 제도와 함께 과거의 부정을 방지하는 장치로 역서법易書法이 있었다. 역서는 답안지를 거둔 다음 서리가 답안 내용을 붉은 글자로 다시 쓰게 해서 응시자와 시험관의 결탁을 방지하는 방법이었다. 이는 서체로 응시자를 구별하는 폐단을 막기 위한 방법으로, 소과와 알성시, 정시, 춘당대시 등과 같은 친림과親臨科를 제외한 문과는 모두 역서하게 했다. 역서가 끝나면 응시자가 쓴 원본과 서리가 쓴 사본을 대조해 틀림이 없는가를 검사한 뒤 사본만 시험관에게 넘겨 채점하게 했다.

조선 후기에는 이러한 역서에도 부정이 많아, 역서할 때 서리가 답안을 고치게 하는 일이 자주 발생했으며 역서에 드는 경비도 만만치 않았다. 이 때문에 역서를 하지 않고 모든 응시자에게 글씨를 베껴 쓰는 사수寫手를 대동하게 했다. 당시 서리 100명이 2천 장을 역서하는 데 대략 하루가 걸렸다고 한다. 조선 후기에는 응시자가 수만 명까지 몰린 시험도 있었으니 아마도 엄청난 시간과 비용이 들었을 것이다.

사수를 대동하게 하자 시험장인 궁궐이 혼잡해지고 응시자들이 자신의 사수에게 책을 끼고 들어가게 하는 수종협책隨從挾冊 등의 폐단이 허다하게 나타났다. 그리하여 숙종 때 이르러 역서를 다시 실시해야 한다는 주장이 나오기도 했다. 역서에 비용을 허비한다 하더라도 쌀 수십 섬에 지나지 않을 것이니, 이것이 궁궐에서 빚어지는 혼잡함보다는 낫다는 것이었다. 그러나 이러한 주장은 과다한 비용을 이유로 받아들여지지 않았다.

식년 복시에 합격한 33명은 대궐에서 다시 전시를 보았다. 전시는 임금이 직접 참석한 가운데 주로 대책對策으로 시험을 보았는데, 이는 떨어뜨리는 것이 아니라 등급을 매기는 시험이었다. 즉 시험관이 쥐고 있던 급제 결정권을 국왕이 직접 행사하는 데 목적이 있는 것으로, 왕권 강화의 한 방책이었다. 따라서 장원급제자를 결정하는 최종 결정권 역시 국왕에게 있었다.

전시에서 치러진 대책 시험은 당시의 정치 상황이나 민생 등과 관련이 깊은 문제가 출제되었다. 세종 5년(1423) 3월 경복궁 근정전에서 치러진 전시에 출제된 대책 문제에서 이를 확인할 수 있다.

> 인사人事가 아래에서 감동되면 천도天道는 위에서 반응하니 이는 고금 자연의 이치다. 경서經書와 사서史書를 상고해보건대, 혹은 그 반응이 있기도 하고 혹은 그 반응이 없기도 하니 그렇게 된 이유를 들려줄 수 있겠는가.
>
> 내가 왕위를 계승한 이후로 태조, 태종의 업적의 중대함과 이를 지키기

가 어려움을 우려러 생각하여, 만분의 일이라도 보답하기를 희망하며 이른 아침부터 밤늦게까지 부지런히 한 지도 몇 해가 되었다. 그러나 하늘과 사람의 이치에 어두워 시행하는 즈음에 그 적당함을 얻지 못했다.

금년에 수재와 한재가 서로 잇달아 일어나고 근년에 와서는 흉년이 거듭 들어 백성들이 고향을 떠나 흩어지게 되었다. 평안도와 강원도 두 지역이 더욱 심하니, 이런 일이 생긴 것은 무슨 까닭인가. 혹시 관리들이 일을 할 때 실속은 없이 한갓 형식만 잘 꾸며서 성심으로 백성을 사랑함이 없었던가. 아니면 백성들이 원망하는데도 내가 미처 듣지 못했던가.

자연재해를 바꾸어 화기和氣를 띠게 하는 방법은 무엇인가. 흉년을 구제하는 정사를 강구하여 창고를 열어 백성을 구제했는데도 백성이 굶주린 기색을 면하지 못한 것은 어떤 이유인가. 백성들이 굶주림으로 울면서 호소하는 일이 없게 하고 들에는 버려둔 송장이 없게 하는 방법은 어디 있을까.

평안도와 함경도는 야인野人과 이웃하여 여러 번 경보警報가 있었으니, 두 도에 저장된 곡식을 흉년 구제하는 데만 다 써버리면 뜻밖의 변고가 발생했을 때 장차 무엇으로 군량을 준비하겠는가. 경서에 '중中과 화和를 사람으로서 다하면 천지도 그 자리를 정할 것이며 만물이 양육된다' 라고 했으니, 이 도리를 다한다면 재해도 소멸되고 태평한 세상도 기약할 수 있을 것인가.

나의 대부大夫들은 경술經術에 통달하여, 정치의 대체를 잘 알고 말을 할 만한 시기를 기다린 지가 오래되었을 것이니 마음에 있는 것을 다하여 대답하라. 내가 장차 친히 볼 것이다.

《세종실록》 권19, 5년 3월 기유

요컨대 세종은 당시 홍수와 가뭄 등과 같은 자연재해가 빈번하게 일어나는 원인과 그 때문에 고통을 겪는 백성을 구제할 방도를 물었다. 이는 백성을 사랑하는 세종의 애민 정신을 보여주는 예라 하겠다.

전시가 끝나면 33명을 성적순에 따라 갑과甲科 3명, 을과乙科 7명, 병과丙科 23명으로 나누었다. 급제자들의 등급은 개국 직후에는 을과, 병과, 동진사同進士로 구분했다가 태종 14년(1414)에 을과 제1등 급제, 을과 제2등 진사, 을과 제3등 동진사로 바꾸었다. 당시 갑과 제1등이라 하지 않고 을과 제1등이라 한 것은 명나라에서 갑과라 하므로 그것을 쓰지 못하고 을과라 한 것이었다. 세종 때 다시 동진사를 정과丁科로 바꾸었다가 세조 12년(1466)에 갑, 을, 병과로 바뀐 뒤 그대로 정착되었다. 각 과는 다시 1등에서 꼴등까지 등수를 매겼다.

급제자를 발표한 뒤 예문관에서는 급제자의 이름, 자字, 출생 연도, 본관, 거주지, 부모의 관직과 이름, 양친의 생존 여부, 형제의 이름 등을 기록한 합격자 명부, 즉 방목榜目을 인쇄하여 급제자와 해당 관청에 배포했다. 문과 급제자 명부는 문과 방목, 무과 급제자 명부는 무과 방목, 소과 합격자 명부는 사마 방목이라 했다.

그런데 건국 초기에는 국상國喪 중에는 과거를 중지하는 것이 관례였다. 그러나 세종 4년에 국상 때 과거를 보이는 것이 의리에 해로울 것이 없다는 예조판서 김여지金汝知 등의 건의를 임금이 윤허함으로써 그 후에는 국상 중에도 과거를 치르게 되었다.

또한 조선 초기에는 흉년이 심하게 들면《속육전續六典》의 규정에 따라 강경은 제외하고 제술로만 시험하여 뽑기도 했다. 이러한 조치는 경비 등의 사정상 서울에 오래 머물 수 없는 지방 응시자들을 위한 배려였다.

세종 31년 7월에는 가뭄이 몹시 심해 이듬해 봄에 실시할 예정이던 식년시를 가을로 연기한 일도 있다. 당시 의정부에서는 봄에 지방 응시자들이 모두 서울에 모여들어 베를 팔아 식량을 사면 곡식이 귀해질 것이므로 가을철에 시험을 보게 해야 하며, 새와 짐승이 곡식을 해치므로 백성들이 이것을 잡는 것을 허락해야 한다고 건의했다.

조선 후기에도 가뭄 등 자연재해가 발생하면 과거를 연기했다. 일례로 숙종 10년(1684) 7월에 식년시가 예정되어 있었으나 가뭄 때문에 이듬해로 연기하기도 했다. 그러나 이에 대한 반발도 만만치 않아, 당시 승지로 있던 최석정崔錫鼎은 다음과 같은 상소를 올려 과거 연기의 부당함을 성토했다.

> 금년의 식년시를 가뭄 때문에 명년으로 물려 정했다고 하니, 신은 옳지 않다고 생각합니다. 과거 기일이 박두하여 이미 각 도에서 과거를 실시할 계획이 있을 것입니다. 선비들의 과거 공부는 농부가 논밭을 다스림과 같아서, 경적經籍을 도랑으로 삼고 강습을 쟁기로 삼아 한 해를 마치도록 업業을 닦고 날을 헤아려 기다려서 시험에 나아가기를 바라는데, 어찌 영량

贏糧(양식을 싸서 가지고 감)을 염려한단 말입니까? 혹시 조금이라도 뒤로 물린다면 모두 낙담하여 그 해가 매우 심할 것입니다. 가뭄으로 과거를 물린다면 이는 선비들에게 생업을 잃게 하는 것이니, 천재天災에 응하여 백성의 마음을 기쁘게 하는 것이 아닙니다.

《숙종실록》 권15, 10년 7월 기묘

한편 조선 시대에는 상을 치르는 3년 동안은 유생들이 과거를 보지 못하게 했다. 조선 초기 양반들 사이에는 삼년상이 유행했으나 백성들은 100일상을 지내는 것이 보통이었다. 그러다가 중종 때 조광조趙光祖 등 사림파의 유교적 정치 개혁으로 상하의 구별 없이 삼년상을 지키라는 명이 내려져 차차 일반화되었다. 삼년상을 지키려면 산소 근처에 초막을 짓고 3년간 거주하면서 부모를 모셔야 했다. 이 기간 동안에는 궂은일을 피하고 화려한 의복은 물론 음식도 먹지 않으면서 부모에 대한 효도의 자세를 보였다.

삼년상 중에 과거 응시를 불허한 것은 태종 1년에 올린 성균관의 상소에 따른 조치였는데, 그 상소에 따르면 "삼년상은 천하에 통한 상이어서 천자부터 서인庶人에 이르기까지 한가지라 합니다. 지금은 사정에 따라 3년 안에도 과거 보는 것을 허락합니다. 그러나 부모 섬기기를 효도로 하기 때문에 충성을 임금에게 옮길 수 있는 것인데, 어찌 자식의 도를 알지 못하고 신하의 의를 다할 수 있겠습니까? 또 예禮라는 것은 부득이한 경우 변하는 것이니, 부득이한 것이 아님에도 선왕의 제도를 변경하는 것은 매우 불가합니다"라고 하여, 특별한 사정이 있을 때는 삼년상 기간 동안 과거 응시를 허용하고 있으나 이를 전면적으로 금지해야 한다고 건의했다.

그럼에도 삼년상을 다 치르기 전에 과거를 보려는 자들이 종종 있었다. 세조 때 사용을 지낸 조효례趙孝禮는 모친상을 당한 지 겨우 1년이 지나 무과 중시를 보았다. 그는 80세나 된 늙은 아버지를 불러다가 말을 꾸며 대기까지 했다. 이러한 죄는 원래 곤장 80대에 해당했는데, 임금은 그가 공신의 아들이라 하여 관리 임명장인 직첩職牒만 회수하게 했다.

조효례는 그 후 사면되어 성종 5년에 삼척포 절제사에 이어 만포 절제사로 임명되었다. 그러나 이때도 어머니의 상중에 과거를 본 일로 곤욕을 치렀다. 당시 대간에서는 그가 어머니의 초상을 속이고 과거에 응시해 강상綱常을 어지럽혔으므로 파직해야 한다고 주장했다. 그러자 임금은 그가 비록 죄를 범했으나 뒤에 절제사까지 지냈는데 이제 와서 다시 등용하지 않을 수 있겠는가라면서 파직에 반대했다. 그러나 대간이 계속해서 간하자 마침내 그의 관직을 갈라고 지시해야 했다.

성종 때의 유생 유진柳珍은 모친상을 당한 지 3년이 지나지 않았는데도 아버지의 명이라고 거짓말하며 글을 올려 과거에 응시하기를 청했다. 이를 적발한 사헌부에서는 이 죄가 곤장 80대에 해당하지만, 유생으로서 상중에 응시를 청했으니 본죄本罪만 논하는 데 그칠 수는 없다면서 영영 과거 응시를 정지시켜 경각심을 일깨우는 계기로 삼아야 한다고 건의했다. 이것이 임금의 윤허를 받음으로써 유진은 평생 과거를 볼 수 없었다.

## 기회를 박탈당한 사람들
## _ 재혼녀와 서얼의 자손은 과거를 볼 수 없다!

과거 시험에는 원칙적으로 신분적인 제한이 없어, 양인(평민) 이상이면 누구나 과거에 응시할 수 있었다. 따라서 소과에는 사부학당(사학)과 향교 출신, 정5품 이하의 하급 관리들이 응시할 수 있었다. 문과는 소과에 합격한 생원과 진사, 성균관 유생, 정3품 당하관 이하의 관리에게 응시 자격이 주어졌다. 현직 관리로서 시험을 보려는 자들에게는 일정 기간 휴가를 주었다.

귀화인의 자손에게도 과거의 문은 열려 있었다. 조선 초기에 일본인이나 여진족 가운데 귀화하는 자들이 종종 있었는데, 마삼보로馬三甫老라는 일본인도 조선에 귀화한 사람이었다. 그는 귀화한 뒤 광주 호장 이간李間의 양자가 되어 성을 이씨로 바꾸고 양주의 호장 한원韓原의 딸에게 장가를 들었다. 그 후 아들 이근李根을 낳았는데, 이근이 세종 때 과거에 응시하려고 하자 예조에서 그 뜻이 가상하다면서 응시를 허용해달라고 요청해 윤허를 받았다. 그러나 그가 과거에 합격했는지는 전해지지 않고 있다. 또한 뒤에 다시 언급하겠지만 세조 때는 귀화한 여진족 최보로崔甫老의 아들인 최적崔適이 무과에 장원급제해 위장衛將을 역임한 일도 있다.

그런데 원칙적으로는 과거 응시에 신분적 제한이 없었지만, 시행상으로는 엄연히 차별이 존재했다. 천민들에게는 과거 응시가 원천 봉쇄되어 있었으며 평민들도 경제적, 시간적 이유 등으로 사실상 과거 응시가 어려웠다. 따라서 과거, 특히 문과와 소과는 양반들의 전유물이었다고 할 수 있다.

그리고 법제상으로는 과거에 응시할 수 없는 결격사유가 엄연히 규정되어 있었다. 성종 16년(1485)에 완성, 반포된《경국대전經國大典》에 따르면 죄를 범해 영구히 관직 임명이 차단된 사람, 뇌물을 받거나 나라의 재물을 횡령한 관리인 장리贓吏의 아들, 재가(재혼)했거나 실행失行한 부녀자의 아들과 손자, 서얼의 자손은 문과, 무과와 소과에 응시할 수 없었다. 과거에 응시하지 못한다는 것은 문관이나 무관 등의 벼슬도 할 수 없다는 의미였다. 실행하거나 재가한 여자의 자손은 증손 때부터는 등용될 수 있었는데, 이때도 의정부, 육조, 한성부, 사헌부, 승정원, 사간원, 수령 등에는 임용하지 못하게 했다.

부녀자는 재혼하지 못한다고 못 박은 법은 없었지만 이 규정이 바로 재혼 금지법으로 오랫동안 작용했고, 또한 이 규정 때문에 첩의 자손인 서얼들이 조선왕조 500년 동안 과거 합격은 물론 관직 임용에서 엄청난 불이익을 감수해야만 했다. 그 얼마나 많은 과부와 서얼이 전근대적 규정하나로 헤아릴 수 없는 고통을 겪어야 했던가.

### 실행녀의 자손

조선 시대에는 유교 윤리에 따라 부녀자의 음란한 행위를 엄격히 규제해 행실이 나쁜 여인들은 이른바 〈자녀안恣女案〉에 기록해 징계했다. 〈자녀안〉은 고려 시대부터 존재한 문서로, 예종 3년(1108)에 유부녀가 간음하면 〈자녀안〉에 기록하고 바느질하는 공인工人으로 삼으라는 명이 내려지기도 했다.

조선 시대에 들어서자 태조 6년(1397)에 편찬된 《경제육전》에 명시한 대로 처음에는 양반의 정실로서 세 번 혼인한 여자, 즉 삼가녀三嫁女만을 〈자녀안〉에 올리게 했다. 그 후 성종 때는 〈자녀안〉에 기록하는 범위가 삼가녀만이 아니라 품행이 나쁜 여자까지 확대되었다. 이에 따라 《경국대전》에는 "양반의 부녀자로서 실행한 자는 〈자녀안〉에 기록하고 이조, 병조와 사간원에 알린다"라고 규정했고, "세 지아비에게 고쳐 시집간 자도 같다"라고 했다.

조선 초기에는 부녀자가 세 번 혼인하는 삼가는 곧 실행이었으며, 실행 중에서도 아주 심한 것으로 다른 실행에 비할 바가 아니라고 여겨졌다. 그리하여 《경국대전》에는 삼가녀의 자손은 수령 등에 임용할 수 없다고 규정했다. 그럼에도 당시에는 재혼은 물론 세 번 혼인하는 여자들도 꽤 있었다.

이에 따라 삼가녀의 자손이 불이익을 받는 일이 종종 일어났다. 성종 때 문천 군수로 임명된 김맹전金孟銓은 할머니가 세 번 혼인했다는 이유로 사간원의 탄핵을 받고 관직에서 물러나야 했다. 그 후에는 그의 동생 김맹린金孟鏻이 풍덕 군수에 임명되었다가 또 사헌부의 탄핵을 받았다. 그러나 이때는 김맹린의 형제들이 안팎으로 벼슬살이를 한 것은 그 유래가 이미 오래되었으며, 그들의 할머니는 《경국대전》이 반포되기 전에 실행했으므로 수령이 되어도 무방하다는 대신들의 건의에 따라 자리를 지킬 수 있었다.

김맹전 형제의 조부 김정경金定卿은 왕자의 난(조선 초기에 태조의 왕자들 사이에서 왕위 계승권을 둘러싸고 일어난 두 차례의 골육상쟁) 때 공을 세워 좌명공신佐命功臣에 오르고 연성군蓮城君에 봉해진 인물이다. 그가 죽은 후 아내가 두 번 더 혼인해 문제가 된 것인데, 그의 아내 왕씨는 남편이 죽은 후 1년도 되지 않아 금륜사라는 절의 뒷산에 올라 종에게 노래를 부르고 춤을 추게 했기 때문에 사람들이 눈살을 찌푸렸다고 한다.

당시 실행에는 삼가나 음란한 행위만이 아니라 외간 남자를 만나거나 사찰 또는 신당에 왕래하는 일, 남의 집에 묵는 행위도 포함되었다. 조선 여성들은 낮에도 뜰에서 놀지 못하고 연고 없이는 중문 밖에 나올 수도 없는 갇힌 신세였는데, 이것을 지키는 것이 바로 부도婦道였다. 《경제육전》에는 "양반의 부녀는 부모, (친)형제자매, 백부, 숙부와 고모, 외삼촌과 이모 외에는 가보기를 허락하지 않고, 이를 어기는 자는 실행으로 논한다"라고 규정했다. 따라서 부녀자들이 가까운 친척 이외의 사람들을 만나면 바로 행실이 나쁜 여자로 몰렸다. 이런 형편이었으니 절에 가서 불공을 드리거나 명산의 신당에서 신령에게 굿을 하는 행위는 결코 용납될 수 없었다.

세종 때 대사헌 신개申槩가 올린 상소에 이 같은 실태가 잘 나타난다.

> 사대부의 아내가 귀신에게 아첨하고 혹해, 산야山野의 귀신을 제사하지 않음이 없습니다. 그중에 송악산과 감악산에서 섬기기를 더욱 지극하게 하여 봄가을이면 친히 가서 제사하면서 술과 반찬을 가득 베풀며, 귀신을

즐겁게 한다면서 풍악을 울리고 즐기기를 극진히 합니다. 밤을 지내고 돌아오면서 도로에서 자랑하고 떠들며, 광대와 무당이 앞뒤에서 난잡하게 풍악을 베풀어 방자하게 놀이를 행해도 그 남편이 금하지 않을 뿐 아니라 함께 행하기도 합니다. 부녀자의 실덕失德이 이보다 큼이 없을 뿐 아니라 미혹하고 요사스러운 습관과 무당의 노래하고 춤추는 음란한 풍속을 장차 금할 수 없을 것입니다.

청컨대 지금부터는 전국의 명산과 신당에 부녀들의 왕래를 엄하게 금지하고, 어기는 자가 있을 경우 실행으로 처벌하십시오. 또한 산대놀이나 나례儺禮(섣달 그믐날에 귀신을 쫓는 의식) 등이 있을 때 부녀들이 길가에 장막을 치거나 행랑의 다락 위에서 얼굴을 들고 마음대로 구경하면서 조금도 부끄러워하지 않습니다. 이것은 부도에 크게 어긋나오니 더욱 금지하는 것이 마땅합니다. 이를 어기는 자는 역시 처벌하십시오.

《세종실록》 권52, 13년 6월 정사

이처럼 조선의 여인들은 산이나 들에 나가 제사나 굿을 하는 것은 물론 심지어는 산대놀이 등도 마음대로 구경해서는 안 되었다. 이러한 건의를 받은 임금은 사대부의 아내가 친히 신당에 가서 기도하는 것은 예속에 어긋나는 것이므로 그런 여자가 있으면 남편과 함께 처벌하라고 명했다.

아울러 실행녀에 대한 엄격한 규제의 결과로 그 자손은 과거를 볼 수 없게 되었는데, 실제로 세종 14년에 진관陳瓘은 그의 할머니가 실행했다고 해 과거에 응시하지 못했다. 그리고 《경국대전》에는 실행녀의 아들과 손자만 규제하게 되어 있었지만 실제로는 외손자나 외증손자까지도 불이익을 받았다. 대언을 지낸 윤수尹須의 외손자 유조柳條는 문종 때 외할머니의 실행 때문에 과거에 응시하지 못하는 처지가 되었다. 그러자 그는 불충, 불효한 자의 외손자도 모두 과거에 응시하니 자신에게도 응시를 허락해달라고 청원했으나 임금의 윤허를 받지 못했다.

역시 문종 때 김효맹金效孟이 사헌부 감찰로 제수되자 실행녀의 자손은 대간(사헌부와 사간원의 관리)이 될 수 없다는 탄핵을 받고 직위에서 물러난 사례가 있다. 김효맹의 아내는 조화趙禾의 외증손녀였는데, 조화의 아내가 실행을 해 〈자녀안〉에 기록되고 그 자손들은 과거 응시가 정지되었다. 그 여파로 외증손녀 사위인 김효맹의 대간 임명이 거부된 것이다.

### 재혼녀의 자손

조선 개국 직후부터 유교가 보급되고 유교 윤리가 장려됨에 따라, 과부의 수절을 중시해 재혼을 도의에 어긋나는 부도덕한 행실로 규정하고 그 소생은 과거를 보지 못하게 하려는 움직임이 일어났다. 그렇지만 국초의 위정자들은 삼가녀와 실행녀의 자손에게만 불이익을 주고 재가녀의 자손은 별로 문제 삼지 않았다. 그러나 성종 때에 이르러 삼가녀는 물론 재가녀의 자손까지 불이익을 주어야 한다는 임금의 강력한 의지에 따라 결국 이것이 《경국대전》에 규정되기에 이르렀다.

재혼한 부녀자의 아들과 손자의 과거 응시를 막음으로써 결국 여성의 재혼 금지법으로 변질된 이 문제의 규정이 《경국대전》에 명시되는 데는 많은 논란이 있었다. 《경국대전》이 완성되기 전에는 원래 부녀자의 삼가만을 금하고 재혼은 금지하지 말자는 여론이 지배적이었다. 《경국대전》이 반포되기 직전인 성종 8년에 소집된 중신들의 모임에서 이러한 분위기가 충분히 감지된다. 이 자리에 참석한 거의 모든 대신은 재혼 금지에 반대했다. 영의정 정창손鄭昌孫, 상당부원군 한명회韓明澮, 좌의정 심회沈澮, 우의정 윤자운尹子雲 등은 "양가良家의 여자가 젊어서 남편을 잃고 죽기를 맹세해 수절하면 물론 좋지만 수절이 불가능하거나 배고픔 때문에 부득이 뜻을 빼앗기는 자가 간혹 있을 것입니다. 그러므로 법을 세워 금지하고 위반한 자의 죄를 다스려 그 누累가 자손에게 미치면 도리어 풍속을 해칠 것이니 삼가한 자 외에는 처벌하지 말게 함이 어떻겠습니까?"라 건의했다.

이어서 광산부원군 김국광金國光 등도 "부인의 덕은 일부종사보다 더 큰 것이 없습니다. 그러나 나이가 젊어 일찍 과부가 된 자에게 재가를 허락하지 않는다면 위로 부모가 없고 아래로 우러를 바가 없으므로 실절失節하는 자가 많게 되므로, 국가에서 부득이 재가하는 것을 금하지 않은 것입니다. 그러니 이전대로 하는 것이 편하겠습니다"라 했다. 이처럼 정승을 비롯한 대신들은 일제히 청상과부의 재혼을 허용하지 않으면 가난 등과 같은 부득이한 사정으로 이를 지키지 못하는 자들이 있을 것이니 법을 만들면서까지 재혼을 금지해서는 안 된다고 주청했다.

그럼에도 성종은 재혼 금지의 법제화를 강하게 밀어붙였다. 임금은 "전傳에 이르기를 '부부가 한번 함께했으면 종신토록 고치지 않는다'라고 했다. 그러므로 삼종지의三從之義가 생겼고 한 번도 이를 어기는 예禮가 없었다. 그런데 세도가 날로 비속해지면서 여자의 덕이 부정해져서, 양반집 여자가 예의를 돌보지 않고 혹은 부모가 뜻을 빼앗기도 하고 혹은 스스로 중매해 재혼을 한다. 이로써 스스로 가풍을 무너뜨릴 뿐만 아니라 진실로 유교를 더럽히고 있다. 만약 금법禁法을 엄히 세우지 않으면 음탕하고 경박한 행실을 그치게 할 수 없을 것이다. 이제부터는 재가한 여자의 자손은 사판士版(벼슬아치의 명부)에 나란히 싣지 않음으로써 풍속을 바르게 하라"라고 결론지었다. 대신들이 인간적 측면에서 재혼 문제에 접근했다면 임금은 윤리적, 국가 경영 차원에서 이 문제를 본 것이다. 이와 같이 재혼 금지법은 유교 윤리를 확산해 풍속을 바로잡으려 한 통치권자의 강력한 의지의 산물이었다.

그 후에도 재혼 금지 규정을 완화하거나 그 시행에 융통성을 부여해야 한다는 주장이 계속 나왔다. 성종 12년에 도승지 김승경金升卿이 말하기를 "지금 국가가 절의節義를 중하게 여겨 재가한 자의 자손은 과거 응시를 허가하지 않습니다만, 일찍 과부가 된 부녀자는 부모 없이 혼자 있으면 사실이 아닌데도 좋지 못한 소리를 듣는 일이 있습니다. 재가 금지법은 마땅히 너무 엄하지 않아야 합니다"라고 했다. 재혼 금지를 완화해 억울한 사람이 나오지 않게 해야 한다고 건의한 것이다. 그러나 임금은 "풍속의 교화는 중요한 일인데 어찌 재가를 허용하겠는가? 재가하고 싶으면 마땅히 스스로 재가할 것이다. 죄는 제 몸에도 더할 수 없는데 어찌 자손을 돌보겠는가? 나의 생각으로는 열녀는 두 지아비를 바꾸지 않는 것이다. 결단코 재가를 허가할 수 없다"라면서 재혼 금지를 강하게 밀어붙일 것임을 밝혔다.

조선 초기 재혼녀 자손에게 징계가 내린 사례를 보면, 흥해에 사는 손책孫策의 어머니가 처음에는 천민인 이신李莘의 아들 이봉길李逢吉에게 시집갔다가 두 번째로 양인인 손흥발에게 시집가서 손책을 낳았다. 태종 17년에 그가 소과를 보려고 하자 성균관에서 응시를 불허했다. 손책이 비록 이봉길의 아들은 아니지만 그 어머니가 한 여자로서 양인과 천민에게 겸해 시집갔으니, 그녀의 자식이 나라에서 뽑아 올리는 사람으로는 합당하지 않다는 이유였다. 그러자 그는 이에 불복해 신문고를 두드려서 과거를 보게 해줄 것을 탄원했고, 태종은 결국 그의 응시를 허락했다. 그 후 세종 14년에 손책이 다시 문과를 보려 하자 시험을 관장하는 관리들이 일제히 응시가 부당하다고 주장했다. 태종이 전에 응시를 허락한 것은 한때의 하교일 뿐 만세의 고정된 법은 아니라는 것이었다. 이에 따라 그는 끝내 문과에 응시하지 못했다. 그 밖에도 문종 때 진지陳趾라는 사람은 할머니가 천민에게 개가했다 하여 과거에 응시하지 못했다.

### 서얼의 자손

서얼의 자손에 대한 과거 응시 제한은 이미 개국 직후부터 엄격하게 시행되어, 공신이나 고관의 자손에게도 일률적으로 적용되었다. 왕자의 난 때의 공신으로 영의정을 지낸 하윤河崙의 손자가 그 좋은 예다. 하윤의 아들 하구河久는 오래도록 정실 소생의 아들이 없어, 감찰 김음金音의 딸을 후처로 삼아 복생福生이라는 아들을 낳았다. 그런데 하구의 후처는 나중에 첩으로 결판이 나서 하복생은 결국 양첩良妾(양인 출신의 첩)의 소생으로 판정되었다.

하복생이 세종 때 과거를 보려고 하자 임금은 하윤이 사직社稷에 공로가 매우 많은 공신이라 하여 그의 응시를 허락하려고 했다. 그러나 하윤의 손자에게만 예외를 두는 것은 좋지 않다고 생각해, 정실 소생의 아들이 없어서 양첩의 아들이 승중承重(조상에 대한 제사를 책임지는 일)했을 때 그 아들에게 과거 응시를 허가할 것인가를 의정부와 육조에서 의논하게 지시했다. 그러자 중신들이 의논해 아뢰기를 "첩의 아들이 승중하는 것은 한 집의 사사로운 일이고, 과거제도를 마련해 선비를 뽑는 것은 한 나라의 중대한 선거選擧 방법입니다. 한 집의 사사로운 일로 한 나라의 중대한 선거를 더럽힐 수는 없으니 응시하지 못하게 하는 것이 마땅합니다"라고 함에 따라 임금은 결국 하복생이 과거를 보지 못하게 했다.

서얼에 대한 차별은 서얼 본인이나 그 친자손만이 아니라 외손과 사위에게까지 확대되었다. 권경희權景禧는 성종 9년 친시 문과에 장원급제해 이듬해 2월 홍문관 부수찬에 임명되었다. 그러나 그를 홍문관 관리로 임명해서는 안 된다는 대간의 주장에 따라 그 자리에서 물러나야 했다.

권경희는 김치운金致運의 딸에게 장가들었는데, 김치운은 하윤의 손자인 하복생의 사위였다. 따라서 권경희는 서얼의 외손녀사위가 된다. 대간에서는 이 점을 문제 삼아 그가 홍문관 관원으로 부적합하다고 주장했다. 하복생의 처는 중추원부사를 지낸 고득종高得宗의 딸이며, 권경희의 장인인 김치운은 과거에 급제해 벼슬이 정正까지 오른 사람이었다.

그다음 해 4월 권경희는 다시 공조 좌랑에 임명되었는데, 이번에도 대간이 그의 임용을 반대하고 나섰다. 육조의 낭관郎官은 재능과 인품을 취할 뿐 아니라 마땅히 그 세계世系를 상고해야 하는데, 서얼의 사위에게 이 관직을 맡긴다면 적서嫡庶의 구분이 문란해지고 낭관의 선임이 가벼워질 것이라는 논리였다. 그러나 이번에는 임금도 순순히 물러서지 않았다. "권경희는 과거에 장원했는데 공조 좌랑이 될 수 없다면 차라리 벼슬을 시키지 말았어야 했을 것이다"라면서 강경한 태도로 나왔다.

그렇지만 대간에서는 더 강하게 권경희의 관직을 갈 것을 요구했고, 임금은 이번에도 윤허하지 않고 말하기를 "권경희를 처음에 부수찬에 제수하자 대간이 다른 벼슬은 시킬 수 있다고 했는데, 지금 좌랑을 시키자 또 불가하다고 하니 그렇다면 권경희는 당초에 과거에 급제할 필요가 없었지 않겠는가?"라면서 언성을 높였다.

그다음에도 대간이 다시 같은 건의를 하자 임금은 결국 중신들에게 이를 논의하게 했다. 그러자 찬반 의견이 분분한 가운데 우부승지 이세좌李世佐가 찬성 의견을 피력하기를 "《경국대전》 내에 국가의 적첩 구분이 매우 엄하지만, 서얼인 자의 자손을 가리킨 것이지 사위를 말한 것이 아닙니다. 예전에 여자가 남편을 따른다는 글은 있어도 남편이 아내를 따른다는 의리는 없습니다. 지금 사위가 아내의 집으로 가는 것은 다만 우리나라의 풍속이고 성인의 가르침은 아닙니다. 그러므로 아내 때문에 남편의 관직에 방해가 된다는 것은 실로 옳지 못합니다. 다만 하구에게 전처와 후처가 있는 것은 명백하여 의심이 없으니 대간, 정조政曹(이조, 병조), 홍문관, 춘추관 외에는 임명하는 것이 어떠합니까?"라 했다.

결국 임금은 이세좌 등의 주장에 따라 권경희를 대간, 정조, 홍문관, 춘추관 외의 관직에 임용할 것을 최종적으로 결정했다. 공조는 육조이기는 해도 문무관의 인사를 담당하는 이조, 병조와 같은 정조가 아니므로 그의 병조 좌랑 임명은 그대로 두게 되어 결국 성종의 뜻이 관철된 것이다. 이토록 어렵게 관직 생활을 시작한 권경희는 그 후 임금의 적극적인 지원으로 비교적 순탄한 과정을 거쳐 관찰사, 참판 등을 역임하고 대사헌까지 올랐다.

하윤의 서얼 자손들은 그 후에도 계속 불이익을 받았다. 세조 때 하윤의 첩의 손녀사위인 한승경韓承慶이 화순 현감에 임명되었다가 대간의 탄핵으로 교체된 적이 있었다. 성종 때는 하윤의 서얼 손자인 하연河延의 사위 허명손許命孫이 무과에 응시하지 못하기도 했다.

이처럼 당시에는 서얼 차별이 서얼의 친자손이나 외손뿐 아니라 먼 사위에게까지 미칠 정도로 그 적용 범위가 상당히 넓어 선의의 피해자가 다수 발생했다.

서얼 차별은 왕실의 자손까지도 괴롭혔다. 세종 시절 태조 이성계의 서얼 출신 외손인 이선李宣이 과거를 보려고 하자 사간원에서 이를 부당하다고 주장한 것이 그 예다. 당시 사간원에서는 적서를 밝히는 것은 명분을 바로잡기 위한 것이요, 한 가지라도 마땅한 바를 잃어버리면 사람을 뽑아 쓰는 것이 완전하지 못할 것이며 명분이 문란해질 것이라면서 그의 응시를 반대했다. 이러한 주장을 듣고 격노한 세종은 이선은 선왕의 자손이니 그의 과거 응시를 정지시킬 수 없음은 필연의 사실이며, 임금의 자손은 비록 지손支孫이나 서얼이라도 신하들의 서얼과 동등하게 논할 수는 없는 것이라면서 응시 금지를 주장한 사간원 관리들을 국문하게 했다. 임금의 강경한 태도로 결국 이선은 그해 식년 문과에 응시했고, 급제하여 나중에 집현전 제학까지 올랐다.

서얼의 과거 응시 제한 규정이 강력하게 시행되었지만 국왕의 특명이 있을 때는 예외적으로 과거 응시가 허용되기도 했다. 예종 때 조득림趙得琳의 전처소생인 조성趙成이 과거를 보려 했으나 성균관 등의 삼관三館에서 녹명해주지 않자 조득림은 아들이 과거를 볼 수 있게 해달라고 임금에게 청원했다. 조득림은 세조가 왕위에 오르기 전에 부리던 노비 출신의 무인이었다. 그는 나중에 세조가 집권하는 데 공을 세워 좌익공신佐翼功臣에 봉해지고, 예종이 즉위하자 남이의 옥사를 다스린 공으로 다시 익대공신翊戴功臣에 올랐다. 이에 임금이 대신들에게 이 문제를 의논하라 하자 승지들은 모두 조득림의 전처와 그 아들 조성은 이미 세조가 양인이 되게 해주었으므로 조성이 과거에 나아가는 것은 마땅하다고 주장했다. 그런데 이전에 세조가 특별히 조득림에게 양반인 윤침尹沈의 딸에게 장가들게 하여 아들을 낳았기 때문에 만약 조성을 적자로 논하면 윤씨가 낳은 아들이 도리어 서자가 되는 문제가 발생했다.

이에 영의정 한명회를 비롯한 대신 대부분은 비록 양반일지라도 대대로 흠이 있으면 과거에 나아가는 것을 허가하지 않는데, 적처로 인정해준 윤씨에게 이미 아들이 있으니 전처의 아들은 비록 양인일지라도 과거에 나아가는 것을 허가해서는 안 된다고 주장했다. 그럼에도 임금은 조성에게 특별히 과거 응시를 윤허했다. 대신들의 반대를 무릅쓰고 특혜를 베푼 것은 조득림이 임금의 총애를 받는 신하였기 때문이다. 역시 조선은 국왕이 나라의 주인인 왕조 국가였고, 그런 나라에서는 국왕의 말이 바로 법이었다.

### 장리의 아들

조선왕조는 관리의 부정행위를 부녀자의 실행과 함께 사회를 좀먹는 2대 범죄로 규정하여 이를 엄중하게 단속했다. 당시에는 분수分數의 기준으로 적서보다 더 엄한 것이 없고, 악한 것은 장오贓汚보다 더 큰 것이 없다고 생각했다. 그러므로 서얼은 양반의 범주에 들 수 없게 하고, 장리는 누累가 자손에게 미치게 하여 명분을 중히 하고 염치를 가다듬게 해야 한다는 인식이 팽배했다.

그리하여 장리 본인은 관직을 박탈하고 부정하게 취득한 장물이 40관貫 이상이면 참형에 처하는 등 엄중하게 처벌했으며 그 자손에게도 불이익을 주었다.《경국대전》에 따르면 장리의 아들은 원칙적으로 문과 등의 과거에 응시할 수 없었으며, 그 자손은 실행한 부녀자의 자손과 같이 간주되어 의정부, 육조, 대간 등과 같은 관직에 오를 수 없었다.

장리의 아들에 대한 과거 응시 제한 규정은 개국 직후부터 엄격하게 지켜졌는데, 이것이 지나친 처사라는 주장이 자주 제기되었다. 이에 따라 세종 때는 재주와 덕행이 뛰어난 자는 예외적으로 응시를 허용했다. 세종 14년(1432)에 내린 교지敎旨를 보면 "착한 사람을 우대하되 혜택이 그 자손에게 미치게 하고 악한 사람을 미워하되 형벌이 자신에게서 그치게 함은 옛날의 후한 법이니, 장리의 자손도 재주와 덕행이 있는 사람은 규정에 따라 등용하라"라고 했다. 이에 따라 세종 때는 장리의 아들 가운데 과거에 응시한 이들이 여럿 있었다.

성종 때는 장리 김맹규金孟規의 아들 김우겸金友謙이 임금에게 글을 올려 과거에 응시하게 해주기를 청원했다. 그러자 임금은 김우겸에게 '신설新雪'이라는 제목으로 시를 지어 올리게 했다. 그가 즉시 시를 지어 올리자 임금은 인재를 뽑는 일을 널리 하지 않을 수가 없으며, 그 아비가 비록 불초하더라도 그 아들이 입신출세하여 개과천선한다면 이는 임용할 수가 있다면서 응시를 허가해야 한다는 의지를 표명했다.

그리고 자연재해가 발생했을 때는 민심 수습 차원에서 장리의 아들에 대한 응시 제한을 일시적으로 해제하기도 했다. 성종 16년에 큰 가뭄이 들자 이듬해에 임금이 특명을 내려 장리의 아들들에게 벼슬길을 터주어 과거에 응시할 수 있게 한 것이 그 예다.

한편 본인의 범죄행위 때문에 과거를 보지 못한 이들도 있었는데, 성종 때 살인을 저지른 생원 김하, 김석, 김거 삼형제가 그랬다. 사건의 전말을 보면, 어느 날 김하 형제가 동생의 집에서 술자리를 벌여놓고 이웃집 계집종을 불러다가 노래를 시키고 희롱했다. 그 계집종의 남편이 집에 돌아오다가 아내가 남에게 희롱당하는 것을 보고 분을 참지 못해 그들을 꾸짖었다. 그러자 김하 등이 취중에 노여움이 발동해 그 사람을 결박하고 심하게 때렸는데, 그의 여동생이 이 소식을 듣고 두 살배기 아이를 안고 달려가서 폭행을 말렸다. 이에 김하 등이 그 여동생과 아이를 구타해 아이가 죽고 말았다.

폭행을 당한 여자는 바로 대사간 안관후安寬厚의 종이었다. 김하 형제는 이웃에 있는 안관후의 집 뜰에 뛰어 들어가서 "관후야, 관후야? 너는 어떠한 사람이기에 우리를 무시하고 숨어서 나타나지 않는가? 속히 나와 보아라. 우리는 문하생인데, 너는 어찌하여 박대하는가?" 하면서 눈앞에 보이는 사람들을 닥치는 대로 때렸다. 또한 길에서 어느 환관을 만나자 그를 결박하고 매를 때려 거의 사경에 이르게 하고는 밤이 깊어서야 돌아갔다. 이튿날 안관후가 살인죄로 그들을 형조에 고소했고 형조에서 임금에게 아뢰어 그들을 국문하려 하자 김하 형제는 숨어서 나타나지 않았다. 결국 그들은 이 일로 창창하던 앞길이 막혀버렸다.

이렇게 본인의 잘못 때문이 아니라 아버지나 형이 저지른 역모 등의 범죄에 연좌緣坐되어 과거의 길이 막혀버린 자들도 있었다. 당시에는 왕권의 존립이 가장 중요했기 때문에 이를 위협하는 행위는 가차 없이 처벌했다. 즉 사직을 위태롭게 한 모반죄나 종묘, 왕릉, 궁궐을 파괴한 대역죄, 조국을 배반하고 외국과 내통한 모역죄에는 주범과 종범從犯을 막론하고 극형에 처했다. 이와 동시에 연좌율을 적용해 그 부자, 형제, 손자, 백숙부, 형제의 자, 처첩 등에게 교형, 유배, 노비로 삼는 등과 같은 형벌을 과하고 그 후손들에게도 대대로 과거 응시 자격을 박탈했다. 이 밖에도 부모나 남편을 죽인 죄나 신분을 위조한 죄도 중죄로 취급해 범인은 목을 베고, 연좌율을 적용해 그 처자는 유배하거나 노비가 되게 하는 등의 형벌을 부과했으며 그 자손들에게도 관직 임용은 물론 과거 응시 자격을 허용하지 않았다.

그런데 연좌가 되지 않았는데도 단지 역모를 저지른 자의 자제라 하여 과거 응시를 막으려 한 일도 있었다. 태종 때의 성균관 생원 임징任徵의 사례가 그러했다. 임징의 형 임빙任聘이 역모에 연루되어 벌을 받은 적이 있었는데, 그의 장인 조곤趙昆이 자수했기 때문에 조곤의 처자와 임징이 특별히 용서를 받아 연좌를 면했다. 그런데도 홍문관 등에서 임징의 과거 응시를 두 차례나 정지했다. 이에 그는 임금에게 과거 응시를 허락해달라는 청원을 했다. 임금의 명으로 대신들이 논의한 끝에 이후부터 부형父兄이 죄를 범했을지라도 그 죄에 연좌된 자 외에는 자제들의 과거 응시와 관직 임용이 허용되었다. 이러한 조치에 따라 임징은 결국 세종 2년에 문과에 응시해 급제할 수 있었다.

## 영광의 나날
## _ 장원이 누린 온갖 특혜

### 장원을 중시한 이태조

조선왕조에서는 장원급제자를 매우 소중하게 여기고 우대했다. 장원을 우대하는 풍조는 일찍이 태조 이성계부터 시작되었다. 태조가 장원을 각별하게 생각한 것은 다음 일화에서 잘 나타난다.

이성계는 왕위에 오르기 전인 고려 공민왕 19년(1307) 정월에 여진족을 정벌하기 위해 기병 5천 명과 보병 1만 명을 거느리고 함경도의 황초령을 넘어 압록강을 건넜다. 이에 여진족 추장 20여 명이 백성을 거느리고 나와서 항복하고, 여러 산성山城도 그가 온다는 소문을 듣고 모두 항복했다. 이때 얻은 소 천여 마리와 말 수백여 필을 모두 그 주인에게 돌려주자 여진족들이 크게 기뻐하여 귀순하는 사람이 매우 많았다. 그리하여 동쪽으로는 옛 여진족 황제의 성인 황성皇城까지, 북쪽으로는 동녕부東寧府까지, 서쪽으로는 바다까지 그리고 남쪽으로는 압록강까지 평정하기에 이르렀다.

당시 이성계가 우라亐羅라는 곳에 들어갔을 때 무너진 담 안에서 곡하는 소리가 들렸다. 사람을 시켜 가보게 했더니 한 사람이 벌거벗은 채 서서 울며 말하기를 "나는 원나라 조정에서 장원급제한 배주拜住인데, 귀국의 이인복李仁復도 나와 함께 급제했습니다"라고 했다. 이성계는 그가 장원이란 말을 듣고는 자신의 겉옷을 벗어서 입히고 말을 내주어 함께 돌아왔다. 공민왕은 배주에게 한복韓復이란 성명을 내려주었으며, 그는 나중에 이성계를 극진히 섬겼다고 한다. 이처럼 태조 이성계는 장원급제자를 매우 아끼고 귀하게 여겼다. 태조의 뜻은 그 뒤의 왕들에게도 그대로 이어져 장원급제자들을 계속적으로 우대하게 되었다.

장원을 중시하는 이성계의 태도는 과거와 학문을 중시한 데서 비롯한 것이었다. 조선을 건국하기 전에 이성계는 그의 가문에서 유학을 공부하는 사람이 없음을 항상 불만스럽게 생각해, 다섯째 아들인 이방원李芳遠 즉 뒷날의 태종에게 유학을 배우게 했다. 그러자 이방원은 날마다 글 읽기를 게을리 하지 않았다. 그 결과 이성계의 다른 아들들이 대개 무인으로 성장했지만 이방원은 무예나 격구보다는 학문을 더 좋아했다고 한다. 이성계가 일찍이 이방원에게 말하기를 "내 뜻을 성취할 사람은 반드시 너일 것이다"라고 했으며, 계모인 강씨康氏는 이방원의 글 읽는 소리를 들으며 늘 탄식하기를 "어찌 내가 낳은 아들이 되지 않았는가?"라 했다.

우왕 9년(1383)에 이방원이 문과에 급제하자 이성계는 대궐 뜰에 절하고서 감격의 눈물을 흘렸다고 한다. 그리고 후에 이방원이 제학提學에 임명되자 그는 기쁨에 겨워서는 사람을 시켜 관직에 임명한다는 교지를 거듭 읽게 했고, 손님과 연회할 적마다 이방원에게 시를 짓게 하고는 "내가 손님과 함께 즐기는 데는 네 힘이 크다"라고 했다. 이처럼 학문과 과거를 중시한 이성계였으니 장원급제자를 우대한 것은 당연한 일이었다.

### 성대하게 벌어진 축하 퍼레이드

문과 시험이 끝나면 방榜을 붙여서 합격자를 발표하고, 발표 후에는 급제자들을 위해 여러 가지 축하 의식이 베풀어졌다. 우선 경복궁 근정전 등에서 합격 증서를 주는 방방의放榜儀가 행해졌다. 임금이 어좌에 앉고 문무백관이 도열한 가운데 합격자들이 차례로 왕에게 사배례謝拜禮를 올린 다음, 합격증인 홍패紅牌와 어사화, 일산日傘(햇볕을 가리는 큰 양산) 등을 하사받았다.

방방의가 끝나면 의정부나 예조에서 행하는 축하연인 은영연恩榮宴이 시작되었다. 문무 대신들이 참석한 가운데 급제자들이 갑, 을, 병과 순으로 앉으면 풍악이 울리면서 기생들이 술을 권하고 광대들이 재주를 부렸다. 은영연이 끝난 다음 날에는 급제자들이 다시 대궐에 나아가 왕에게 사은례謝恩禮를 드렸고, 그다음 날에는 성균관에 있는 문묘에서 공자의 신위에 참배하는 알성례謁聖禮를 치렀다.

이러한 문과 시험의 절차와 급제자 발표, 각종 의식 등은 성종 때의 대신 양성지梁誠之가 알성시를 묘사해서 지은 악장 〈친사문묘송親祀文廟頌〉에 잘 나타난다.

이에 명륜당에 나아가
곤룡포를 입으시니
많은 유생이
엄숙하게 대궐에 모였네.
정승에게 명하여
모든 유생을 시험하니
신도 머리를 조아려 절하고
예의를 갖추었네.
선택이 정밀하니
어찌 인재를 내지 못하리오

사람들이 다투어 머리를 모아
충신이 되기를 원했네.
난간에 임하여 방을 붙이니
하늘의 해가 오색五色을 내리고,
어사화와 일산을 하사하니
하늘에서도 가갈呵喝했네.

이러한 공식적인 의식이 모두 끝나면 급제자들은 요즘 말로 축하 퍼레이드 또는 시가행진이라 할 수 있는 유가遊街를 행했다. 급제의 기쁨을 친척이나 친구 등과 함께 나누는 의미인 유가는 대개 합격자 발표 후 3~5일간 행해졌다. 급제자들은 말을 타고 어사화를 머리에 꽂은 채 사내아이들을 앞세워 행진했는데, 이때 악대가 풍악을 울리고 광대가 춤을 추며 유희를 베풀었다. 유가의 모습을 양성지는 "하사하신 일산은 바람에 나부끼고, 머리에 꽂은 어사화는 햇빛에 빛나며, 가갈(귀인의 행차에 행인을 꾸짖어 물리침)하는 소리는 마을을 뒤흔들었다"라고 묘사했다.

유가는 급제자들을 격려하는 의미가 컸다. 세조 때 유가를 중지하자는 건의가 올라오자 임금이 "유가가 비록 아이들 장난 같지만, 연소年少한 선비가 득의得意(일이 뜻대로 이루어져 만족해하거나 뽐냄)하는 일이니 없앨 수가 없다"라고 한 데서 그 의미를 알 수 있다.

서울에서 이러한 여러 가지 행사를 마치면 지방 출신 급제자들은 금의환향했다. 고향에서는 바로 영친의榮親儀가 기다리고 있었다. 급제자들은 고향에 내려가는 날 그곳 수령과 아전 들의 환영을 받으며 유가를 하고 향교에 참배했으며, 수령이 동헌에서 베푸는 연회에 참석했다. 나라에서 술과 악사를 내려주어 친척이나 이웃 들과 함께 즐기는 자리였다. 이렇게 고향에서 환영 행사를 열어준 것은 급제자의 노고를 위로하고 부모를 영화롭게 해주려는 나라의 배려였다.

급제자의 부친이 지방 수령으로 재임 중일 때는 그 부친의 임지로 가서 고을 유지와 노인 들을 초청해서 잔치를 벌였다. 이 때문에 공무 수행에 지장이 생기고 관청의 물품을 소비하게 되어 폐단이 적지 않게 발생했다. 이에 세종 22년에는 수령의 임지에서 영친의를 하는 것이 금지되었다. 그리고 문무과 급제자가 늘어나자 세조 때부터는 장원에게만 영친의를 허락했다.

또한 새로이 과거에 급제한 자는 비록 당상관이더라도 유가하는 날에 먼저 급제한 선진자先進者를 만나면 반드시 예禮를 행하며 선진자의 지시를 따르는 것이 일종의 관례였다. 이것은 신구의 구분을 엄격히 하려는 취지에서 나온 것이었는데, 성종 8년 3월에 새로 문과에 급제한 대사간 이세좌 등이 유가할 때 이미 2년 전 문과에 급제한 바 있는 주부 최융崔融 등을 길에서 만났다. 이때 이세좌를 벽제辟除하던 사간원의 나장羅將들이 대사간이 행차하는 길에서 비키지 않았다고 하여 최융의 하인들 머리를 휘어잡고 욕을 보였다. 벽제는 왕이나 고관들이 길을 나설 때 군졸이나 하인 들이 사람들의 통행을 금지하던 일이다. 고관이 행차할 때는 "물렀거라" 하고 외치고 왕이 행차할 때는 "시위"라고 소리를 질렀다. 이때 백성들은 길에서 멀리 떨어져 엎드리고 고개를 들지 말아야 했는데, 소란을 피우거나 고개를 들면 엄벌에 처했다.

이 사실이 알려지자 사헌부에서 이세좌의 처벌을 요구하고 나섰다. 신구 급제자 사이에 예를 행하는 일이 오래되어서 세상의 교화를 유지하는데 도움이 되는데, 지금 통행하는 길거리에서 선진자를 능욕하여 고풍을 무너뜨렸으니 국문하여 벌을 주어야 한다는 것이었다. 이러한 사헌부의 요구는 결국 임금의 윤허를 받아 이세좌는 태형 40대의 벌을 받았다.

이세좌는 나중에 예조판서까지 올랐는데, 연산군이 일으킨 갑자사화 때 연산군의 생모 윤비의 폐위에 반대하지 않았고, 형방 승지로서 윤비에게 사약을 전했다고 하여 거제로 귀양을 가던 중 자살하라는 명을 받고 목매어 자결했다. 그는 그 전에 일어난 무오사화의 주동자인 훈구파 이극돈李克墩의 조카로서 사림파 김종직金宗直과 그 제자들을 극형에 처해야 한다고 주장한 바 있는데, 이런 그도 역시 사화로 죽음을 당했으니 역사의 아이러니라 하겠다.

유가는 가뭄, 홍수, 흉년, 전염병 등과 같은 자연재해가 발생하거나 국상이 있을 때 일시적으로 중지되는 일도 있었다. 중종 초기에는 흉년이 든 해에 유가를 금하자 문무과에 급제한 선비들이 머리에 어사화를 꽂는 것을 부끄럽게 여겨 대궐 문을 나서자마자 꽂은 뽑아버리고 갓만 쓰고 곧장 집으로 돌아갔다. 그러나 중종 후반기에는 염치의 도가 없어져서 나라에서 유가를 하지 말라고 명했는데도 급제자들이 대낮에 거리를 돌면서 부끄러운 기색이 없었다고 한다. 비단 문무과만이 아니라 연소한 소과 합격자들까지 이를 본받아 유가를 하는 실정이었다.

광해군 때는 국상 기간 중인데도 새로 장원급제한 생원, 진사 집안에서 광대의 잡기를 즐기고, 북치는 소리가 곳곳마다 울렸다. 심지어 광대들이 입는 채색 옷과 모자를 꾸미는 정도가 평소와 마찬가지로 아주 사치스러웠다. 이에 사간원에서는 보고 듣는 이마다 모두 놀라워하니 금지해야 한다고 건의해 임금의 윤허를 받기도 했다.

숙종 때는 임금과 왕비 모두 환후가 위중함에도 문무과에 새로 급제한 자들이 풍악을 울리며 유가를 했다. 그 가운데는 문과에 장원한 이성환李星煥도 포함돼 있었으며, 무과에 급제한 홍준인洪俊人은 부친상으로 상복을 입고도 유가에 참여했다. 그러자 사헌부에서는 예절을 무너뜨리고 풍속을 손상했다고 하여 그들을 탄핵했고, 결국 이성환은 파직되고 말았다.

### 파격적인 관직 제수

문과 급제자 가운데 병과 급제자는 정9품, 을과 급제자는 정8품, 갑과 2등과 3등에게는 정7품의 관직이 내렸다. 그러나 갑과 1등, 즉 장원에게는 종6품 관직을 곧바로 제수했다. 종6품은 중앙은 주부, 지방은 현감에 해당하는 관품으로 급제하자마자 현감직을 준다는 것은 엄청나게 파격적인 대우였다. 9품에서 6품까지 승진하는 데 대략 8~10년이 걸린 것을 감안하면 장원은 동기생들보다 그만큼 앞서나간 것이다. 출발부터 다른 동기들, 특히 병과 급제자들과는 경쟁이 되지 않았다. 더구나 현감은 비록 지방의 작은 고을 수령에 지나지 않을지 모르지만 요즘의 자치단체장

과는 비교할 수도 없는 막강한 존재였다. 그들은 한 고을의 행정권만이 아니라 군사권까지도 장악한 수령이었다. 게다가 재판권까지 있어 백성들의 생사여탈을 좌우하는 무소불위의 존재였다. 장원은 급제하자마자 이런 현감이 될 수 있었던 것이다.

그러나 실제로는 장원은 지방의 현감직보다는 한층 영화로운 중앙의 청요직을 곧바로 차지하는 일이 많았다. 또한 제도적으로는 종6품직에 제수하게 되어 있었지만 실제로는 정6품의 중앙 관직을 내리기도 했다. 이에 따라 장원 가운데는 정6품인 육조의 좌랑 등에 임용되는 자가 많았다. 이는 관직이 없는 무직자가 장원이 되었을 경우이고, 이미 관직이 있는 장원일 때는 참하관은 6품으로, 참상관은 몇 단계를 더 승진시켰다. 장원에게 이렇게 파격적인 대우를 한 것은 선비들의 학업을 장려하고 현직 하급 관리들을 승진시키는 데 목적이 있었다.

개국 직후에는 문과 급제자 모두를 합격자 발표 직후 곧바로 관직에 임용했다. 그러나 시간이 흐르면서 관직은 제한돼 있는데 부정기 시험을 자주 실시한 결과로 급제자들이 늘어나 그들을 모두 즉시 임용할 수 없었다. 그리하여 이미 세종 때부터 갑과 3명만 곧바로 임용하고 나머지 급제자들은 일종의 수습직인 권지權知에 두었다가 빈자리가 생길 때 차차 임용하게 했다. 이처럼 장원은 처음 발령받을 때부터 동기생들에 비해 혜택을 받았다. 선비들이나 그 부모들이 장원급제에 그토록 매달린 데는 다 그만한 이유가 있었다.

장원을 곧바로 관직에 임용하지 않을 때는 해당 관원이 문책을 받기도 했는데, 영조 때 실제로 이런 일이 있었다. 권극權極은 영조 37년(1761)에 정시 문과에 장원급제했지만 이조에서 그에 대한 임용 절차를 제대로 진행하지 않았다. 그러자 임금은 다음과 같은 하교를 내려 해당 관원을 문책하게 했다. 즉 "장원 권극은 그 글을 보건대 경륜의 논의가 있고, 그 사람을 본즉 결코 경박하거나 조급하게 구는 무리가 아니다. 그런데 급제자를 발표한 지 수일이 지나도록 한 번도 관직에 천거되지 않아 임헌책사臨軒策士(임금이 자리를 처마 밑으로 옮겨 친히 선비에게 과거를 보임)하는 뜻을 돌아보지 않았으니, 어찌 스스로 부끄럽지 않겠는가? 임용을 담당하는 관원의 죄과를 엄중하게 밝혀내라"라고 했다.

이렇게 파격적인 대우를 받고 관리가 된 장원급제자들은 그 후 승진에서도 다른 급제자들보다 유리했다. 조선 전기 때 문과 장원이 올라간 최고 관직을 보면 당상관에 오른 이들이 58.3퍼센트, 참상관에 오른 이가 41.2퍼센트, 참하관이 0.5퍼센트다. 거의 모두 종6품 이상인 참상관에 오르고 과반수이상이 정3품 통정대부 이상인 당상관에 진출했다. 이것은 전체 문과 급제자의 당상관 진출 비율인 33퍼센트보다 월등히 높다.

그리고 문과 장원 가운데는 판서급인 정2품 이상의 고관까지 승진한 이들이 23.1퍼센트를 차지했다. 장원의 4분의 1가량이 오늘날의 장관 이상에 오른 것이다. 또한 종2품 이상인 재상까지 승진한 장원도 37.1퍼센트가량으로 장원급제자의 3분의 1 이상이 차관급인 참판(종2품) 이상을 역임했다.

최고위 관직인 영의정, 좌의정, 우의정의 삼정승에 오른 이들도 5.6퍼센트로 전기의 장원 224명 가운데 12명이나 배출되었다. 20명 가운데 한 명꼴로 정승에 올랐으니 그들의 힘을 짐작할 만하다. 장원이 이토록 남다른 출세를 할 수 있었던 것은 장원급제자라는 이점, 유력한 명문거족이라는 배경, 그리고 그들 저마다의 능력이 복합적으로 어우러진 결과였다.

한편 조선 시대에는 관리가 70세가 되면 오늘날의 정년퇴직이라 할 수 있는 치사致仕를 하도록 규정되어 있었다. 치사를 하면 관리 명부에서 완전히 삭제하고 녹봉의 지급을 중단했다. 조선 시대의 정년퇴직 연령이 현재에 비하면 상당히 높은데 이것은 노인을 공경하고, 오랫동안 나라를 위해 봉사한 관리들을 우대하려는 정신에서 나온 것이다.

그런데 장원급제자는 70세가 넘어도 치사하지 않는 특혜를 누리기도 했다. 말하자면 정년이 연장된 것이다. 성종 7년(1476) 별시 문과에 장원한 윤희손尹喜孫이 그 좋은 사례다. 그는 대사헌까지 역임하고 중종 16년(1521)에 70세가 되었는데, 승정원에서는 그가 장원이므로 치사하게 해서는 안 된다고 건의했다. 즉 “윤희손은 치사하면 영원히 사적에서 없애야 합니다. 그러나 이 사람은 장원급제 출신으로 대간과 시종을 거쳤고, 품계가 2품까지 오른 구사인久仕人(관직에 오래 복무한 사람)이니 아주 버리는 것은 불가할 듯해서 감히 여쭙니다”라며 그의 치사에 반대 입장을 표명했다. 그러자 중종은 “윤희손은 근래 오래도록 출사出仕하지 않았다. 이는 반드시 노환 때문일 것이라 여겨 그의 치사를 윤허했다. 그러나 그는 틀림없이 구사인이니 버릴 수 없다”라고 함에 따라 윤희손은 치사하지 않고 계속 녹봉을 받을 수 있게 되었다.

### 풍요로운 물질적 보상

장원급제자들에게는 높은 관직과 요직에 임명하는 것은 물론 임금이 직접 곡식이나 말을 하사하는 혜택도 베풀어졌다. 세조 12년(1466)에 중시의 일종인 발영시拔英試를 처음 실시하여 중추부 지사로 있던 김수온金守溫이 장원으로 뽑혔다. 이때 임금은 그에게 쌀 20섬과 3일간의 잔치를 하사했다. 김수온은 일찍이 진사시에 합격하고 문과에 급제해 교서관 정자에 임명된 것을 시작으로 지중추원사, 공조판서 등을 지냈다. 그는 발영시에 장원을 하고 같은 해에 시행된 등준시登俊試에도 장원으로 급제해 판중추부사에 올랐다. 이때도 임금은 그의 집이 가난한 것을 배려해 사옹원(궁중의 음식에 관한 일을 맡아보던 관아)에 지시해 연회를 준비하게 하고 의복, 신발, 모자 등 40여 가지의 물건과 말 한 필, 쌀 10섬을 내려주었다. 조선 조정에서 과거를 실시한 이래 급제의 영광에 이런 전례가 없었으며, 문과와 무과 장원에게 쌀을 내리는 것은 이때부터 비롯되었다고 한다.

한편 장원급제는 말할 것도 없지만 과거에 합격하는 것 자체도 매우 어려운 일이었기에 합격자 당사자만이 아니라 그 부모에게도 포상의 은전이 내려졌다. 이미 개국 직후인 태조 2년에 고려의 제도를 이어받아, 세 아들이 과거에 급제하면 그 어머니에게 관리들에게 주는 녹봉처럼 정기적으로 일정량의 곡식을 하사하는 시책을 마련한 바 있다. 고려에서는 세 아들이 과거에 급제하면 그 어머니에게 곡식뿐 아니라 작위를 주었다. 태종 때는 곡식 외에 저화楮貨를 내려주어 특별한 은총을 표시했다. 건국 직후에는 고려와 마찬가지로 급제자의 어머니에게만 상을 주었지만 세종 때부터는 아버지에게도 포상을 하여 혜택의 폭을 확대했다. 아버지가 살아 있으면 벼슬을 주고 죽었으면 벼슬을 추증했다. 어머니에게는 남편의 관직 등급에 따라 작위를 주었다. 이러한 제도를 시행한 일차적인 목적은 부모들의 노고를 위로하기 위해서였지만 유생들의 학업을 장려하려는 의도도 내포돼 있었다. 세종 14년 당시 세 아들이 과거에 합격한 집은 전국 통틀어 네다섯 집 정도였다고 한다.

삼형제가 과거에 급제하는 것은 매우 어렵고도 영예로운 일이었는데 5명 이상의 형제가 모두 과거에 급제한 예도 있었다. 고려 말기에는 문신인 우현보禹玄寶의 다섯 아들이 모두 과거에 급제한 것으로 전해진다. 조선 시대에 들어와서도 세종 때 대사헌, 관찰사, 한성부 윤尹 등을 지낸 이사관李士寬의 아들 6명이 모두 과거에 급제한 것으로 유명하다. 아들 7명 가운데 장남인 인장仁長만 빼고 그 아우들이 모두 과거에 급제했다. 둘째 의장義長은 무과에, 셋째부터 일곱째까지인 예장禮長, 지장智長, 함장諴長, 효장孝長, 서장恕長은 모두 문과에 급제했다. 이렇듯 세 아들 이상이 과거에 올랐으니 그 어머니는 고려의 고사에 따라 작위와 녹봉을 받아야 했지만, 자식들이 과거에 급제했을 때 어머니 한씨는 이미 세상을 떠난 뒤였다. 그러자 세종은 한씨를 남편의 직위에 따라 추증하라는 명을 내려 정부인貞夫人에 봉했다. 그 뒤 세조 5년에는 아들 5명이 과거에 오르면 그 부모에게 해마다 쌀 20섬을 내려주고 죽은 사람에게는 추증하고, 부모가 살던 고을의 수령에게 치제致祭 즉 제사를 지내주게 했다. 이에 따라 죽은 이사관에게 관직을 추증하고 고을에서 치제하게 했다.

세조 때 우의정을 지낸 이인손李仁孫의 다섯 아들인 극배克培, 극감克堪, 극증克增, 극돈克墩, 극균克均도 세종, 세조 때 연달아 문과에 급제했다. 아버지 이인손은 태종 때 식년 문과에 급제했으니 부자 6명이 대를 이어 일제히 그 어려운 문과에 급제한 것이다. 이에 세조 5년, 이인손에게 해마다 쌀 20섬을 내려주는 은전이 내렸다. 5형제는 급제 후 모두 현달하여 그야말로 입신양명을 달성했다. 장남 극배는 영의정, 둘째 극감은 형조판서, 셋째 극증은 한성 판윤, 넷째 극돈은 우찬성, 막내 극균은 좌의정에 올랐다. 두 아들은 정승이 되고 나머지는 모두 판서를 지냈다. 모두가 오늘날의 장관급인 정2품 이상의 재상까지 올랐으니 대단한 영달이고 가문의 영광이었다.

### 홍살문을 세워주어라

조선 시대에는 충신, 효자, 열녀를 표창하여 유교 윤리를 장려하려는 뜻으로 그들의 집 앞이나 마을 입구에 붉은 문을 세웠는데, 이를 정문旌門 또는 홍살문이라 했다. 또한 정문을 세워 효자 등의 행실을 세상에 드러내 널리 알리는 것을 정표旌表라 했다. 그런데 중종 때는 장원의 집 앞에 정문을 세우는 일이 추진되기도 했다. 중종 32년(1537) 9월에 이와 관련된 것을 의논하라는 하교가 내림으로써 이 일이 논의되기 시작했다.

이러한 지시를 받은 김안로金安老 등의 정승들은 의논 끝에 이것이 불가하다고 다음과 같이 아뢰었다.

중국에서는 과거를 중시하여 그 출신자들 모두의 마을과 집 앞에 정표했는데, 이렇게 한 것은 문文을 높이고 선비를 권장하는 지극한 뜻에서 나온 것입니다. 그러나 우리나라는 중국과 형편이 다릅니다. 중국은 정문 위에 비나 눈을 가리는 지붕이 있으므로 한번 세운 뒤에는 다시 수리하는 수고가 없으나, 우리나라의 정문은 썩으면 수리하는 일을 되풀이해야 하므로 형편상 무리입니다. 또한 지금 비록 장원을 정표하더라도 법이 세워진 뒤부터 정표하고 그 이전의 장원은 정표하지 않으면 보는 사람의 눈에 거슬릴 것이며, 그렇다고 이전의 장원도 모두 정표하자면 너무 많아 이루 다할 수 없습니다. 더구나 장원이 되었다고 모두 반드시 명망이 있는 사람이 아니라 요행히 된 사람도 있는데 근래에 그런 일이 더욱 심합니다. 그런 사람들 문 앞에 정표를 해준다면 희롱할 말거리를 만들어주는 것이어서 부적당합니다.

《중종실록》 권85, 32년 9월 을유

이처럼 정승들은 우리나라와 중국의 사정이 다르고, 장원이라고 모두 명망 있는 사람도 아니라면서 반대의 뜻을 보였다. 임금이 정승들 의견을 수용함으로써 이 일은 더는 추진되지 않았다. 그러나 중종은 이번에는 연회를 베풀 때 급제자들에게 주악 즉 술과 음악을 하사하는 일을 추진했다. 그러자 이번에도 대신들이 다음과 같이 반대하고 나섰다.

새로 급제한 사람을 사은하는 날 대궐 뜰에서 주악을 내리는 것은 참으로 유학의 은총이요 영광입니다. 그러나 이 일이 특별한 은총에서 나온 것이라면 괜찮지만 항구적인 격식이라면 조종조에서 의논한 적이 없는 일이라 모두 불편하게 생각할 것입니다. 더구나 지금 바야흐로 유생들이 수업에 태만한데 이는 과거를 비천하게 여겨서가 아니라 배우지 않는 것이 습관이 된 탓입니다. 평상시 게으르고 안일하여 놀기만 좋아하다가 과거에 임박해서 진부한 것을 몰래 주워 모으고 요행히 지름길을 알아내 이것으로 계책을 삼으니, 그 폐단이 이미 고질이 되어 비록 백가지로 방도를 세워 권장하더라도 고칠 수가 없습니다. 마을과 문에 정표하고 주악을 내리는 것은 아마도 흥기시키고 격려하는 데 아무 도움이 되지 않을 것입니다.

《중종실록》 권85, 32년 9월 경인

정승들에 이어 사헌부에서도 "새로 급제한 자들의 사은일에 대궐에서 주악을 내리는 것은 전하의 권장하는 뜻에서 지극히 훌륭한 일입니다. 그러나 뒷날을 생각하여 선비를 진작시키는 방도는 아마도 여기에 있지 않을 것입니다. 어명을 거두십시오"라면서 임금의 뜻을 정면으로 반박했다. 이처럼 정승들과 사헌부 관리들은 이 일이 전례가 없는 일이며 유생을 권장하기에 부적합하다는 이유를 내세우며 항구적인 제도로 삼는 데 반대했다. 그러나 중종은 뜻을 꺾지 않고 다음과 같이 답했다.

옛날부터 새로 세운 법은 비록 아름다운 일이라도 사람들은 반드시 떠들썩하게 논의하게 마련이니 무엇이 이상한가. 조종조의 좋은 법과 훌륭한 뜻이 어찌 전부 고사古事였겠는가. 한때 법을 세워도 오래되면 자연히 편하게 여긴다. 새로 급제한 자들에게 연회를 내리는 것은, 한편으로는 중국의 훌륭한 일을 본받는 것이고 한편으로는 학문에 나태한 유생들을 권면하는 것이다. 내 뜻은 마을과 문 앞에 정표하려 하기까지 했지만 대신이 안 된다고 하므로 하지 못했다. 연회를 내리는 것이야 무슨 해로울 것이 있겠는가. 이 일이 비록 형식에 불과하나 또한 인재를 권면하는 한 방법이다.

《중종실록》 권85, 32년 9월 경인

이처럼 임금은 끝까지 주악 하사를 고집했지만 중신들의 강경한 반대가 계속되어 결국 뜻을 접어야 했다. 그러나 이를 통해 장원을 우대하고자 한 중종의 강한 의지를 엿볼 수 있다.

### 동기들보다 앞자리에 앉혀라

장원을 우대하는 관례 중 하나로, 생원시나 진사시 등의 소과에 합격한 사람들이 성균관에서 공부할 때 장원을 존경하는 의미에서 합격 동기생들의 맨 앞자리에 앉게 했다. 장원을 우대하는 이러한 관례는 조선 전기에 오랫동안 유지되었다. 그러나 선조 초기에 이르러 이것이 폐지되고 장원이 아니라 연장자가 앞자리에 앉는 것으로 바뀌었다. 즉 선조 7년(1574) 2월에 유생들이 나이 순서대로 앉게 하는 규칙이 마련되어 시행되기 시작했다.

당시 관리들 가운데는 새로운 규칙에 반대하는 사람이 많았다. 반대자는 대부분 나이가 많은 구신舊臣들이었다. 그들의 논리는 장원을 앞에 앉게 하는 것은 오래된 관례이므로 함부로 바꿀 수 없다는 것이었다. 특히 홍문관 응교 이해수李海壽 같은 사람은 "나이대로 앉는 것은 성균관에 적합하지 않습니다. 합격 동기생들이 장원을 존경하는 것이 또한 속례俗禮니, 어찌 좌석을 뒤바꿀 수 있습니까"라고 주장했다.

이에 반해 찬성하는 쪽이던 승지 이이李珥는 "장원을 높이는 것은 동기생들 모임에서나 시행하는 것입니다. 성균관은 곧 인륜을 밝히는 곳이니, 어찌 장유의 순서를 폐할 수 있겠습니까. 게다가 장원이 어찌 왕세자보다 더 높겠습니까. 그런데도 옛날에 왕세자가 입학하면 오히려 나이대로 앉았으니 장원을 논할 바가 아닙니다"라면서 새로운 규칙이 적합하다고 주장했다. 이처럼 반대하는 이들의 주장에 따라 비록 나중에 없어지기는 했으나 장원을 합격자들의 맨 앞자리에 앉게 하는 관례는 장원을 우대하는 풍습으로 조선 건국 이후 오랫동안 지속되었다.

# 장원급제의 비결

## 임금의 눈에 들 것

조선 시대에는 과거란 임금이 사람을 뽑는 하나의 방법이라고 여겨졌는데, 이것은 과거를 군주가 장악했음을 상징적으로 보여준다. 따라서 과거에서 급제자를 선정하는 최종 결정권은 임금에게 있었으며, 장원을 정하는 데도 임금의 의중이 크게 작용했다. 즉 장원급제를 하려면 응당 실력을 갖춰야 했지만 임금의 의중에 부합하는 것 역시 중요했다.

물론 채점을 임금이 직접 하는 것은 아니었다. 그러나 전시가 끝난 후 급제자들의 등수를 정하는 데 임금이 개입함으로써 결국은 임금이 과거를 장악한다는 것을 과시했다. 전시가 끝나면 시험관들이 답안지를 채점한 후 급제자와 그들의 등수를 임금에게 보고했는데, 이 과정에서 임금의 재량에 따라 등급 순위가 얼마든지 바뀔 수 있었다.

다음과 같은 일화는 장원 결정권이 최종적으로는 임금에게 있었음을 잘 보여준다. 태종 14년(1414) 3월에 문과 초시 합격자들을 대상으로 복시가 실시되었다. 전시를 실시하지 않아 사실상 마지막 시험이 된 복시에서는 대책으로 시험을 보았는데, 답안을 채점한 시험관은 영춘추관사 하윤 등이었다. 시험관들은 답안을 다 읽어본 후 가장 우수한 대책 세 통을 골라서 승지 탁신卓愼에게 주어서 임금에게 올렸다. 그러면서 말하기를 "장원은 신 등이 정할 수 있는 것이 아닙니다"라고 했다. 답안을 받은 임금이 탁신에게 "세 답안의 잘된 등급은 어떠한가?"라고 묻자 탁신은 "두 가지는 서로 비슷하고 하나는 조금 아래입니다"라고 했다. 그러자 임금이 "내가 집는 것이 장원이다" 하고 잘된 두 답안지를 바치게 하여 능숙한 솜씨로 하나를 집었는데 바로 정인지鄭麟趾의 답안지였다. 정인지는 그야말로 운 좋게도 임금이 그의 답안지를 집음으로써 장원급제의 영광을 안게 되었다.

이 일화는 장원급제의 최종 결정권자가 국왕이었다는 사실을 확실하게 보여준다. 임금이 답안을 자세히 읽지도 않고 장원을 정했다는 것은 과거 시험이 국왕의 뜻에 따라 얼마든지 자의적으로 운용될 수도 있었음을 암시한다.

이와 비슷한 일이 세조 때도 있었다. 세조 11년(1465) 2월에 문과의 최종 시험인 전시에서 대책 시험을 보았다. 이때 독권관讀卷官 즉 시험관인 하동부원군 정인지, 영의정 신숙주 등이 진사 정휘鄭徽의 대책 답안을 1등으로, 성진成晉을 3등으로 채점해서 임금에게 올렸다. 그러자 임금은 3등이던 성진을 1등으로 뽑아서 장원으로 삼았다. 그러면서 "정휘는 무엇이 성진보다 나으냐?"라고 묻자 정인지 등은 "정휘는 성균관 시험에서 모두 장원을 했으니, 얻기 어려운 인재입니다"라고 대답했다. 그러자 임금은 "과연 재주 있는 자로구나. 응분의 품계를 받는 것이 옳다" 하고는 그에게 두 품계를 올려주게 했다. 이렇듯 장원 선정에는 시험관의 채점 결과보다는 임금의 의중이 더 크게 작용했다.

서얼인 유자광柳子光도 임금의 의중이 크게 작용한 사례라고 할 수 있다. 무오사화를 일으켜 사림파에게 간신으로 비난받기도 한 그는 서얼임에도 이시애의 난 때 세운 공으로 과거 응시가 허락되어 문과에 장원급제했다. 그런데 세조 14년 2월에 치른 문과 초시에서 그는 처음에는 낙방 위기에 몰렸으나 세조의 뜻에 따라 장원을 차지했다. 당시 고령군 신숙주申叔周가 초시에 합격한 대책 시험지를 임금에게 올렸는데, 병조 정랑이던 유자광의 대책은 거기에 들어 있지 않았다. 그러자 임금이 그의 답안지를 가져오게 해서 보고는 "유자광의 대책이 좋은 것 같은데 어찌하여 합격시키지 않았느냐?"라고 물었다. 그러자 신숙주는 "대책 속에 고어古語를 전용全用한 데다 문법 또한 소홀하여 합격시키지 않았습니다"라고 대답했다. 이에 임금은 "비록 고어를 썼다 하더라도 묻는 본의에 어그러지지 않았다면 의리에 해로울 것이 없지 않겠는가?"라며 유자광을 1등으로 삼고 유상柳常, 정현조鄭顯祖를 2등으로, 이평李枰을 3등으로 뽑았다. 이러한 초시의 결과는 그대로 굳어져 유자광은 결국 문과 장원을 차지해 곧바로 정3품 당상관인 병조 참지로 승진했다.

## 재수 삼수는 기본, 공부 또 공부!

임금의 얼굴도 한번 본 적 없는 돈 없고 배경 하찮은 시골의 가난한 선비는 오로지 공부만이 살길이었다. 문과 급제는 어려운 형편을 벗어나 입신출세하기 위한 유일한 탈출구였다. 그리하여 그들은 멀고도 험한 급제와 장원의 길을 향해 오로지 과거 공부에 매진해야 했다.

장원이 되는 데 무엇보다 필요한 것은 시간과 돈이었다. 조선 전기 문과 장원급제자를 보면 최연소가 17세고 가장 나이가 많은 사람이 56세였으며, 평균 연령은 29.2세였다. 조선 후기가 되면 장원급제 연령이 더 높아져 평균 36.9세로 거의 마흔에 가까웠다. 조선 전기에 비해 무려 8세 정도 늘어난 것인데, 그만큼 장원급제하기가 더 어려워졌다는 얘기다. 그러다 보니 장원 중에는 60세가 넘은 이들도 상당수를 차지했고 심지어 70세 이상도 있었다. 50세 이후에 장원한 비율이 약 15.6퍼센트에 이르렀다. 후기에는 소과에 합격한 후 문과에 장원급제하는 데 보통 10년 정도가 걸렸다. 그러나 20년 이상 걸린 사람이 8퍼센트 정도였고 30~40년 걸린 장원도 여럿 있었다.

문과에 장원급제하려면 소과에 합격하고도 전기에는 8년, 후기에는

10년 정도 더 공부해야 했으니 과거 공부가 얼마나 어려운 일이었는가를 알 수 있다. 따라서 보통 7, 8세 때 서당에 들어가서 공부를 시작해 20~30년간 꾸준히 그리고 열심히 공부해야만 문과에 급제하고 장원도 할 수 있었다. 특히 지방 선비들 중에 50대 이후 장원급제자가 많은데, 이는 서울 출신들에 비해 여러 여건상 장원하기가 그만큼 더 어려웠다는 것을 보여준다. 오늘날에도 가끔 볼 수 있지만 옛날에는 삼수, 사수가 아니라 수십 수까지 하는 이가 비일비재했다. 그들에게 급제와 장원의 길은 가시밭길 자체였다. 문과의 어려움을 두고 세종도 일찍이 "문과의 학습 과정은 심히 괴롭고 무과 공부는 아주 쉽기 때문에, 비록 문과에 급제한 자들을 다 임용해 이를 권장한다 하더라도 무예를 익혀 무과로 달려가는 자들이 항상 더 많을 것이다"라고 지적했다.

또한 정조 때 이헌유李憲儒라는 선비가 과거 공부를 하느라 다년간 서울에 머물렀다는 기록으로 보아, 지방 선비들 가운데는 공부를 위해 상경해서 오랫동안 머무르는 이가 많았음을 짐작할 수 있다. 그러려면 숙식비 등 경비가 상당히 많이 들었을 것이다. 요즘도 각종 시험 준비를 위해 전국의 젊은이들이 서울로 몰려들어 경제적 어려움을 감수하고 있지 않는가. 노량진이나 신림동 학원과 고시원에서 내일의 꿈을 향해 땀 흘리는 것과 같은 상황이 조선 시대에도 벌어졌다.

장원급제는 말할 것도 없고 문과에 급제하는 것 자체가 어렵다 보니 자연히 늦은 나이에 급제하는 이가 많을 수밖에 없었다. 물론 아주 이른 나이인 10대에 급제한 이들도 있었지만 말이다. 조선 초기에 대제학만

20년 동안 역임한 것으로 유명한 대학자 변계량卞季良은 17세에 문과에 급제했다. 또한 세종 때 좌찬성을 지낸 이맹균李孟畇은 13세에 진사시에 합격하고 15세에 문과에 급제했다.

반면 성종 20년(1489) 4월에 문과에 급제한 김효흥金孝興은 당시 나이가 무려 76세였다. 아마도 조선 시대 최고령 문과 급제자일 것이다. 요즘도 70대라면 노인에 속하는데 평균연령이 극히 낮았던 당시에 70대 후반이라면 정말 많은 나이였다. 다른 사람들이라면 벌써 포기했겠지만 그는 오로지 과거급제에 대한 열망을 끝까지 불태우다 마침내 평생의 소원을 성취한 것이다.

그가 고령에 급제했다는 사실이 알려지자 도승지 한언韓堰 등이 임금에게 아뢰기를 "김효흥은 상투를 틀면서부터 독서하기 시작해 머리가 세도록 변함이 없어 반드시 이룰 것을 기약한 후 얻고야 말았으니 그 뜻이 진실로 가상합니다. 근래의 유생들은 나이 겨우 약관인데도 한 번 과거에 떨어지면 자신의 학업이 정밀하지 못함은 허물하지 않고 도리어 다른 길로 나갈 것을 생각하여 옆길이나 지름길을 영달하는 수단으로 삼으려는 자가 많으니 김효흥처럼 마음을 굳게 다잡는 사람이 대개 적습니다"라면서 그에게 특별한 은전을 내릴 것을 청했다.

이에 임금은 "김효흥은 귀밑머리가 서리처럼 하얗게 세도록 청운의 뜻을 두고 학업을 폐하지 않아 드디어 과거에 합격했으니, 어찌 후생을 격려하는 것뿐이겠는가? 이런 일은 고인古人 가운데서도 드무니 높은 품계를 제수하고 의식衣食을 내려주는 것이 마땅하다"라고 했다. 그리하여 그에게 옷 한 벌과 쌀 5섬과 반찬이 하사되었다. 그런데 안타깝게도 김효흥은 워낙 노령에 급제한 탓에 제대로 쓰이지 못한 채 이듬해에 숨을 거두고 말았다.

이처럼 문과 급제에는 각고의 노력이 필요했는데, 조선 개국에 큰 공을 세우고 정승까지 역임한 조준趙浚도 열심히 노력한 끝에 급제한 예에 속한다. 그의 집안은 고려 말의 명문가였지만 여러 형제가 과거에 합격하지 못한 듯하다. 이를 항상 안타깝게 여기던 그의 어머니가 새로 급제한 사람이 큰 소리를 치며 지나가는 것을 보고 "내 아들이 비록 많지만 한 사람도 급제하지 못했으니 장차 어디에 쓸 것인가?"라고 탄식했다. 그 말을 들은 조준은 눈물을 흘리며 스스로 맹세하고 분발하여 배움에 힘써 문과에 급제했다고 한다.

심광언沈光彦은 불우한 환경을 딛고 일어나 장원급제를 하고 판서까지 오른 인물이다. 그는 일찍이 부모를 여의고 불우하게 지냈으나 학업에 열중해 경전에 능히 통달했고 서책을 두루 읽어 우리나라와 중국의 법률에 정통했다. 중종 14년(1519)에 그는 생원시와 진사시에 연이어 합격하고, 1525년 식년 문과에 장원으로 급제했다. 장원이 된 후 성균관 전적에 특별히 제수되었다가 사간원 정언, 홍문관 부수찬, 사헌부 장령 등을 역임하고 마침내 판서에 올랐다.

한편 문과에 급제하고 장원을 차지하는 것은 말할 것도 없지만 문과의 예비고사라 할 수 있는 소과에 합격하는 것도 만만치 않았다. 소과의 초시에 합격하려면 대체로 15 대 1의 관문을 먼저 통과해야 했고, 다시 복시에 합격하려면 7 대 1의 경쟁을 뚫어야 했다.

소과 합격의 어려움은 이미 조선 초기부터 나타난 현상이었다. 세종 때는 생원시 응시자가 격증해서 생원시의 한성시에 응시하는 자가 천수백 명에 이르렀고, 경상도 향시에 응시한 자도 천여 명이나 되었다. 전국적으로 따지면 생원시 초시 응시자들이 거의 4, 5천 명에 이르렀다. 생원시 합격자 수는 100명으로 정해져 있었으므로 당시 응시자들이 생원시에 합격하는 비율은 약 2퍼센트에 불과했다. 이것을 보면 생원시에 합격하기가 얼마나 어려운 일이었는가를 짐작할 수 있다.

이러한 실정이었으므로 생원시 합격자 수를 대폭 늘려야 한다는 주장이 제기되기도 했다. 한성의 교수관으로 있던 정종본鄭宗本도 이러한 주장을 했는데, 세종 13년(1431)에 그는 "경의經義는 오경五經에 근본을 둔 것이요, 책문策問은 정치의 근본과 득실에 통달해야 하며, 표장表章은 사대事大에 쓰는 것입니다. 국가에서 이 세 과목을 합쳐서 문과에 응시하는 선비를 선발하니, 이를 나누어서 생원을 선발해도 좋을 것입니다. 경의에 합격한 자 100명, 책문에 합격한 자 100명, 표장에 합격한 자 100명을 선발하고 시부詩賦를 짓는 시부과에서 100명을 선발해 생원을 400명으로 대폭 증원한다면 초야에 합격하지 못하는 인재가 없을 것입니다"라며 생원시 합격자를 400명으로 늘릴 것을 건의했다.

소과에 합격하기가 얼마나 어려웠는지 퇴계 이황李滉과 오성대감 이항복李恒福도 어려운 과정을 거쳐 합격했다고 한다. 이황은 23세에 서울에 올라가 과거 공부를 했는데 소과에 세 번이나 떨어져 크게 자책했다. 그러다가 27세에 비로소 진사시에 합격하고 33세에 문과에 합격했다. 이항복은 어렸을 때 신동이라는 칭송을 들었지만 진사시의 초시에만 합격하고 복시에는 떨어져 성균관에 입학하지 못했다. 그래서 할 수 없이 성균관의 비정규 학생 즉 청강생인 기재생으로 들어가 공부해야 했다. 어쨌든 그는 성균관에서 5년간 공부한 끝에 알성문과에 급제하여 나중에 영의정까지 올랐다.

소과 합격이 어렵다 보니 초시에 합격한 사람이 실력이 부족하면 고의로 시험을 미루는 일까지 일어났다. 숙종 때의 제조 민진후閔鎭厚에 따르면, 서울과 지방에서 요행히 초시 합격은 했으나 과거 공부를 게을리 해서 실력이 모자란 사람들이 상중이라느니 제사를 지내야 한다느니 하면서 진시공문陳試公文을 올려서 복시를 연기하는 사람이 많았다고 한다. 그들은 서숙이나 서형제庶兄弟가 죽었다면서 가짜 이름을 날조했다.

진시는 원래 초시에 합격한 사람이 복시에 응시하기 어려울 때 그 사정을 예조에 알리고 다른 해에 복시를 보던 일이다. 조선의 과거는 중국과 달리 초시 합격자가 복시에 합격하지 못하면 초시부터 다시 치러야 했다. 그러나 초시에 합격한 뒤 기복朞服(1년 동안 상복을 입음) 이상의 상을 당했을 때 거주지의 관청에서 공문을 작성해서 예조에 알리면 다음 시험의 복시에 응시할 수 있었다. 부자가 동시에 초시에 합격했을 때도 진시를 허용했다.

진시의 부정을 막기 위해 민진후는 다음과 같은 개선 방안을 제시했다. 각 고을에서 공문을 만들어 보낼 때 죽은 사람이 살던 마을과 호주와 죽은 날짜를 상세히 기록하게 한 다음, 예조에서 이를 한성부로 보내면 한성부에서 조사한 뒤 진시를 허락하게 하는 것이다. 거짓으로 밝혀지면 10년 동안 과거를 보지 못하게 하고, 그런 문서를 만들어준 수령은 파직한다는 방안이었다. 이 건의를 들은 숙종은 이에 의거해 항구적인 제도를 만들어 시행하게 했다.

한편 급제까지 오랜 기간이 걸리다 보니 개인의 능력과 아울러 30대 중반까지 공부에만 전념할 수 있는 경제적인 뒷받침이 필요했다. 중간에 혼인이라도 하면 가족을 부양하고 생계를 유지하면서 공부에 매달려야 했으니 경제력은 더욱 중요할 수밖에 없었다. 서울의 양반 집안이나 명문대가 자제들은 이런 여건이 갖추어져 비교적 편하게 공부에 몰두할 수 있었겠지만, 여건이 그렇지 못한 지방의 가난한 선비들은 그야말로 실력만 믿고 이를 악물고 공부에 진력해야 했다. 어려운 여건에서 각고의 노력으로 장원급제의 영광을 차지한 선비들은 그야말로 개천에서 용 나는 격이었다. 요즘은 부잣집에서 판사가 나온다고들 하지만 그래도 조선 시대는 개천에서 용이 심심찮게 나오던 시절이었다.

가난하고 보잘것없는 집안 출신들에게는 오직 공부만이, 실력만이 살 길이었다. 당시에는 과거 합격만이 입신출세할 유일한 길이었기 때문이다. 요즘이야 직업이 다양하니 성공에 이르는 길도 수없이 많지만 조선 시대에 양반으로서 출세하는 길이란 오로지 과거에 합격하여 관리가 되는 것 외에는 없었다. 그렇다 보니 자연히 과거 응시자가 많아져 치열한 합격 전쟁이 벌어졌고, 명문가의 부모들은 자식을 합격시키기 위해 다양한 연줄이나 법에 어긋나는 방법을 동원했다. 이런 상황에서 어려운 형편을 극복하고 과거 합격, 더 나아가 장원급제하는 것은 그야말로 가문의 영광이요, 온 고을의 경사였다.

## 이름난 명문대가 출신

집안이 좋고 부유해야 출세에 유리한 것은 조선 시대에도 마찬가지였다. 조선은 양반 위주의 신분 사회였고, 양반 중에도 주요 문벌 가문이 이끌어나간 사회였다. 문벌을 계속 유지하려면 요직을 차지해야 했고, 요직을 차지하려면 문과 급제, 그것도 이왕이면 장원급제가 필요했다. 그렇다 보니 문벌, 즉 집안의 위세가 장원이 되는 데 중요한 역할을 했다.

장원 선정에 문벌이 작용한 사례는 우선 세조의 공신 권남權擥에게서 찾을 수 있다. 권남의 가문은 그야말로 조선 초기의 명문 집안이었다. 그의 할아버지는 조선왕조 개국을 도운 개국원종공신이면서 태종이 좌명공신으로 봉한 권근權近이고, 아버지는 우찬성까지 오른 권제權踶다.

권남은 재주가 있다는 평판이 있었으나 오래도록 과거에 합격하지 못하다가 식년 문과 초시와 복시에 모두 장원을 차지하고, 문종 즉위년(1450) 4월에 실시된 최종 시험인 전시에서도 역시 장원을 했다.

그가 전시 장원을 하는 데는 약간의 우여곡절이 있었다. 복시에 33명을 선발한 후 치러진 전시의 대책에서 시험관이 처음에는 그를 4등에 두고 생원 김의정金義精을 으뜸으로 삼았다. 그러나 이것을 들은 신료들이 모두 불평하면서 말하기를 "김의정은 변변치 못한 가문 출신이고 명망이 없는데 비록 대책을 잘 지었다 하더라도 으뜸 자리에 두는 것은 마땅하지 않다"라고 했다.

그러자 한밤중에 문종이 권남의 대책을 가져오게 해서 읽어보았다. 그 대책에서 권남은 고려 말의 승려 신미信眉와 학열學悅의 간사함을 비판하며 말하기를 "옛날 신돈辛旽이라는 중 하나가 오히려 고려 500년의 왕업을 망치기에 족했는데, 하물며 이 두 중이겠는가?"라고 했다. 대책을 모두 읽고 임금은 "권남이 복시에 장원을 했고 본래 명성이 있었는데, 이 대책을 보니 또한 훌륭한 작품이다. 권남을 장원으로 삼는 것이 어떠한가?"라고 물었다.

이에 시험관 허후許詡는 "다시 권남의 대책을 보니 진실로 훌륭한 작품입니다. 다만 시폐時弊를 바로 진술했기 때문에 말이 공손하지 못한 데가 있어서 4등에 두었습니다. 이제 권남의 고하高下를 성상께서 처결하십시오"라 했다. 그렇게 해서 임금은 결국 그를 1등으로 삼았다. 하룻밤 사이에 장원이 뒤바뀐 것이다. 권남이 장원이 되는 데는 성적도 어느 정도 감안이 되었겠지만, 임금이 그의 대책을 특별히 읽어본 자체가 그의 가문을 의식한 때문이 아니었을까.

이 일에 대해 뒷날의 사관은 이렇게 비판했다. "무릇 문과 급제를 다루는 시험관이 그 사람의 이름을 보지 않고 먼저 글의 잘된 정도를 보고 그 등급을 정하는 것은 공도公道를 보이고자 함이었다. 권남의 일은 비록 임금의 지극한 공도에서 나왔으나 당시의 여론이 후일에 폐단이 있을까 두려워했다"라고 했다. 원래 시험 답안지를 채점하거나 합격자의 등수를 정할 때는 응시자들의 성명을 가리고 해야 하는데, 이를 어기고 국왕과 시험관들이 이름을 먼저 확인한 것은 잘못이라고 지적하고 있다. 즉 권남의 장원급제는 성적대로 되었다기보다는 문벌 등의 요소가 끼어들어 공정하지 못한 측면이 있었음을 간접적으로 지적한 것이다.

장원급제에 문벌이 중요했음은 서영보徐榮輔의 예에서도 볼 수 있다. 그는 정조 13년(1789) 3월 식년 문과에서 장원을 했는데, 급제 직후 임금이 그를 특별히 불러 접견했다. 그를 보자 임금은 "네 용모가 네 아비를 많이 닮았고 죽은 재상인 조부의 모습도 있다. 너의 집안을 생각할 때마다 항상 나 때문이었다는 탄식을 했었다. 3대 정승 집안을 잊을 수 없었는데 지금 네가 급제했으니 나의 빚을 갚은 셈이다"라고 했다. 서영보의 집안은 그의 고조 서종태徐宗泰는 영의정, 증조 서명균徐命均은 좌의정, 조부 서지수徐志修는 영의정을 지내 그야말로 화려한 3대 정승 집안이었다. 그의 아버지 서유신徐有臣은 뒤에 대제학까지 올랐는데, 서영보와 서영보의 아들 서기순徐箕淳도 역시 대제학을 지내 3대가 대제학을 역임하는 진기록을 남겼다.

서영보의 할아버지 서지수는 정조의 세손 시절 스승이었는데, 대사헌으로 있을 때 정조의 부친인 장헌세자莊獻世子 즉 사도세자의 비행을 조작해 영조에게 허위 보고한 김상로金尙魯 등을 탄핵한 적이 있다. 또한 서유신은 정조가 왕위에 오르는 데 크게 공헌해서 임금의 총애를 받았다. 이처럼 그의 조부와 부친은 정조의 은인과도 같은 존재였기 때문에 그의 집안은 국왕의 융숭한 대우를 받기에 충분했다. 그러나 서유신은 정조 초기에 홍국영洪國榮의 중상모략으로 추방당해 10여 년간 죄인으로 지내야 했다. 이런 까닭에 정조는 그와 그의 집안을 더욱 각별하게 생각했다.

과거는 제도적으로도 문벌에게 유리했다. 부정기 시험은 대개 서울에서 수시로 실시되었기 때문에 주로 서울 거주자들인 문벌가 자제들이 응시하기에 용이했다. 그리고 부정기 시험은 조선 후기에 더욱 빈번하게 시행되었는데, 부정기 시험을 자주 실시한 것은 양반들의 집요한 요구 때문이었다.

장원 선정에 문벌이 크게 작용했음은 실제 문과 장원급제자의 본관에서도 확인된다. 조선 전기에 장원이 많이 나온 가문을 순서대로 보면 안동 권, 진주 강, 전주 이, 파평 윤, 안동 김, 여흥 민, 여산 송, 경주 김, 완산 이, 진주 류, 청송 심, 청주 한 씨로 나타난다. 조선 후기에는 전주 이, 청주 한, 안동 김, 여흥 민, 연안 이, 남양 홍, 안동 권, 달성(대구) 서, 반남 박, 풍양 조, 해주 오 씨 순이었다. 조선 전 시대를 통틀어서는 전주 이씨가 장원을 가장 많이 배출했는데, 본관을 알 수 있는 장원 733명 중 57명이나 되었다. 두 번째는 안동 권씨(28명), 세 번째는 안동 김씨(21명)였다. 그다음은 여흥 민(20명), 청주 한(20명), 연안 이(18명), 남양 홍(15명), 파평 윤, 반남 박, 풍양 조(각기 14명), 청송 심, 달성 서(각기 13명) 씨 순서다. 이들 12개 가문이 전체 장원급제자의 33.7퍼센트를 차지했다. 이처럼 장원급제자는 특정 소수 가문에 집중되었는데, 이들 가문은 모두 조선 시대의 명문거족으로 지배층의 핵심을 구성하고 있었다.

장원급제자를 많이 배출한 가문은 문과 급제자도 역시 많이 배출한 것으로 나타난다. 조선 시대에 200명 이상의 문과 급제자를 배출한 12대 가문을 순서대로 열거하면 전주 이, 안동 권, 파평 윤, 남양 홍, 안동 김, 청주 한, 밀양 박, 광산 김, 연안 이, 여흥 민, 진주 강, 경주 김 씨다. 이것을 보면 급제자 배출과 장원 배출이 거의 비례한다는 사실을 알 수 있다. 급제자를 많이 배출한 집안에서 장원도 역시 많이 나온 것이다. 이 가운데 안동 권, 남양 홍, 안동 김, 청주 한, 여흥 민, 경주 김 씨는 고려 시대 이래 조선 초기부터 명문 가문이었다. 전주 이 씨와, 연안 이 씨는 조선 건국 직후인 15세기 이후에 명문으로 성장했고 풍양 조씨와 반남 박씨는 16세기 이후 명문으로 발돋움했다. 이들의 성세는 조선 후기에도 대체로 유지되었다. 조선 시대 내내 문과 급제자를 단 한 명도 내지 못한 가문도 많았는데 수백 명씩 급제자를 냈으니 정말 대단한 명문이었다. 이는 달리 말하면 가문이 급제에 커다란 영향을 미쳤다는 증거라고 할 수 있다.

조선 전기에 가장 많은 장원급제자를 배출한 안동 권씨는 고려 말 권부權溥 때 명문거족 반열에 오른 후 조선 초기에 그의 증손자인 권근에 이르러 가세가 확고해졌다. 권근은 학문과 덕망이 뛰어났으며 조선왕조 건국에 크게 공헌했다. 그는 태종 때 좌명공신 1등에 봉해졌으며 그의 둘째 아들 규跬는 태종의 부마가 되었고 큰아들 제踶와 손자 남擥, 4세손 복福이 연달아 장원급제했다.

고령 신씨도 안동 권씨 못지않은 거족이었다. 조선 전기의 고령 신씨 장원급제자는 모두 훈구파의 중심인물로 영의정을 지낸 신숙주의 후손들이었다. 신숙주의 아들 준浚, 손자 종호從濩, 4세손 석간石澗이 모두 문과 장원을 했다. 특히 아들 준은 중종반정에 가담해 정국공신靖國功臣 3등에 봉해지고 이조판서를 지냈다. 이상의 안동 권씨와 고령 신씨 두 가문은 선대에서 축적한 기반과 가문의 배경이 장원 배출에 영향을 미쳤으며, 특정 가계에서 장원급제자가 집중적으로 나타났음을 보여준다.

조선 전기에 장원이 많이 나온 안동 권씨, 여흥 민씨, 청송 심씨, 청주 한씨도 대표적인 훈구파 가문이다. 이들 가문은 왕실과의 혼인 관계와 공신 책봉 등의 정치력을 배경으로 다수의 장원을 배출했다. 청송 심씨는 세종의 장인인 심온沈溫의 자손 중에 장원이 많이 나왔는데 이는 국혼國婚과 관계가 있다고 할 수 있다. 한명회 집안인 청주 한씨는 다수의 공신 배출과 중첩된 국혼으로 당대 최고의 명문거족으로 위세를 누렸다. 전체적으로 가장 많은 장원을 기록한 왕족인 전주 이씨는 조선 전기에는 상대적으로 배출 인원이 적었는데, 이는 종친宗親(임금의 현손 즉 4대손까지의 왕족)은 과거에 응시할 수 없고 친진親盡(임금의 5대손 이후의 왕족)부터 응시할 수 있다는《경국대전》의 규정 때문이었다. 그러나 16세기 이후에는 계속해서 가장 많은 장원이 나왔다.

조선 후기에 달성 서씨가 갑자기 다수의 장원을 배출한 것도 국혼과 연관이 있었다. 달성 서씨는 17세기까지는 장원을 한 명도 내지 못하다가 왕실과 혼인 관계를 맺으면서 급부상하게 된다. 인조반정 이후 판중추부사를 지낸 서성徐渻에게 아들 네 명이 있었는데, 첫째 아들 경우景雨는 우의정을 역임했고 넷째 아들 경주景霌는 선조의 딸 정신옹주와 혼인해 임금의 사위가 되었다. 서성의 5세손 종제宗悌의 딸은 영조의 비妃였다. 역시 서성의 5세손인 종태宗泰는 영의정을 지냈고 그 아들 명균命均은 좌의정, 손자 지수志修는 영의정까지 올랐다. 서종제와 서종태의 자손 중에서만 장원급제자가 8명이 나왔다.

## 이왕이면 서울 사람으로

요즘도 명문대에 들어가거나 각종 고시에 합격하는 이들의 비율을 보면 서울 출신이 압도적으로 높은데 이런 현상은 조선 시대에도 마찬가지였다. 문과는 최종 시험을 대개 서울에서 치렀기 때문에 서울 사람에게 절대적으로 유리했다. 그리고 서울 사람들은 시험에 대한 다양한 정보를 손쉽고 빠르게 입수할 수 있었다. 교통과 통신이 발달하지 않은 당시에 갑자기 실시되는 부정기 시험에 대한 정보는 서울 사람들이 거의 독점했다고 해도 과언이 아니다. 지방 사람들이 시험 정보를 알았을 때는 이미 시험이 끝난 뒤였다. 이런 이점을 안고 있는 서울 사람들은 장원이 되는 데도 당연히 유리했다.

서울 사람을 장원으로 뽑아야 한다는 것은 국왕의 뜻이기도 했다. 태종 2년(1402) 4월에 식년 문과를 시행해 장원을 뽑기 전에 임금이 좌우 신하들에게 말하기를 "서울 사는 사람으로서 과거에 응시한 자를 장원으로 삼는 것이 좋겠다"라고 했다. 그러자 대언 이응李膺이 "과거는 글로써 취재取才하는 것인데 서울과 지방을 어찌 분별하겠습니까?"라면서 반대했다. 그러나 임금은 "글의 잘된 정도가 같을 때는 서울 사는 사람을 장원으로 뽑는 것이 옳겠다" 했다. 성적이 같을 때는 이왕이면 서울 사람을 장원으로 해야 한다는 말이었다. 당시 복시 합격자 33명 가운데 신효申曉를 장원으로 삼았는데, 태종의 이러한 뜻이 신효가 장원이 되는 데 얼마나 영향을 끼쳤는지는 불분명하지만 태종의 그러한 말은 서울에 산다는 점이 장원으로 뽑히는 데 유리하게 작용했음을 보여준다. 말은 제주도로 보내고 사람은 서울로 보내라는 말이 있지만 그야말로 장원급제하려면 서울로 가야 했던 것이다.

제도적으로도 문과는 서울 거주자들에게 유리했다. 식년시는 문과 초시에서 모두 240명을 뽑았는데 이 가운데 한성시에서 40명, 성균관시에서 50명, 지방에서 치르는 향시에서 150명을 뽑게 되어 있었다. 이렇게 본다면 순수 서울 거주자는 16.7퍼센트를 뽑은 것이다. 그러나 성균관 유생도 서울 거주자로 친다면 그 비율은 37.5퍼센트로 높아진다.

실제 통계상으로도 서울 거주자가 문과에 많이 급제한 것으로 나타난다. 조선 시대 전체 문과 급제자는 1만 4,620명인데, 이중 거주지가 파악된 1만 2,792명 가운데 서울 거주자는 5,502명으로 43퍼센트를 차지했다. 급제자의 절반 가까이가 서울에 산 것이다. 서울 인근인 경기도 8.8퍼센트를 합하면 수도권 출신 급제자는 51.8퍼센트에 달했다. 경상,

충청, 전라의 32.5퍼센트까지 합하면 수도권과 남부 지방의 급제자 비율은 84.3퍼센트에 이르렀다.

그런데 문과 장원급제자의 서울 거주 비율은 전체 문과 급제자보다 훨씬 높았다. 조선 후기의 통계지만 문과 장원급제자 524명 가운데 거주지가 확인된 436명의 61.6퍼센트인 268명이 서울 사람이었다. 서울 근교의 경기도 거주자는 9.7퍼센트였으니 수도권 출신이 장원급제자의 71.3퍼센트로 절대 다수를 차지했다. 특히 전주 이씨, 청주 한씨, 풍양 조씨, 달성 서씨 등 문벌 출신 장원급제자들은 대부분 서울 거주자였다.

서울 사람들은 정기 시험보다 부정기 시험에 유리했다. 각종 부정기 시험은 평균 7개월에 한 번씩 주로 서울에서 실시되었다. 국왕이 참석하는 자리인 데다가 성균관 유생과 양반 들의 거주 관계로 자연히 서울에서 실시될 수밖에 없었다. 게다가 시기가 정해진 것이 아니고 수시로 갑자기 실시되었기 때문에 서울 거주자들이 응시하기 쉬웠다. 이러한 부정기 시험은 증광시 외에는 대체로 문과와 무과만 실시하고 초시, 복시, 전시 구분 없이 단 한 번의 시험으로 급락을 결정했다. 그리고 초에 금을 그어놓고 그 금까지 타들어가면 시험을 마치고, 시험 당일에 급제 여부가 발표되는 방식이었다. 그러므로 서울에 사는 응시생들이 많이 응시할 수 있을뿐더러 급제하기도 그만큼 쉬웠다. 정기 시험인 식년시와 증광시의 복시와 전시도 서울에서 실시되었으므로 역시 서울 응시생들에게 유리했다. 결국 이러한 모든 요소를 종합해볼 때 서울에 사는 문벌 가문에서 다수의 장원급제자가 나온 것이 필연적인 일이었음을 알 수 있다.

# 오매불망 장원급제 생각

**시험만 보게 해주면 개구멍도 피하지 않으리**

문과는 요즘의 행정고시처럼 관리로 출세하는 지름길이었다. 그래서 문음이나 천거 등으로 관리가 된 사람들 즉 음관蔭官들은 빠른 승진을 위해 다시 과거에 급제하려고 했다. 음관은 문과 급제자에 비해 임용에서 여러 불이익을 당했기 때문이다. 지금도 7급이나 9급 공무원 시험에 합격해서 공무원이 된 사람들 가운데 주경야독해서 행시에 합격하는 이들이 가끔 있는 것과 마찬가지다. 조선 시대에는 음관들을 위해 정3품 당하관 이하의 관리들에게 문과에 응시하는 것을 허용했다. 문과에 급제해야만 아무런 제한 없이 탄탄대로의 출셋길에 오를 수 있었기 때문이다.

당시에는 승정원, 사간원, 홍문관, 예문관 등의 청요직에는 문과 출신인 문관만 임용할 수 있게 규정되어 있었다. 이들 관청은 관리라면 누구나 선망하는 자리로 이곳을 거치면 대체로 출세가 보장되었다. 문과 출신이 아닌 음관들은 능력이나 재주가 아무리 뛰어나도 결코 이런 자리에 오를 수 없었다. 그러니 음관들은 자연히 문과 급제에 매달렸고, 누구나 기회만 있으면 문과에 응시해서 급제하려 했다.

문과 급제가 얼마나 절실했으며 이를 위해서 얼마나 노심초사했는지 잘 보여주는 사례로 선조 때 유조인柳祖認을 들 수 있다. 유조인은 열심히 학문에 매진하고 행실이 단정해서 선비들의 존경을 받았으나 48세 때인 선조 3년(1570)에야 비로소 생원시에 합격했다. 이후 여러 번 문과에 응시했으나 급제하지 못했다. 그러다가 61세 때인 선조 16년(1583)에 충효와 절의가 높다고 천거되어 현감을 거쳐 당상관인 형조 참의에 올랐다.

원래 당상관은 문과에 응시할 수 없었지만 이러한 규정을 뛰어넘어 그는 기어코 문과에 응시하려고 했다. 그래서 궁리 끝에 선조 28년(1595)에 다음과 같은 상소를 올려 문과 응시를 허락해줄 것을 탄원했다. 당시 그의 나이는 환갑도 훨씬 넘어 이미 73세였다. 노년임에도 기어이 문과에 급제해 그동안 쌓인 한을 풀려고 한 것이다. 그의 상소에는 문과를 향한 애타는 심정이 절절이 배어 있다.

신은 미관말직의 음관으로 특별히 승진의 명을 받아 참의에 임명되었으니, 은총이 망극하여 갚기를 도모하는 데 겨를이 없어야 마땅한데도 감히 이런 희망을 두니 망령된 짓이 아니고 무엇이겠습니까. 신이 젊어서부터 유학儒學에 종사했으면서도 늙도록 성취함이 없는 것은 신의 분수가 여기까지인 탓입니다. 그러나 원대한 꿈을 삼킬 듯한 것 여덟아홉 가지가 아직도 가슴속에 꽉 차 있어서 오래면 오랠수록 더욱 답답해지니, 이것이 구구한 신이 스스로 그만두지 못하는 까닭입니다. 지금 문과를 별도로 베풀어 선비들이 구름처럼 모여들고 원근이 바람에 나부끼듯 일어나므로 백발이 노쇠한 신도 오히려 생기가 나서 죽은 재에 불이 다시 불고 마른 나무에 꽃이 피는 것과 같습니다. 이는 진실로 박옥을 안고 울듯이 우울한 마음이 이미 고질이 되었기 때문이니 다른 것이야 무엇을 구하겠습니까. 한번 과거를 보아 평생의 포부를 결판하는 것도 또한 좋지 않겠습니까.

선조先朝 때의 신하 권반權攀과 신승선愼承善도 모두 문음으로 각각 첨지와 참지가 되어 기묘, 병술 두 해의 문과에 응시하기를 청했으니, 권반은 어렵게 급제하고 신승선은 장원을 차지한 것을 지금까지 성대한 일로 일컫고 있습니다. 성종조의 신하 이장곤李長坤은 옥에 갇혔다가 마침 시험장을 여는 날 방면되었는데 이미 정오가 되었으나 대왕께 호소하여 과거 응시의 윤허를 받아 드디어 설욕했습니다. 중종조의 판서 홍경림洪景霖은 당상의 품계를 받았으나 그 아비가 상소하여 면직하기를 청하여 또한 높은 성적으로 급제했으니 이는 모두 일시 전도된 호걸들의 뜻이었습니다.

전규前規가 없다면 어찌 감히 받아들여지기를 바랄 수 있겠습니까. 그러므로 전례를 원용하여 상소를 올리니, 조종의 옛 헌장憲章에 따라 소신에게 대궐에서 뜻을 이루게 해주십시오. 그렇게 되면 큰 바람을 타고 구만리 상공에 오르는 붕새의 등에 타고 청운의 아득함에 이르지는 못하더라도 요행히 과거에서 백발이 되도록 부지런히 힘써 공부한 것을 이룰 수 있을 터이니, 그런 뒤에야 신이 마음속으로 생각하는 일이 끝날 수 있을 것입니다. 전쟁이 바야흐로 극심할 때 시대를 구제하는 계책은 드리지 못하고 감히 명예를 다투는 일로써 전하를 번거롭게 했으니 옛사람들에게 부끄러워 얼굴이 붉어집니다.

《선조실록》 권70, 28년 12월 병오

이처럼 그는 음관 출신이나 당상관으로서 문과에 급제한 사람들의 전례를 열거하면서 문과 응시를 허용해줄 것을 애타게 호소했다. 상소를 접한 선조는 "소원대로 하라"라고 전교함으로써 그의 응시를 허락했다.

음관으로 문과에 급제한 사람들로 그가 언급한 사람들 중 권반의 사례는 과거 합격이 얼마나 어렵고도 절실한 것이었는지 보여주는 또 하나의 사례다. 권반은 세조의 일등 공신 권남의 아우로 개국원종공신 권근의 손자요, 우찬성을 지낸 권제의 아들이었다. 이렇게 화려한 집안의 자제였지만 과거의 높은 벽을 넘지 못해, 여러 번 과거를 보았으나 종내 급제하지 못했다. 그래서 음서로 겨우 관직을 얻어 처음에는 현릉을 지키는 현릉지기가 되었다가 여러 번 옮겨 부인符印과 제배除拜 등을 담당한 상서사尙瑞司의 승丞(정5품)이 되었다. 그리고 수양대군이 집권할 때 형 권남과 함께 정난에 참여해 좌익공신 2등에 봉해지고, 전농시 소윤에 임명되었다가 정3품 당상관인 첨지중추원사로 승진했다.

그 후 세조 5년(1459) 그는 마침내 식년 문과에 응시해 급제하기에 이르렀다. 당상관은 원래 과거에 응시하지 못하게 되어 있었지만 오랫동안 "장옥場屋에 굴屈했다" 하여, 즉 과거에 급제하지 못했다 하여 세조가 특별히 응시를 허락했다. 임금까지도 안타깝게 여길 정도로 그가 문과 급제를 절절하게 원했음을 알 수 있다. 문과에 급제한 후 그는 종2품인 가선대부嘉善大夫로 승진해 화산군花山君으로 봉해졌다. 그 뒤 개성 부윤에 임명되었다가 성종 3년(1472)에 죽었다.

결국 유조인은 소원대로 문과를 볼 수 있었지만, 그의 문과 응시를 두고 뒷날의 사관은 다음과 같이 비판했다. 즉 "유조인은 성격이 자애롭고 배운 것이 많기로 소문났었다. 평생 과거 급제를 몹시 바랐으나 여러 차례 응시해 합격하지 못했다. 일찍이 말하기를 '과거 시험장에 들어가게 해준다면 비록 개구멍이라도 피하지 않겠다'라고 했으므로 모두 눈살을 찌푸렸다. 70의 희수 나이에 육조 참의의 벼슬은 그의 미천한 처지로서는 부족한 것이 아닌데도 얼굴 두껍게 상소를 두 번이나 올리기에 이르렀으니, 어찌 이른바 '천금 나가는 구슬을 깨뜨리고서 깨어진 솥에 마음을 둔다'는 것이 아니겠는가"라고 했다.

이렇게 상소까지 올려서 특별히 문과에 응시한 유조인은 그러나 끝내 급제하지 못하고 몇 년 뒤 77세로 세상을 떠났다. 시험장에 들어가게 해주면 개구멍이라도 피하지 않겠다며 불태운 그의 열정은 비록 실현되지 못했지만 과거 합격을 향한 무한 도전의 정신을 엿볼 수 있는 사례다.

## 비나이다 비나이다
## _ 절절한 불공의 물결

유교를 국가 이념으로 삼은 조선왕조의 불교 탄압도 장원급제를 향한 열망을 막을 수는 없었다. 장원급제를 위해서라면 사람들은 나라의 눈을 피해 불공도 마다하지 않았다. 세조 때 반란을 일으켰다 실패해 사형을 당한 이시애李施愛도 무과에 장원하고자 불공을 드린 것으로 알려져 있다.

유교 국가를 표방한 조선왕조에서는 건국 직후부터 불교를 이단이라 하여 억압하려 했지만, 오랫동안 내려온 불교 숭상 풍조가 하루아침에 없어질 수는 없었다. 그리하여 조선 전기까지 평민들은 물론 양반들 사이에도 불교가 널리 신봉되었다. 이러한 사정은 성종 8년(1477)에 이심원李深源이 올린 상소에 잘 나타난다.

> 중앙과 지방의 백성들이 목멱산(남산), 송악산, 감악산, 금성산 등지에서 은혜를 빈다고 일컫기도 하고 원장願狀(부처에게 기도할 때 써서 바치는 글, 또는 글을 올리고 불공을 드림)이라고 일컫기도 하면서 봄가을에 성대히 공향供享하고 여악女樂을 베풀어 그 소리가 길에 서로 잇닿는데, 심지어 양반의 부녀자들도 몸소 여기에 가는 이도 있습니다.
>
> 《성종실록》 권86, 8년 11월 기축

당시에는 심지어 왕실에서도 불교를 숭상했는데, 세조와 문정왕후의 불교 숭신은 널리 알려진 사실이다.

조선 전기에 불교가 여전히 숭상되었다는 사실을 보여주는 사례를 하나 더 든다면 문종 1년(1451)에 일어난 석불石佛 사건이 있다. 당시 서울 근교 홍제원에 석불 하나가 풀숲의 흙속에 묻혀 있었는데 희탄希坦이라는 승려가 이것을 찾아내 세워놓고서 영험하다고 하자 도성 안 남녀들이 다투어 달려가 소원을 빌었다. 그러자 희탄이 사람들에게 말하기를 "꿈에 부처님이 내게 말씀하기를 '내가 아무 곳에 몇 년을 묻혀 있는데, 네가 나를 드러내어 높이면 장차 너에게 복을 주겠다'라고 했는데, 내가 과연 찾았다"라고 했다. 사람들 사이에 이 말이 퍼졌고 많은 이가 미혹되어 쌀과 곡식을 싸들고 몰려와서 다투어 자기 소원을 원장에 써서 기도했다. 더러는 부녀자가 남편에 대한 미움을 담아 기도하기도 하고, 양갓집 부녀자가 쌀을 올리며 아들 낳기를 기도하는 일까지 있었다. 아들 낳기를 원하는 부녀자에게는 희탄이 손으로 쌀을 집어 부녀자의 품속에 넣고 말하기를 "부처님이 아들을 내려준다"라고 했다.

당시 도성 사람 중에 쌀과 곡식을 가지고 가서 석불에 기도하는 자가 날마다 천여 명에 이르러, 희탄은 곡식을 엄청나게 많이 얻게 되었다. 그러자 예조에서는 그 곡식을 거두어 공용으로 쓰려는 방안을 내놓기까지 했다. 그때는 석불을 숭상하는 것은 말할 것도 없고, 근교의 여러 산에 있는 절에 올라가는 부녀자가 수를 헤아릴 수 없을 만큼 많았다고 한다.

이 일이 알려지자 조정의 신하들은 석불을 땅에 도로 묻어서 요망한 말이 일어나지 않게 해야 한다고 주장했다. 그러나 문종은 처음에는 석불을 절에 옮겨놓자고 했다가, 나중에 비구니가 된 혜빈惠嬪 양씨가 달라고 요청하자 그녀에게 주었다. 혜빈 양씨는 세종의 후궁으로 세종이 승하하자 관례에 따라 비구니가 되어 산속 절에 들어가 살고 있었다. 그녀는 자기가 있는 절의 불당에 석불을 옮겨놓고 열심히 받들었다고 한다.

석불 사건이 일어난 후 조정에서는 승려와 백성들을 잡아서 심문하는 소동이 일어났다. 석불에 기도한 사람들 중에는 일반 백성들뿐 아니라 관리들까지 포함돼 있었다. 사헌부에서는 "심지어 관리들도 모두 석불을 영험하다고 여겨서 다투어 원하는 것을 기도하니, 그 망령됨이 심합니다"라면서 그들을 잡아서 심문해야 한다고 주장했다. 그러자 임금이 "관리로서 원장한 자가 몇 명이나 되는가?"라고 물었다. 사헌부에서는 "대부분이 원장을 했지만 저명한 자는 없습니다. 다만 호군護軍 이시애가 원장에 이르기를 '무과의 장원이 되기를 바랍니다'라 했습니다. 그 밖에는 부모의 장수를 바라고 병 없기를 바라고 벼슬 받기를 바랐으며, 다른 사람이 병을 앓기를 바란 자도 있습니다"라고 했다. 이렇듯 이시애는 무과에 장원하고자 석불에 불공을 드렸다.

함경도 길주 출신의 무인 이시애는 북방민 회유 정책에 따라 등용되어 문종 1년(1451)에 호군이 되고 세조 4년(1458)에 경흥진 병마절제사를 거쳐 첨지중추부사와 회령부사를 역임했다. 그는 이징옥李澄玉의 난 이후 세조가 함경도 출신에게 관직을 부여하는 것을 억제하고 중앙에서 직접 지방관을 파견하면서 중앙집권을 추진하자 자신의 지위에 큰 위협을 느꼈다. 그리하여 세조 13년(1467)에 아우 이시합李施合 등과 함께 역모를 도모해 절도사 강효문康孝文을 죽이고 난을 일으켰다. 그의 세력은 한때 함흥을 함락할 정도로 강성했지만 남이南怡 장군 등이 펼친 대대적인 토벌 작전에서 패해 반란은 실패하고 말았다.

장원급제는 선비나 무사라면 반드시 한 번은 꿈꾸는 선망의 대상이었다. 장원에 대한 열망이 얼마나 큰 것이었는지는 이시애를 파멸시킨 남이에게서도 살펴볼 수 있다. 남이는 이시애의 난을 평정한 공으로 병조판서가 되었으나 훈구파에 의해 제거된 인물이다. 그는 태종의 넷째 딸인 정선공주貞善公主의 아들이자 좌의정 권남의 사위로, 무과에 장원급제하여 세조의 총애 속에 여러 무관직을 역임했다. 이시애가 반란을 일으키자 우대장이 되어 진압에 참여했으며, 이 공으로 적개공신敵愾功臣 1등에 책봉되고 공조판서에 임명되었다. 세조 14년(1468)에는 오위도총부 도총관을 겸했으며 이어 27세의 나이로 병조판서가 되었다. 그러나 그해 신숙주, 한명회 등의 훈구 세력이 이시애의 난 평정으로 등장한 신세력을 제거할 때 병조판서에서 해임되었다. 그 직후 예종이 즉위하자 역모를 꾀한다고 유자광이 모함함으로써 국문 끝에 죽임을 당했다.

남이는 이미 두 차례나 과거에 급제한 전력이 있었지만 공조판서로 재직하던 세조 14년에 다시 무과 중시重試를 보려고 했다. 그는 세조 3년에 처음 무과에 장원으로 급제하고 다시 세조 12년에 발영시에도 급제한 바 있었다. 처음에 세조는 남이의 중시 응시를 허락했으나 대간의 반대에 따라 뜻을 거두었다. 그러면서 남이에게 말하기를 "경의 재망才望은 본시 나타났으니, 만약 장원하지 못하면 재주를 상하고 희망을 덜게 되니 시험에 나아가지 말라"라고 당부했다. 그러자 남이는 사람들에게 "성상께서 명하시기를 '너의 이름이 천하에 들렸으니, 용이하게 시험에 나아감은 불가하다'라고 하셨다"라고 말하고 다녔다.

남이가 무리하게 중시를 보려 한 것은 사실 발영시에 장원하지 못한 것을 원통스럽게 생각해, 다시 과거를 보면 꼭 장원할 것으로 여겼기 때문이다. 중시에 장원을 차지하면 지난번 발영시에서 장원을 하지 못한 부끄러움을 만회할 수 있다고 생각한 것이다. 반란을 일으킨 이시애와 그 난을 진압한 남이가 모두 장원에 유별나게 집착했으니 아이러니한 일이라 하겠다.

## 신문고를 치며 애원하는 사람들

성균관에서 공부하는 유생들이 문과를 보려면 원점을 채워야 했다. 성균관 식당에서 제공하는 아침과 저녁 식사에 모두 참석하면 원점 1점을 얻어, 300점이 되면 문과 초시에 응시할 자격을 얻었다. 이러한 규정은 조선 초기에는 비교적 엄격하게 지켜졌다. 그 때문에 원점을 다 채우지 못한 유생들이 비리를 저지르는 일도 일어났다. 실제로 세조 때 박형문朴衡文이라는 유생이 원점이 부족하자 그 아우의 이름으로 시험을 보았다가 징계를 받은 적이 있다.

이처럼 초기에는 원점 제도가 엄격하게 시행되었지만, 간혹 융통성을 두어 원점이 차지 않아도 과거를 볼 수 있게 했다. 부득이한 사유로 원점을 채우지 못한 유생들이 신문고申聞鼓를 치거나 글을 올려서 과거를 보게 해달라는 탄원을 임금에게 올리면 정상을 참작해 응시를 허락하기도 한 것이다.

신문고는 백성들이 원통하고 억울한 일이 있을 때 왕에게 직접 알릴 수 있게 대궐에 설치한 북이다. 이 제도는 중국 요임금이 아랫사람의 의견을 듣기 위해 감간지고敢諫之鼓를 두었다는 고사에서 비롯되었는데, 그 후 남북조시대를 거쳐 명나라 때까지 이어졌다.

조선왕조에서는 태종 1년(1401) 7월에 처음으로 등문고登聞鼓를 설치했다가 8월에 신문고로 이름을 바꾸었으며, 11월에는 신문고를 통한 청원, 고발 등과 같은 처리 규정이 자세히 마련되었다. 세종 때는 신申 자가 신하들끼리 서로 상대방을 높이기 위해 쓰는 말로, 왕에게 전하는 데 쓰는 말이 아니라고 해서 잠시 승문고升聞鼓로 이름을 바꾸기도 했다.

처음에는 신문고를 대궐 안 문루門樓에 설치하고 순금사巡禁司가 관리하다가 의금부 당직청當直廳으로 옮겼다. 백성들이 억울한 일을 호소할 때, 서울에서는 먼저 해당 관청에 올리고 지방은 관찰사에게 올렸다. 그렇게 한 뒤에도 억울한 일이 해결되지 않으면 사헌부에 고하고, 그래도 억울하면 신문고를 쳐서 왕에게 직접 호소했다.

신문고 제도는 한때 폐지되었다가 성종 2년(1471)에 다시 설치되었고, 또다시 폐지되었다가 영조 47년(1771) 복구되는 등 여러 차례 변화를 겪으면서 말기까지 이어졌다. 신문고는 백성들의 억울함을 풀어주기 위해 설치되었으나 그 이용이 엄격히 통제되었다. 이 때문에 실제로는 소수 지배층의 사적 이익을 도모하는 수단으로 이용되어 효율성이 적었다는 평가를 받는다.

이러한 신문고는 원점이 차지 못한 유생들이 과거를 보게 해달라고 애원하는 도구로 이용되기도 했다. 조선 전기에는 실제로 그런 일이 많았는데, 태종 17년(1417)에 생원 정지담鄭之澹이 부모가 있는 고향에 내려갔다 오는 바람에 원점이 미달되었다. 그러자 그는 문과 초시 보는 날 신문고를 쳤고, 이에 태종은 그가 시험을 치르게 허락했다. 어렵게 시험을 보게 된 정지담은 그 후 뛰어난 성적으로 문과 장원을 차지했고 나중에 안동대도호부사까지 올랐다. 세종 때도 유생인 최항崔恒이 과거에 참여하지 못하게 되었다가 임금에게 글을 올려 윤허를 받아 알성문과에 장원한 적이 있다. 그는 세조 때 영의정을 지냈다. 그 뒤 윤사윤尹士昀도 어가御駕 앞에서 세종에게 문과를 볼 수 있게 해달라고 청원해서 윤허를 받은 후 문과를 보아 장원이 되었다.

세종 8년에는 전 직장 장경지張敬止가 신문고를 쳐서 과거를 보게 해달라고 호소해 허락을 받은 적이 있다. 그의 아버지 장윤화張允和가 일찍이 전라도 감사로 있을 때 면포 등을 잘못 사용한 죄로 부여로 귀양 갔다가 사면을 받은 일이 있었다. 장경지가 문과 한성시에 응시하려 하자 한성부에서 아버지의 일 때문에 응시를 허락하지 않았고, 이 때문에 신문고를 친 것이다. 같은 시기에 유생 김양중金養中도 신문고를 쳐서, 그의 장인인 민무휼閔無恤이 전에 죄를 지은 적이 있어 역시 한성부에서 응시를 허락하지 않는다고 탄원을 했다. 두 사람의 청원을 들은 세종은 그들을 모두 한성시에 응시하도록 허락했다. 그러자 정지담 등의 예에 따라 원점 즉 기한된 날짜에 구애받지 말고 널리 선비 뽑는 길을 열어달라는 성균관 유생들의 탄원이 이어졌다. 세종 29년(1447)에 생원 방유륜房有倫 등이 올린 글에 그와 같은 유생들의 절절한 심정이 잘 드러난다.

대체로 옛 규정을 따르는 것은 법을 지키는 원칙이고, 때에 따라 적당히 변동하는 것은 법을 운용하는 권도權道(형편에 따라 임기응변으로 일을 처리하는 방도)입니다. 그러므로 모두 권도에 따르면 어지럽게 변경하게 되는 우환이 있고 모두 원칙을 지키면 빡빡하게 융통성이 없어지는 폐단이 있사오니, 어느 한쪽만 쓰고 한쪽을 폐할 수는 없습니다.

삼가 생각하옵건대 태종께서 과거의 제도를 한결같이 《원전元典》에 따르시어, 생원으로서 원점이 차지 못한 자는 과거 보는 것을 허락지 않으셔서 법을 지키는 데 원칙이 있으셨지만 법을 운용하는 권도가 또한 지극하셨습니다. 이제 주상 전하께서 즉위하신 이래로 시행하는 모든 것을 한결같이 조종祖宗의 법전에 따르시고, 매양 별시를 보이실 때는 시험 칠 날짜를 계산하고 한정하여 응시케 하는 법식을 정하셨으니, 법을 지키시는 뜻이 지극합니다. 그러면서도 법을 운용하시는 권도가 적절하시고 선비를 뽑으시는 방법이 옳으셨습니다.

신들이 신문고를 치고 또 말씀을 간곡히 올려 부르짖고 호소하기를 두 번이나 했사오나 천심天心을 감동시키지 못했으므로 오직 절통하게 가슴을 칠 뿐입니다. 엎드려 바라옵건대 특별히 불쌍하고 가련하게 여기시어 기한된 날짜에 구애됨이 없이 널리 선비 뽑는 길을 열어주셔서 유주지탄遺珠之歎이 없게 해주십시오.

《세종실록》 권117, 29년 8월 기사

이를 본 세종은 이조판서 정인지, 우참찬 정갑손鄭甲孫 등에게 원점의 적용 문제를 논의하게 했다. 그러자 정갑손이 말하기를 "이미 그 기한을 정한 것이오니 변경할 수 없사오며, 생도로서 학업에 나오지 않는 자를 징계하지 않을 수 없습니다"라 하여 원점을 엄격히 적용할 것을 주장했다. 그러나 정인지는 "별시는 국가에서 인재를 얻기 위한 것이니, 인재를 얻고자 한다면 넓게 하지 않을 수 없으므로 기한을 정하는 것은 불가합니다"라면서 별시를 탄력적으로 운용해야 한다고 건의했다. 이에 임금은 정인지의 건의를 받아들여 "갑손 등의 의논이 당연하지만 선비를 뽑는 것은 마땅히 널리 하여야 할 것이다"라며 정해진 날짜에 미달된 자도 모두 시험에 응시하게 했다. 그 결과 이때부터 별시는 원점이 300점 미만이어도 응시할 수 있게 개정되었다. 이처럼 선비들의 과거에 대한 열망은 과거제도를 변경할 정도로 끝이 없었다.

## 서얼도 장원이 될 수 있을까?

조선 시대에는 첩의 자손인 서얼들은 서얼금고법庶孼禁錮法에 따라 과거 응시와 관직 임용에 제한을 받았다. 《경국대전》에는 재혼하거나 행실이 나쁜 부녀자의 아들과 손자 등과 함께 서얼의 자손은 문과와 무과 그리고 소과인 생원진사시에 응시하지 못하게 규정되어 있었다. 서얼은 또한 문무관 2품 이상 관리의 양첩 자손은 정3품, 천첩(종이나 기생 등 천민 출신의 첩) 자손은 정5품 이상 오르지 못하는 이른바 한품서용限品敍用의 적용을 받았다. 성종 때 《경국대전》이 반포될 당시에는 이러한 규정을 첩의 아들, 손자, 외손자까지만 적용했지만 명종 때부터는 첩의 자자손손까지 확대 적용되었다. 또한 서얼은 양첩의 자식인 서자와 천첩의 자식인 얼자로 구분했다.

엄격한 신분제 사회를 지향한 조선왕조는 적서의 명분과 귀천의 구별 등 계급 질서를 공고히 하지 않고는 국가나 가정을 유지할 수 없다고 생각했다. 이러한 의식과 양반의 기득권 유지라는 신분적 이해관계가 결합되어 탄생한 것이 바로 서얼금고법이었다. 이후 서얼들은 관직 임용과 과거 응시는 물론 집안이나 사회에서 극심한 차별 대우를 받아, 반쪽 선비라는 뜻의 반사半士라고 불렸다.

이러한 제한 규정에 대해 서얼들은 상소 등을 통해 과거에 응시하게 해달라는 허통許通 운동과 관직 임용상의 제한을 풀어달라는 청통請通 운동을 부단히 전개했다. 결국 중종 38년(1543)에 잡과에 한해 2품 이상 관원의 첩의 증손과 현손의 응시가 허용되었다. 명종 8년(1553)에는 문무과와 생원진사시 응시가 양첩의 손자 대부터 허용되었으나 곧바로 폐지되었다. 조선 후기인 인조 3년(1625)에는 허통사목이 제정되어 양첩의 손자 대부터, 그리고 천첩의 증손자 대부터 허통이 가능해졌다. 숙종 21년(1695)에는 양첩의 아들과 천첩의 손자도 문무과 응시가 허용되었다. 그러나 이러한 조치는 제대로 시행되지 못하다가 갑오개혁 때 가서야 서얼금고법이 완전히 폐지되었다.

서얼금고법이 엄존하던 조선 초기에 그 어려운 문과에 그것도 장원으로 급제한 이가 있었으니, 바로 유자광이다. 유자광은 잘 알려졌듯 훈구파의 중심인물로 연산군 때 무오사화를 일으켜 사림파를 제거하는 데 앞장선 인물이다.

그는 무신 유규柳規의 서자인데, 원래 경복궁 건춘문을 지키던 갑사甲士였으나 세조 13년(1467) 5월에 이시애의 난이 일어나자 자진 출전했다가 세조에게 발탁되었다. 그리하여 병조 정랑이 된 후 같은 해 7월에 허통되어 이듬해 문과에 장원급제했다. 당시 이시애의 난을 오랫동안 평정하지 못하자 "정벌에 참여하는 자가 있으면 양인이나 천인을 불문하고 후한 상을 내린다"라는 하교가 내려졌다. 이에 유자광이 글을 올려 토벌을 위한 책략을 건의하자 세조가 친히 불러 갑옷을 주면서 종군하게 했는데, 과연 공로가 있어서 세조의 특명으로 과거 응시가 허락되었다.

그는 1468년에 예종이 즉위하자 남이 등이 역모를 꾀한다고 탄핵하여 제거한 뒤 익대공신 1등에 무령군武靈君으로 봉해졌다. 그 후 도총관, 황해도 관찰사 등을 거치고 연산군 4년(1498)에 무오사화를 일으켜 권력을 장악했다. 나중에 중종반정에도 참여해 정국공신 1등으로 무령부원군에 봉해졌으나 대간의 탄핵을 받아 경상도로 유배되었다가 죽었다.

유자광은 세조 14년(1468) 2월에 실시된 별시 문과에 장원급제했는데, 그 전에 세조가 그를 허통시킬지를 두고 대신 홍윤성洪允成에게 의견을 물은 적이 있다. 그러자 홍윤성이 "인재를 양성하는 것은 임금에게 달려 있으니 오직 성상께서 명하실 바입니다"라고 대답함에 따라 허통시켰다고 한다. 그러자 사헌부와 사간원의 관리들이 연달아 반박하고 나섰다. 그러나 세조는 "대간의 말을 어겨서는 안 되지만 인재를 쓰려면 그렇게 하지 않을 수 없다"라면서 뜻을 굽히지 않았다. 이처럼 유자광은 서자였지만 큰 공을 세워 임금의 총애를 받아 특별히 허통되어 장원의 영광을 차지한 것이다.

유자광이 세조의 강력한 신임을 받았음을 보여주는 일화가 또 있다. 그가 장원으로 급제하기 전에 병조 정랑에 임명되었을 때 대간들이 거세게 반대하고 나섰다. 당시 대사헌 양성지 등이 올린 상소를 보면 "적첩의 분수는 하늘이 세우고 땅이 세운 것과 같아서 어지럽힐 수 없습니다. 인재를 천거할 때 '안팎으로 허물이 없다'고 하는 것은, 서얼 출신들이 다 쓸 만한 재주가 없다는 뜻이 아니라 상하를 분별하고 백성의 뜻을 정하고 존비를 밝히고 귀천을 구별하려는 때문입니다. 병조는 군정軍政을 총괄하고 인사를 담당하는 곳이므로 문무과 급제자가 아니면 낭관(6조의 정랑과 좌랑)이 될 수 없으며, 비록 과거를 거쳤더라도 가문과 출신에 문제가 있으면 또한 임명할 수 없습니다. 유자광은 과거로 진출하지 않았을 뿐 아니라 몸도 첩의 아들입니다. 제수하는 글이 내렸을 때 사람들의 이목이 모두 놀라워했습니다. 내리신 명을 속히 거두시어 조정을 높이시고 나라의 법을 공고하게 하십시오"라 했다.

이 상소가 올라오자 세조는 읽어보지도 않고 말하기를 "내가 유자광을 허통하는 것은 특별한 은혜인데, 나의 특별한 은혜를 너희가 능히 저지하겠는가? 임금을 섬기되 너무 자주 간하면 욕이 되는 것이고, 친구와 사귀되 너무 자주 간하면 멀어진다. 혹시라도 다시 말하면 내가 반드시 죄줄 것이니, 너희는 다시 말하지 말고 술이나 마시고 물러가는 것이 가하다"라면서 단호한 의지를 표명했다. 그러고는 양성지에게 술을 주게 하고, 대간들도 불러서 술을 먹이라고 명했다. 그런 다음 또 말하기를 "모름지기 고집불통이 필요하니, 고집하지 않으면 일이 모두 해이해질 것이다. 너희가 고집하니 내가 매우 가상하게 여긴다. 글에 이르기를 '대간의 말을 어기기를 무겁게 여기라'라고 했으나 어진 사람을 쓰는 일도 이렇게 하지 않을 수가 없다"라고 했다.

유자광은 허통되어 장원급제까지 했지만 그의 아우들이 허통되는 데는 많은 어려움이 따랐다. 예종 1년(1469)에 그의 동생 유자형柳子炯이 생원시에 응시하려고 하자 예조와 홍문관 등에서 서자라며 반대하고 나섰다. 그러자 유자광이 임금에게 이를 아뢰었고, 임금은 반대하는 신하들을 불러서 "유자형의 어미가 이미 정부인에 봉해졌으니 그 아들이 응시하는 것이 어찌 불가하겠는가?"라 물었다. 그러자 예문관 대교 양수사楊

守泗 등은 "유자광은 유규의 첩의 아들인데, 유자형이 태어날 때 그 어미는 봉작되지 못했습니다. 지금 비록 유자광으로 말미암아 봉작되었으나 유자형이 어찌 음덕을 입을 수 있겠습니까?"라면서 유자형의 허통에 반대 의견을 표했다. 임금이 이어서 예조에 의논하게 했고, 예조에서는 "예도禮度 있는 집안에 두 적실은 없습니다. 유규는 이미 적실이 있으므로 유자광의 어미는 첩입니다. 지금 유자광이 공훈이 있는 까닭으로 특별히 정부인으로 봉한 것인데, 유자형은 봉작되지 않았을 때 낳았으니 응시할 수 없습니다"라며 역시 반대 의견을 내놓았다. 이러한 의견을 종합하면 결국 유자광의 동생 유자형은 어머니가 정부인으로 봉해지기 전에 첩의 신분으로 낳은 서자므로 과거에 응시할 수 없다는 것이었다.

그러자 예종은 다시 원상 홍윤성에게 의견을 물었고, 홍윤성은 "유자광의 어미는 천민이 아니고, 유자광이 큰 공로가 있어 그 어미를 봉했으니 그 누구도 허통하지 않을 수 없습니다"라며 찬성 의견을 내놓았다. 또한 도승지 권감權瑊도 "예도 있는 집안에 두 적실이 없다는 예조의 의견이 옳습니다. 그러나 유자광이 일찍이 병조 정랑에 제수되었고, 문과에 장원으로 급제했으며 병조 참지에 제수되었습니다. 이렇게 하여 유자광은 또한 병조의 당상관을 지낸 것입니다. 그 아우는 비록 허통할 수 없다 하더라도 성상의 특별한 명령이 있으면 가능합니다"라고 했다. 이에 따라 임금이 마침내 허통을 명함으로써 유자형은 우여곡절 끝에 생원시에 응시할 수 있었다.

그러나 사헌부 관리들은 순순히 물러나지 않았다. 즉 "세조께서 유자광을 어질게 여겨 발탁해 쓰셨고 큰 공이 있어 그 어미를 정부인으로 봉하긴 했으나, 유자광은 후실後室의 적자가 되었다 볼 수 있습니다. 유자광의 아우 유자형이 과거에 나가는 것을 허가한다면 이는 유규가 두 아내를 아울러 거느린 것이 됩니다. 과거는 신중하게 인재를 뽑는 것이니 청컨대 이를 허가하지 마십시오"라고 건의했다. 그러자 임금은 "유자형의 일은 그대들이 말한 것이 옳으나, 유자광에게 이미 큰 공이 있으므로 허통했다"라는 답변을 내렸다.

예종이 승하하고 성종이 즉위한 뒤에도 유자형의 허통에 대한 논란은 계속되었다. 성종 2년(1471) 4월 사헌부 지평 김수손金首孫은 "유자형, 유자정柳子晶은 유규의 첩의 아들입니다. 이제 모두 과거에 응시하게 하심은 조종에서 과거를 중하게 여기시는 뜻에 어긋남이 있으니 청컨대 과거에 나가는 것을 허락하지 마십시오"라고 하여 유자형과 그의 아우 유자정에 대한 허통을 취소할 것을 요청했다. 유자정도 그 이전에 이미 허통의 명이 내려진 바 있었다. 이에 성종은 선왕께서 이미 허통했으니 다시 말하지 말라고 전교했다. 그러나 전교가 내린 며칠 후에 김수손이 다시 같은 건의를 올리자 임금은 그 건의가 옳다면서 허통을 불허한다는 뜻을 표했다. 결국 유자광의 아우들에 대한 허통 결정이 최종적으로 뒤집혀 그들은 과거 응시의 길이 다시 막히고 말았다.

한편 유자광이 허통될 때 같이 허통된 서자가 있었는데, 귀화한 여진족 최보로의 기생 첩의 아들 최적이라는 무인이었다. 그는 허통된 후 세조 12년(1466) 11월에 시행된 무과의 등준시에 장원급제했다.

최적은 단종 1년(1453) 갑사로서 별군別軍이 되어 사은사로 명나라에 가는 수양대군을 호위한 공으로 특진되었다. 이때부터 수양대군은 갑사들을 우대했으며, 최적을 심복으로 삼았다. 세조 1년(1455) 최적은 사직司直으로서 세조 즉위에 공을 세워 좌익원종공신 1등이 되었다. 이듬해 무과에 장원해 상호군으로 특진되고, 이어 길주 목사가 되었다. 그다음 해에 이시애의 난이 일어나자 반란군을 격파해 공을 세웠고, 예종 때 대호군으로 승진했으며 성종 때는 오위장을 거쳐 첨지중추부사가 되었다. 그동안 서얼 출신이므로 고관이 될 수 없다는 대간의 탄핵을 여러 차례 받았지만 곁에서 세조를 호종한 공로로 결국 지중추부사(정2품 무관직)까지 오를 수 있었다.

최적은 특히 당대 궁술의 일인자로 무과 초시 이후 각종 시사(활쏘기) 대회에서 여러 차례 1등을 차지했다. 젊을 때는 집안이 미천해 우마牛馬를 끄는 하인 노릇까지 했지만 활쏘기 등의 무예가 특히 뛰어나서 세조에게 알려져 대신의 지위까지 이른 것이다. 그는 지중추부사로 있던 성종 18년에 죽었는데, 그 소식에 임금이 "최적은 다른 재상과 같은 예가 아니다. 세조 때부터 좌우에서 가까이 모시던 사람이며 나도 어려서부터 그 사람됨을 자세히 아는데, 이런 재상에게 부의賻儀하는 예가 있는가? 이것을 상고하여 아뢰라"라고 할 정도로 임금의 총애를 받았다.

그가 처음 무과에 응시하는 데는 세조의 특별한 배려가 크게 작용했다. 세조가 어느 날 성균관에 가서 유생들에게 과거를 베풀고 돌아오는 도중에 홍윤성에게 묻기를 "최적을 불러 무과 응시를 허락하고자 하는데 어떻겠는가?"라고 했다. 그러자 홍윤성은 "과거에 응시하는 자는 반드시 먼저 파계派系를 따져봐야 하는데, 최적은 귀화한 최보로의 기첩의 아들이므로 응시할 수 없습니다"라고 대답했다. 그러나 세조는 경복궁에 도착한 뒤 급히 홍윤성을 또 불러서는 "인재를 양성하는 것은 임금의 일이다. 이제 북쪽 오랑캐가 뻗어 퍼지는데, 최적이 무예가 뛰어나니 벼슬길에 나가도록 허락해 등용하는 것이 어떻겠는가?"라 했다. 이번에는 홍윤성이 감히 다시 아뢰지 못했고, 결국 임금은 그의 무과 응시를 지시했다.

최적은 이렇게 세조의 특별한 은총을 받고 허통되었는데, 무과 시험을 볼 때도 임금의 배려는 계속되었다. 무과에도 유교 경전을 외우는 시험이 있었는데 그가 경전 시험을 보려고 하자 세조가 말하기를 "최적은 본디 배우지 않았으므로 글을 외우게 하면 합격하지 못할 것이다"라 했다. 그러면서 《진서陳書》라는 중국 역사책을 가져다가 해석할 수 있는 곳을 가려내게 했다. 하지만 그는 한 자도 해석하지 못했다. 그러자 세조가 "교전하다가 물러가는 자를 참斬한다는 것은 무슨 뜻인가?"라고 물었고, 최적은 "병사들이 놀라고 의혹하는 것을 염려한 것입니다"라 대답했다. 이에 세조가 "이미 통했다"라면서 그를 1등으로 합격시켰다. 그야말로 까막눈인데도 장원급제까지 했으니 임금의 총애가 어떠했는지 짐작할 수 있다.

그가 얼마나 무식했는지 잘 보여주는 일화가 하나 더 있다. 어느 날 최적은 자신과 함께 무과에 급제한 민발閔發과 함께 임금을 뵈러 궁궐에 들어갔다. 그때 세조가 "그대들 두 사람 중 글을 모르기로 누가 더 심한가?

민발이 글을 아는가?"라고 물었다. 그러자 최적은 "민발의 종 가운데 나루를 건너려는 자가 있었는데, 포망捕亡(종이 나루를 건널 수 있게 주인이 써준 편지)을 써달라고 청하자, 민발이 쓰지 못하므로 거짓으로 말하기를 '오늘은 아버님 기일이라서 쓰지 않겠다'라고 했습니다. 그러니 민발이 신보다 글을 모릅니다"라고 대답했다.

이번에는 민발에게 묻자 그는 "최적에게도 한 가지 일이 있습니다. 그가 일찍이 사재감(궁중에서 쓰는 어물을 조달하거나 산택山澤을 관리하던 관청)을 거쳐서 내려가다가 선공감(토목과 영선을 관장하고 땔감이나 숯을 공급하던 관청) 앞길에 이르렀을 때, 지방의 아전 한 사람이 작은 쪽지를 말 머리에 내밀며 '이것이 어떠한 글입니까?'라고 물었습니다. 그것을 보고 그가 한참 만에 말하기를 '이것은 숯을 받아들인 자문尺文(백성이 관청에 물건을 바치고 받는 증서)이다'라고 했습니다. 그러자 아전이 말하기를 '아닙니다. 이것은 어포를 받아들인 자문입니다'라 하자 최적은 '내가 선공감 앞길에 있으므로 숯을 받아들인 자문인 줄 알았다. 너는 어찌하여 사재감을 지날 때 내게 보이지 않았느냐? 그랬더라면 어포를 받아들인 자문이라고 말했을 것이다'라고 했으니, 최적이 신보다 글을 모릅니다"라고 했다. 이 말을 듣고는 세조와 대신들이 박장대소했다고 한다.

최적은 세조 때 위장衛將에 제수된 적이 있는데, 성종 때 이르러 서얼이라는 이유로 그 관직을 해임해야 한다는 주장이 강하게 제기되었다. 성종 5년 8월에 대사헌 이서장李恕長이 임금에게 아뢴 바에 따르면 "이전에 최적을 위장으로 삼았는데, 그는 귀화한 최보로의 서자입니다. 처음에는 보충대補充隊가 되었으나 무재가 뛰어나 세조께서 허통하여 무과에 합격했습니다. 그러나 위장은 군무軍務를 관장하므로 소임이 가볍지 아니하니 관직을 바꾸십시오"라고 했다. 사간 박숭질朴崇質도 "적첩의 명분을 엄격히 하지 않을 수 없는데, 최적이 위장으로 있으면 그 밑에서 누가 기꺼이 복종하겠습니까?"라 했다. 이어서 영사 홍윤성도 "예로부터 제왕이 간혹 그 재주를 취하여 그 세계世系를 따지지 않고 등용했으니, 한나라 무제 때의 장군 위청衛青과 곽거병郭去病이 이런 사람들입니다(두 사람의 어머니는 종이었음). 다만 봉석주奉石柱는 작은 공로가 있어 공신이 되었는데(수양대군의 계유정난에 참여해 정난공신靖難功臣 2등이 됨) 배우지 못하고 무식하여 공을 믿고 방자하다가 마침내 죽임을 당했으니, 배우지 못한 사람은 비록 무재가 있더라도 경솔하게 등용하는 것은 불가합니다"라고 했다. 이러한 건의에 성종은 처음에는 "그가 길주 목사를 역임했고 선왕조에서 위장으로 삼았으니, 지금 파면하는 것은 불가하다"라고 반대의 뜻을 나타냈으나 결국 중신들의 건의를 수용해 최적의 관직을 바꾸게 했다.

최적은 허통되어 무과에 장원급제까지 했지만 그의 아들은 끝내 무과에 응시하지 못했다. 성종 17년 8월에 최적의 아들 최치숭崔致崇이 무과에 응시하려 했는데 훈련원에서 서얼은 응시를 허락하지 않는다면서 반대했다. 이에 최적이 임금에게 탄원하자 임금이 병조에 의견을 물었다. 그러자 병조에서 "최적은 세조께서 벼슬길을 열어주셨으나 그 아들은 그런 명이 없었습니다"라고 했다. 이런 답변을 들은 임금은 "그 아비에게 이미 벼슬길을 터주었으니 그도 역시 터주어라"라고 명했다.

그러나 며칠 후 사간원 정언 성희증成希曾이 아뢰기를 "첩의 아들인 최적에게 벼슬길을 터준 것도 오히려 옳지 않은데 하물며 그 아들이겠습니까?"라고 했다. 그러자 성종은 "최적에게 이미 벼슬길을 열어주었는데 최치숭이 응시한들 안 될 것이 있겠는가?" 했다. 이에 성희증은 다시 똑같은 말을 진언했다. 임금이 다시 "어찌 이제 와서 시비를 따질 수 있겠는가?" 하자 성희증은 "비록 선왕께서 하신 일이라도 일이 옳지 않으면 고쳐야 옳습니다" 하면서 거듭 불가함을 주장했다. 결국 임금은 이 일을 대신들에게 의논하게 했다.

정창손, 한명회 등의 대신들은 의논 끝에 "최적은 서자인데 특별히 세조의 큰 은혜를 입어 무과에 나갈 수 있어 지위가 2품에 이르렀으니 은혜가 이미 중하온데 어찌 그 아들에게도 과거 응시를 허락할 수 있겠습니까? 청컨대 사간원에서 아뢴 대로 하십시오"라고 건의했다. 결국 임금은 대신들의 의견을 받아들여 최치숭의 무과 응시를 허락하지 않는 쪽으로 최종적인 결론을 내렸다.

한편 서얼이라는 논란 속에서 문과에 장원급제한 사람도 있었으니, 성종 11년(1480) 성균관에서 치러진 친시親試 문과에서 장원이 된 최서崔湑가 그런 인물이다. 하지만 그는 다른 서얼들과 마찬가지로 이후 서얼이라는 이유로 관직 임용에 어려움을 겪어야 했다.

문과에 급제한 최서는 성균관 전적에 임명되었지만 외조부가 서자라는 소문 때문에 벼슬을 할 수 없게 되었다. 그가 임명된 직후에 그의 외계外係가 서얼이며, 자기 조상이 물려준 노비라고 주장하며 소송을 제기한 사람이 나오자 대간이 서경署經하지 않아 벼슬이 정지된 것이다. 서경은 새로 임명할 관원의 이름, 가계, 이력 등을 사헌부와 사간원에 보내 그 가부를 묻던 일이다. 서경을 통과하지 못하면 관직에 취임할 수 없었다. 그러나 이듬해에 사헌부에서 조사한 결과, 최서의 외증조모는 우균禹均의 셋째 아내고 외조모는 악공樂工 김양金良의 딸인데, 족파族派가 변변치 못하기는 하지만 서얼로 논해 천하다고 할 수는 없다고 보고했다. 이에 따라 최서가 서얼이 아니라는 결론이 내려져 이 문제는 일단락되는 듯했다.

그러나 그 후에도 관직이 제수되지 않자 최서는 성종 13년에 상소를 올려 벼슬길을 열어줄 것을 호소했다. 상소에서 그는 자신의 외조부 우효충의 어머니가 우균의 첩이라는 소문이 떠돌았으나, 사실은 전처가 죽은 뒤 정식으로 혼례를 치른 정당한 후실이므로 우효충은 서자가 아니라 적자며, 따라서 자신도 서얼이 아니라고 주장했다. 사헌부에서 처음에는 떠도는 소문을 믿고 그의 벼슬을 정지했으나, 나중에 소문이 사실이 아니라는 것이 밝혀졌으니 벼슬을 내려달라는 간청이었다.

상소를 읽은 성종은 대신들에게 이 문제를 의논하게 했다. 정창손, 한명회 등은 "처음에는 최서를 첩의 손자라고 하여 사헌부에 조사하게 하여 그의 벼슬을 정지시켰는데, 그의 외증조모를 후실로 판정했으니 다른 사람의 예에 따라 임용하는 것이 가합니다. 세종조 때 이형기李馨期가 부조父祖의 허물로 탄핵당하자 홍패를 빼앗고 여러 해 동안 임용하지 않았다가 그 뒤에 벼슬길을 열어주어 벼슬길이 막힘이 없었습니다. 지금 최서의 외증조모는 후실로 판결했으니 조금도 허물이 없습니다. 벼슬길을 열어주게 허락함이 어떻겠습니까?"라고 청했다. 성종은 대신들의 의견을 받아들여 최서에게 벼슬을 내리라고 했다. 드디어 최서는 관직에 올라 나중에 평안도 평사評事를 거쳐 군수까지 역임했다.

그런데 그 후에도 그가 서얼이라는 의혹은 쉽사리 사라지지 않은 모양이다. 《성종실록》을 편찬한 연산군 때의 사관은 그의 장원급제 사실을 기록하면서 다음과 같이 덧붙였다. 즉 최서의 외조모는 우균의 비첩婢妾(종 출신인 첩) 소생이었으므로 과거에 나갈 수 없었으나, 이날 유생들이 시험장에 난입하는 바람에 능히 점명點名(명부에 따라 하나하나 점을 찍어가며 응시생들의 이름을 부름)할 수가 없었으므로 최서가 과거 시험장에 들어갈 수 있었다는 것이다.

# 최고 중의 최고들

### 세상을 놀라게 한 신동

반드시 머리가 좋고 똑똑해야 장원급제하는 것은 아니었지만, 장원들 중에는 신동으로 널리 알려져 이름을 날린 사람도 많았다. 우선 서거정徐居正은 어려서부터 총명해서 여섯 살에 글을 읽고 글귀를 지어 사람들이 모두 신동이라고 불렀다. 그는 세종 20년(1438)에 19세의 나이로 생원시와 진사시에 합격하고 세종 26년(1444) 문과에 3등으로 급제했다. 세조 3년(1457)에는 문과 중시에 장원해서 사간원 우사간에 제수되었고, 이듬해 정시에도 다시 장원을 차지해 공조 참의에 제수되었다.

그는 특히 시에 탁월한 재능을 보인 장원이었다. 일찍이 그가 원나라 조맹부趙孟頫의 〈적벽부赤壁賦〉 글자를 모아서 칠언절구 16수를 지었는데 세조가 보통 사람이 아니라고 감탄했다고 한다. 그 뒤 사은사로 북경에 가서 통주관에서 안남국(베트남) 사신 양곡梁鵠을 만났는데 그도 장원 출신이었다. 서거정이 근체시近體詩 한 율을 먼저 지어 주자 양곡이 화답했고 서거정이 곧 연달아 10편을 지어 응답했다. 그러자 양곡이 탄복하기를 "참으로 천하의 기재奇才다"라고 했다. 또한 요동 사람 구제丘霽가 서거정의 시를 보고는 "이 사람의 문장은 중원에서 구하더라도 많이 얻을 수 없다"라고 감탄했다고 한다.

성종 7년(1476)에 명나라의 기순祈順과 장근張瑾이 사신으로 오자 서거정이 원접사가 되어 그들을 영접했다. 기순은 압록강에서 서울까지의 도로와 산천의 경치를 시로 읊었다. 이에 서거정이 즉석에서 그 운에 따라 화답하되 붓을 휘두르기를 물 흐르듯 하고, 어려운 운을 만나도 10여 편을 화답하는 동안 갈수록 더 기묘해지니, 두 사신이 자신도 모르게 무릎을 꿇었다.

그 뒤 서거정은 우찬성, 홍문관 대제학, 병조판서 등을 지냈는데, 성종 19년(1488)에 명나라의 동월董越과 왕창王敞이 사신으로 와서 그를 존경하는 예로 대우했고 매번 논담할 때는 반드시 손을 모아 잡고 일어났다. 망원정에서 유람할 때 두 사신은 "공은 유학의 노선생老先生이신데 오늘 공을 수고롭게 했습니다"라고 말할 정도로 그를 존경했다.

또한 세조 2년(1456) 식년 문과에 장원급제한 임원준任元濬은 10세에 능히 글을 지었으므로 신동으로 이름이 났다. 그에 대한 소문은 임금의 귀에도 들어간 모양이다. 22세 때 세종이 특별히 그를 불러서 말하기를 "옛날에 사람이 7보를 걷는 동안 시를 지은 사람도 있고 동발銅鉢(타악기의 하나)을 친 소리가 끝나는 동안에 시를 지은 일도 있는데, 네가 능히 옛 사람을 따라갈 수 있겠는가" 하고는 '춘운春雲'이라는 제목으로 시를 지으라고 했다. 그러자 임원준은 즉시 다음과 같은 시를 지었다.

화창한 삼춘 날씨에
멀고 먼 만 리 구름이로다
바람은 천 길이나 헤치고
햇빛에 오화가 문채 나네
상서로운 빛은 옥전에 어리었고
서기瑞氣는 금문을 옹위하네
용을 따를 날을 기다려
장맛비가 되어 성군을 보좌하리라

이 시를 듣고 임금은 한참 동안 칭찬을 했고, 얼마 후 그에게 집현전 관직을 제수했다고 한다.

임원준은 문과에 장원급제한 뒤 집현전 부교리, 형조 참판 등을 지내면서 현직 관리들이 치르는 중시와 발영시, 등준시에도 잇달아 합격했다. 뒤에 의정부 좌찬성까지 오르고 성종 때 좌리공신에 책봉되었다. 그는 여러 서적을 널리 알아 문장으로써 세상에 이름이 났고 풍수, 의약, 복서의 방술方術에도 정통했다. 그러나 훈구파의 거물 임사홍任士洪의 아버지인 까닭에 많은 비판을 받기도 했다. 뒷날의 사관은 그를 성질이 음침하고 교활하며 탐심 많고 간사한 인물이라고 비난했다. 또한 그 아들 임사홍과 손자 임숭재任崇載가 대대로 그 간사한 짓을 계승해 마침내 나랏일을 그르치게 되었으므로 당시 사람들은 임원준을 대임大任, 임사홍을 소임小任이라 불렀다.

다음으로 정인지는 어머니가 이몽異夢을 꾼 후 그를 낳았는데, 5세에 책을 읽을 줄 알아 눈만 스치면 곧 암송하고 글도 잘 지은 신동이었다. 그는 태종 14년(1414)에 문과 장원으로 선발되어 나중에 영의정까지 지냈다.

아홉 번 연달아 장원을 한 이이도 나면서부터 신이하고 총명해 7세에 이미 경서에 통달했고 글도 잘 지었다고 전해진다. 학문을 하면서 문장 공부에 힘쓰지 않았는데도 일찍이 글을 잘 지어 사방에 이름이 알려졌다.

선조 때의 영의정 이산해李山海는 고려 말의 문인 이색李穡의 후예로, 여섯 살에 능히 웅대한 글을 짓고 15세가 되기 전에 여러 차례 향시에 장원했으므로 당시 사람들이 하늘의 신선처럼 바라보았다고 한다. 그는 참으로 기이한 재주를 지닌 선비라는 평을 들었는데, 어렸을 적부터 글씨를 잘 써 한양의 명사들이 그의 글씨를 얻으려고 모여들었고 명종에게 불려가서 글씨를 쓰기도 했다.

선조 때 대사헌을 역임한 구봉령具鳳齡은 젊을 때 정시庭試에 응시해 장원을 차지했으며 양한兩漢의 문장이라는 칭송을 받은 수재다. 그는 경상도 안동에 살면서 이황에게 배웠는데, 이황은 그를 문학과 덕행이 있다고 칭찬하며 매우 아꼈다. 뒤에 동서 당쟁이 전개되자 중립을 지키려 노력했으며, 이후로는 관직에 제수되어도 부임하지 않고 산간에 집을 지어 책을 갖추어놓고 제자들을 가르쳤다.

명종 16년(1561) 식년 문과에 장원으로 뽑혀 동지중추부사까지 지낸 최립崔岦은 문장에 매우 뛰어났다. 당시 그의 문장은 석봉 한호韓濩의 글씨, 차천로車天輅의 시와 함께 송도삼절로 일컬어졌다. 특히 그는 중국을 상대로 한 외교문서 작성의 일인자로 명성을 날렸다. 이 때문에 임진왜란 때 여러 번 명나라에 사신으로 가서 원조 교섭을 했다.

그의 문장은 날카로운 의지와 담백한 의사를 담은 격조가 매우 뛰어나, 뜻이 지나치게 깊은 것이라면 차라리 감추고 말이 지나치게 기이한 것이라면 차라리 어렵고 까다롭게 하여 드디어 일가를 이루었다. 그는 문장이나 시를 아주 신중하게 지었는데, 고치고 다듬기를 거듭했다. 진주 목사로 있던 6년 동안 단 한 수의 율시를 짓고 돌아갔을 정도로 글에 공을 들였다. 그의 시에는 또한 큰 운치가 깃들어 있었는데, '괴석怪石'이라는 제목으로 지은 다음의 시에 이러한 운치가 잘 드러나 있다.

창문 사이에 달린 이 한 마리만 한 돌
3년 만에 수레바퀴처럼 컸네

나에게 주먹만 한 돌 한 개
화산을 향하여 앉지 않네

최립이 승정원에 근무할 때 여러 승지가 승정원의 초목과 화석花石 40여 종으로 각각 율시律詩 한 수를 짓게 하자 잠깐 사이에 완성해서 사람들을 놀라게 했다고 한다. 여러 차례 궁벽한 고을 수령을 맡으면서도 더욱 문장에 힘을 쏟았으며, 반고의 《한서漢書》를 수천 번 정독해 일가를 이루었다. 그의 관직은 모두 문예로 발탁되었는데, 승문원 제조에 임명되고 나서 세 차례나 북경에 가서 명나라의 예부에 글을 올렸다. 그의 글을 보고 중국의 여러 학사가 무릎을 치며 탄복했고 유황상劉黃裳이라는 관리는 그의 글을 볼 때마다 반드시 향을 피우고 손을 씻은 후에 읽었다고 한다.

그는 또한 역학에 심취한 나머지 그 본뜻을 깊이 터득했다고 생각해 책을 쓰려고도 했다. 선조 때 《주역周易》 교정의 책임을 맡기자, 상소를 올려 사양하면서 편한 고을을 얻어 책 쓰는 일을 마치게 해주기를 청했다. 마침내 강원도 간성의 수령으로 가게 되었는데, 부임하자 책을 완성하는 데 전념해 관아의 사무는 돌보지 않았다. 송사가 있을 때마다 "너의 고을을 빌려 온 것은 나의 책을 완성하기 위한 것이다"라면서 물리치고 돌아보지 않았다. 마침내 《주역본의구결부설周易本義口訣附說》이라는 책을 완성해 임금에게 올렸는데, 전하려는 뜻이 약간 괴리되었기 때문에 결국 널리 유통되지는 못했다. 그는 한편으로는 사람됨이 교만하다는 비난을 받기도 했다. 그런 성품 탓에 당시의 선비를 인정하고 칭찬한 적이 없으며,

비록 뛰어난 인물의 저작이라도 한번 보고 내던지며 교만스럽게 한마디 평도 하지 않은 것으로 전해진다.

광해군 때 문과에 장원한 임숙영任叔英은 총명이 남달라서 열 살에 시를 지었다. 많은 책을 널리 열람해 한번 읽은 것은 잊지 않았고, 소과의 방목을 한번 훑어본 다음 돌아서서 외워도 틀림이 없어 사람들이 모두 신이라 했다고 한다.

## 장원 다관왕 최고 기록은?

과거에 급제하는 것만 해도 어려운 일이었는데 그 어렵다는 과거에서 연이어 여러 차례 장원급제한 이들이 있었다. 이석형李石亨은 장성하면서부터 학문에 힘써 세종 23년(1441)에 진사시와 생원시에 연달아 장원하고 다시 문과에도 장원급제했다. 그 결과 요직 중의 요직인 사간원 정언에 곧바로 제수되고 나중에 중시에도 급제했다.

세조는 매번 그를 내전으로 불러들여 궁녀에게 '삼장원사三壯元詞'를 부르게 하고 술을 권했다고 한다. 그는 세 번 연달아 장원한 인재였지만 승진은 그리 순탄치 않아 경기 관찰사, 호조 참판 등을 지낸 뒤 서울 시장에 해당하는 정2품 판한성부사에 7년이나 머물러 있었다. 그러자 세조가 그를 위로하며 말하기를 "경은 판한성부사를 오랫동안 맡긴 것을 한하지 말라. 반드시 경을 대우함이 있을 것이다"라고 했으나 세조가 곧바로 승하하는 바람에 약속이 지켜지지 않았다. 그 후 성종 때 한직인 판중추부사에 임명되었는데, 녹봉은 많고 직책이 한가로워 시와 술로 지내며 스스로 위로했다고 한다.

세조 때의 공신 권남은 문과 초시와 복시에 모두 장원을 차지하고 전시에 이르러서도 장원을 해서 이른바 삼장장원三場壯元의 영예를 차지했다. 성종 때 안양생安良生도 문과 초시, 복시, 전시에서 모두 수석을 차지한 삼장장원이다.

신숙주의 손자인 신종호申從濩도 소과, 문과, 중시의 3과에 장원을 한 수재다. 그는 젊어서 글 읽기를 좋아해 여러 서적을 두루 읽었는데 침식寢食도 잊을 정도였다고 한다. 그는 성종 5년(1474)에 진사시 초시와 복시에 연달아 장원하고 성종 11년(1480)에 문과에 장원급제해서 홍문관에 들어갔다. 그리고 홍문관 응교로 있던 성종 16년(1485)에 중시에 또다시 수석을 차지했다. 나중에 부제학, 도승지, 대사헌, 관찰사 등을 거쳤다. 그러나 연산군 2년(1496) 겨울에 하정사로 명나라 서울에 갔다가 돌아오는 도중 42세의 젊은 나이에 개성에서 병으로 죽었다. 그는 기개와 도량이 넓고 마음가짐이 굳셌으며 악한 것을 원수처럼 미워했다. 이런 성품 탓에 경기도 관찰사로 재임할 때 수령 가운데 권세를 믿고 방종하게 구는 자가 있으면 그 자리에서 쫓아내 도내 전체가 숙연해졌다고 한다.

김극성金克成은 처음 소과에 1등을 한 뒤 연산군 4년(1498)의 별시 문과에도 장원급제했다. 그 직후 홍문관 전적에 임명되고, 병조 정랑을 거쳐 중종반정에 참여한 공으로 정국공신 4등에 올랐다. 처음에는 그를 알아주는 사람이 없었는데, 중종반정 초기에 남곤南袞과 심정沈貞이 먼저 거사하자 이들을 길에서 만나 반정에 참여시켜주기를 요청했다고 한다. 나중에 심정과 이항李沆 등에게 천거되어 이조판서, 찬성 등을 지내다가 김안로의 탄핵으로 심정과 이항이 실각되자 그도 전라도 흥덕현으로 귀양을 가게 되었다. 그 후 중종 32년(1537)에 귀양에서 풀려났는데, 이때 영의정의 자리가 비자 임금이 그를 그 자리에 임명함으로써 드디어 최고직인 수상까지 오를 수 있었다.

김홍도金弘度는 명종 초기에 젊은 나이로 진사시와 문과에 연이어 장원해 일시에 이름이 드러났다. 그러나 이 때문에 교만한 기운을 스스로 억제하지 못해 남을 평하면서 조금도 꺼리는 바가 없어서 모두 그가 화를 면치 못할 것이라고 했다. 실제로 그는 명종 때 윤원형尹元衡에 의해 갑산으로 유배되었다가 죽었다.

율곡 이이는 13세 때인 명종 3년(1548) 진사시 초시를 시작으로 29세 때인 명종 19년(1564년) 식년 문과에 이르기까지 아홉 번에 걸쳐 장원을 해 이른바 구도장원공九度壯元公이라 일컬어졌다. 그가 장원을 한 과거 시험을 보면 진사시 초시와 복시, 한성시, 별시 초시와 복시, 생원시 초시, 식년 문과의 초시, 복시, 전시(삼장장원)다. 한 사람이 아홉 번 장원을 차지한 것은 역사상 길이 남을 전무후무한 일이었다. 요즘이라면 기네스북에 오를 경이로운 기록이다. 이렇게 연이어 장원으로 뽑히자 세상 사람들이 모두 영광스럽게 여겼는데, 그가 거리를 지나갈 때면 아이들까지 구도장원공이 지나간다면서 우러러보았다고 한다. 누군가가 아홉 번 장원을 할 정도로 벼슬에 왜 그토록 집착하느냐고 묻자 그는 맛있는 음식으로 부모를 봉양하고, 과거 급제에 대한 부모의 간절한 소망을 이루어드리기 위해서라고 대답했다.

이이와 거의 같은 시기에 정철鄭澈 역시 진사시와 문과에 연이어 수석 합격을 했다. 실학의 선구자 이수광李晬光의 아들로 현종 때 부제학을 지낸 이민구李敏求도 젊어서 재능이 뛰어나 소과와 문과에서 모두 장원의 영광을 안았다. 그 밖에 영조 때의 이석표李錫杓도 소과와 문과에 연달아 장원급제했다. 그는 지평으로 있을 때 만언소萬言疏를 올려서 임금의 결점과 시폐를 극언한 것으로도 유명하다.

## 대를 이은 장원급제

한 집안에서 장원 한 명 나오기도 굉장히 어려운 일인데 아버지와 아들이 연달아 장원을 하거나 아버지, 아들, 손자 3대가 나란히 장원급제한 집안도 있었다. 이는 참으로 경이로운 일로 가문의 영광이었다.

권남은 문종 즉위년에 치러진 식년 문과에서 장원을 했는데, 그의 아버지 권제도 태종 14년 알성문과에 수석을 차지했다. 무신 어유소魚有沼 부자도 무과에 나란히 일등으로 뽑혔다. 그의 아버지 어득해魚得海는 무과 장원으로 벼슬이 동지중추부사에 이르렀다. 어유소는 활쏘기와 말타기에 매우 뛰어났는데 세조 2년(1456) 무과에 수석으로 급제했다. 그는 북방 야인들을 토벌하는 데 많은 공을 세우고 병조와 이조의 판서를 거쳐 오위도총부 도총관까지 올랐다. 성격이 진실하고 솔직했으며 겉으로 꾸미는 짓을 하지 않았다. 변경을 자주 드나들어 야인들의 실정을 잘 알았으며 군사들과 고락을 같이했고, 높은 벼슬을 역임했지만 교만하거나 귀하게 처신하지 않았다. 다만 학술이 없어 사체事體를 잘 알지 못했기 때문에 당시 사람들이 "비장裨將의 재질은 있지만 대장大將의 방략方略은 없다"라고 했다.

송강 정철과 그의 차남 정종명鄭宗溟도 부자 장원이다. 정철은 명종 16년(1561)에 진사시에 장원을 하고 27세 때인 이듬해에 별시 문과에도 장원급제했다. 그의 아들 정종명은 선조 25년(1592) 아버지와 마찬가지로 역시 별시 문과에 장원을 차지했다. 그는 뒤에 강릉도호부사를 지냈다. 사문난적이라는 비난을 받은 박세당朴世堂은 현종 1년(1660) 증광시 문과에서 장원을 했는데, 아들 박태보朴泰輔도 숙종 3년(1677) 알성문과에서 으뜸을 차지했다.

숙종 때 영의정을 지낸 김수항金壽恒은 효종 8년(1651) 알성문과에 장원급제했고 그의 아들 김창협金昌協은 숙종 8년(1682)의 증광 문과에 1등으로 급제하여 부자 장원의 영예를 안았다. 김수항은 서인으로서 두 차례의 예송 때 남인과 대립했고, 서인이 노론과 소론으로 갈라지자 노론의 영수가 되었다. 그는 숙종 15년(1689) 기사환국으로 남인이 재집권하자 진도에 유배된 뒤 사약을 받았다. 아들 김창협은 대사성, 대사간 등의 요직을 거쳤으나 아버지가 세상을 떠나자 일체의 벼슬을 버리고 숨어 살았다. 그의 형 김창집金昌集은 영의정을 지냈는데, 경종 때 일어난 신임사화 때 노론 4대신으로 몰려 아버지처럼 독약을 받고 죽었다.

다음으로 아버지, 아들, 손자 3대가 문과 장원을 차지한 예를 보면, 김천령金千齡은 연산군 2년(1496) 식년 문과에 장원급제했고 그의 아들 김만균金萬均도 중종 23년(1528) 별시 문과 장원으로 동지중추부사까지 지냈으며 손자 김경원金慶元은 명종 8년(1553)에 역시 별시 문과에 장원급제해 충청병사에 이르렀다. 또한 민광훈閔光勳은 인조 6년(1628) 알성문과에 장원급제한 뒤 강원도 관찰사 등을 지냈고 아들 민정중閔鼎重은 효종 1년(1649) 정시 문과에 장원했으며 손자 민진장閔鎭長은 숙종 12년(1686) 38세로 별시 문과에 장원급제했다. 특히 민정중은 좌의정, 민진장은 우의정을 지내 부자 정승으로도 유명했다.

한편 부자가 함께 같은 과거에 동시에 합격한 일도 있었다. 원래 세종 때부터 부자가 함께 과거에 응시하는 것을 금했지만, 숙종 43년(1717) 10월에 충청도 온양에서 실시된 별시 문과에 이유춘李有春이 응시해 장원을 차지했고 그의 아버지 이성채李星彩도 같은 시험에 을과 1등으로 급제했다. 이전에는 이런 일이 없었는데 당시 임금의 특별한 분부로 부자가 함께 응시해 급제한 것이다.

이때 함경도에서 치러진 무과의 별시에서도 세 부자가 함께 합격권 안에 드는 일이 일어났다. 그러자 병조에서 이성채의 전례를 들어 주청을 했고, 임금이 그들에게 홍패를 지급하라고 명해 그들의 급제가 최종 결정되기에 이르렀다. 그러나 당시 여론은 부자가 같은 과거에 동시에 합격하는 데 부정적이었다. 도승지 조도빈趙道彬은 이러한 여론을 모아 다음과 같이 아뢰었다. 즉 "충청도 별과의 장원인 이유춘의 아비 이성채가 급제한 것은 단지 한때 사람들을 위로하려는 방법에서 나온 것이므로 준례準例로 삼아서는 안 될 것입니다. 그런데도 엊그제 함경도의 별과인 무과에서 부자가 함께 급제한 자가 3인이었는데 병조에서 이성채의 예를 들어 건의했고, 이에 홍패를 지급하라는 명이 있었으니 미안스러운 일입니다"라 했다. 이 같은 건의를 받은 숙종은 공감을 표하면서, 이후로는 아들이 장원일 때는 아버지를 그대로 급제로 하되, 아들이 장원이 아닐 때는 아들을 다음 과거의 합격자에 포함하게 했다.

부자나 3대 장원에 이어 형제가 나란히 장원이 된 흔치 않은 일도 있었다. 성종 20년(1489) 4월에 문과를 실시해 33명을 뽑았는데 그 가운데 김전金詮이 장원을 차지했다. 그런데 그의 형 김흔金訢도 그 이전인 성종 2년(1471) 별시 문과에 역시 장원으로 뽑혔다. 김전은 나중에 홍문관 수찬으로 있다가 경상도 예안 현감으로 나갔는데, 선정을 베풀어 칭송을 받았다. 그는 청렴하고 검소해서 전임자가 부과해 거두던 공물의 폐단을 모두 없앴다. 심지어는 공물로 바치고 남은 솜을 관아의 창고에 매달아두었다가 다음 해의 공물로 충당하기까지 했다. 그러자 이웃 고을 수령들은 "김전은 장원급제한 사람이니 그렇게 해도 되겠지만 우리가 그것을 본받는다 해서 하고下考(근무 평가에서 제일 낮은 등급)를 면할 수 있겠는가?"라 비방했다고 한다. 그는 연산군 때 일어난 무오사화 때 남해로 유배되었으나 중종반정 이후 다시 등용되어 영의정까지 지냈다.

# 깊어만 가는 과거제의 폐단

## 커닝하는 선비들

### 조선 전기의 실태

시험에는 동서고금을 막론하고 부정행위가 따르게 마련이다. 엄격하고 투명하게 시험을 관리한다는 요즘도 각종 첨단 장비를 동원해 부정행위를 하니 옛날에는 더 말할 나위도 없었다. 과거제도의 명분은 공정하고 객관적으로 인재를 선발한다는 데 있었지만 이것도 어디까지나 시험이니만큼 부정행위가 끊이지 않았다. 특히 임진왜란 이후인 조선 후기에는 국가 기강이 해이해짐에 따라 과거의 부정과 폐단이 그 이전보다 더욱 심각한 수준에 이르렀다.

과거 시험 부정의 역사는 고려로 거슬러 올라간다. 특히 고려 말기에 과거의 법이 크게 무너져 응시자들 거의 모두가 남을 고용해 대신 답안을 작성하게 하고, 시험을 관장한 사람은 자기가 아는 사람을 먼저 뽑으려고 부정한 짓을 다투어 감행하고도 부끄러운 줄 모르는 실정이었다. 조선이 건국되자 오랫동안 쌓인 폐단을 제거하고 과거를 아주 새롭게 함으로써 엄중하게 부정행위를 단속하고자 했다. 그러나 시간이 지나면서 차차 폐단이 발생했다.

세종 26년(1444)에 올린 예조의 보고에 따르면 조선 초기의 부정행위로는 응시자가 이름을 속이는 행위, 다른 사람이 지은 글을 빌리거나 다른 사람을 대신해 글을 지어주는 행위, 초집抄集(경서 등의 요약집)을 베끼는 행위, 다른 사람에게 이름을 속이라고 유혹하는 행위 등이 있었다. 이에 예조에서는 임금을 기만함이 이보다 더 심함이 없고 내버려두어 번지는 것을 키울 수는 없다면서, 이러한 행위를 하는 자들을 영영 과거를 치르지 못하게 해서 경각심을 일깨우고 선비의 나아가는 길을 바로잡아야 한다고 건의해서 임금의 윤허를 받았다.

이를 계기로 과거의 부정을 엄하게 금하지 않으면 폐단이 고려 때와 같게 되리라는 우려가 제기되었다. 이에 따라 세종 29년(1447) 3월, 과거 시험 부정행위에 대한 강력한 처벌 규정이 마련되었다. 즉 다른 사람을 시켜서 제술 시험을 치르는 사람, 남을 위해 글을 지어주는 사람, 이들을 중간에서 연결해주는 사람은 곤장 100대와 도형徒刑 3년을 집행하고 영구히 등용하지 못하게 했다. 또한 과거와 관련된 관원 가운데 문제를 누설한 사람, 봉미를 엿본 사람, 필적을 알고자 한 사람, 실수를 고의로 눈감아 준 사람도 위의 형률에 따라 처벌하고 영구히 임용되지 못하게 했다.

이러한 조정의 강력한 의지와 노력의 결과로 부정행위는 상당히 억제될 수 있었다. 불미스러운 일이 간혹 일어나기는 했지만 적어도 조선 초기에는 후기에 비해 상대적으로 과거가 공정하게 실시되었는데, 다음의 사례가 이를 잘 말해준다.

이수李隨는 세종의 왕자 시절 스승으로, 생원시에 장원을 한 후 오랫동안 문과에 급제하지 못했다. 그러다가 문과를 다시 보게 되었는데 초시에서는 장원을 했으나 복시에서는 또다시 떨어지고 말았다. 그가 낙방했다는 말을 듣고 태종이 "이수가 낙방한 것을 보니 과거의 법이 공정하다고 말할 수 있다"라고 했다.

이수는 일찍이 생원시에 합격한 후 경명행수經明行修(경학에 밝고 행실을 잘 닦음)로 천거를 받아 왕자의 교육을 맡았는데, 왕자의 스승이 과거에 낙방한 것은 외압이나 부정이 개입하지 않았다는 증거라고 할 수 있었다. 그는 나중에 결국 문과에 급제해 이조와 병조 판서까지 올랐으나, 병조판서로 재임할 때 술에 취해 말을 타다가 떨어져서 57세로 생을 마감했다. 그는 성품이 중후하여 겉치레를 좋아하지 않았으며, 궁하든 통하든 얻든 잃든 기쁜 빛이나 노여운 빛을 나타내지 않았다고 한다.

그러나 위정자들의 우려와 같이 시간이 흐르면서 서서히 과거의 폐해가 다시 나타나기 시작했다. 중종 4년(1509)에 대사간 이세인李世仁은 "신이 한성시를 보니 장원의 답안이 모두 졸하고 잘못되어 교생校生이 지은 것과 다름이 없었습니다. 장원이 지었다는 것이 이러하니 하물며 그 이하의 것이겠습니까?"라며 문과 초시인 한성시에서 장원의 답안이 형편없었다고 탄식했다.

또한 중종 30년(1535)에 성균관 지사 김안로 등은 임금에게 "전하께서 몸소 나가시어 책문을 시험 보일 때 문과에 장원한 자도 글이 조리를 갖추지 못하여 남의 웃음을 사니, 과거를 천시하게 하여 국가의 체모를 욕되게 함이 너무 심합니다"라며 문과 장원급제자의 글도 비웃음을 살 정도일 때가 있었음을 알려주고 있다. 이와 같이 조선 중기에 벌써 실력 없는 자들이 수석으로 합격하는 폐단이 자주 발생했다.

당시에는 이런 문제뿐 아니라 여러 가지 문란상이 고개를 들었는데, 중종 7년(1512)에 대간이 지적한 말에서 이 같은 실상이 잘 드러난다. 즉 "근자에는 과거법이 엄격하지 못해, 관시 때 어떤 유생이 장원을 했는데 친구가 대신 답안을 써준 것이었습니다. 한성부에서 낸 문제는 형식이 완전하지 못했으며, 수원 향시에서는 시험관이 사흘 동안 내리 풍악을 울리며 술을 마셨고, 겉봉을 떼는 일은 원래 봉미관이 하는 것인데 시험관이 직접 했습니다. 강원도 향시에서는 그 도의 응시자들이 다른 도 출신인 자들을 막자 시험관이 그들의 출입을 금지했는데, 그 응시자들이 시험장 밖으로 몰려나가 돌을 마구 던졌습니다. 이에 시험관이 방 안으로 피해 들어가니 다시 문을 밀고 도로 안으로 들어가 시험을 보았습니다. 충청도 응시자들도 입문관을 구타했으며, 경기도에서는 시험관이 섬돌에 나와 응시자들이 짓는 글을 보고 있는데 응시자들이 방을 내걸기도 전에 누가 합격할 줄을 알았습니다. 서울의 무과 시험은 화살 수를 감하고 시행했으니 그 공정하지 못함이 심합니다"라고 했다. 이처럼 중종 때에 이르러 대리 시험이나 시험관의 태만 등 다양한 문제점이 집중적으로 노출되었다.

### 조선 후기의 실태

조선 후기에 이르면 과거의 폐단이 고질이 될 정도로 그 폐해와 부정 행위가 더욱 만연했다. 숙종 6년(1680)에 충청도 공주 유생 정민화鄭民和의 상소에 따르면, 과거가 공정하지 못해 낫 놓고 기역자도 모르는 일자무식인데도 권세에 의지할 길만 있다면 느닷없이 장원을 차지하고, 능히 학문과 기예를 통달했는데도 의지할 권세가가 없으면 자기 몸을 낮추고 절개를 굽힘을 면하지 못한다고 했다. 심지어 초시에 낙방했는데도 복시에서 부당하게 합격하는 자도 있었다고 비난했다.

외척들이 정권을 좌지우지하여 정치가 매우 문란하던 세도정치기가 되자 과거의 폐해는 더욱 심각해진다. 매관매직이 난무한 때였기에 과거가 문란해지는 것은 어쩌면 당연한 일이었다. 당시의 상황은 순조 9년(1809)에 좌의정 김재찬金載瓚이 상소를 올려 "신이 과거의 폐단을 누차 진달했습니다만, 지금 반드시 나라를 망칠 것은 과거입니다"라는 극언을 할 정도로 심각했다. 그에 따르면 과거 시험이 있을 때마다 번번이 온갖 갈림길이 생겨나게 마련이고, 따라서 글을 사고 차술하는 데 애당초 부끄러움이란 것을 모른다고 했다. 심지어 이름을 바꾸어 대신 시험장에 들어가는 등 하지 않는 짓이 없다고도 했다.

그는 시험장 밖에서의 폐단은 더더욱 말할 것이 없을 정도라면서 그 상황을 상세히 지적했다. 즉 안으로 연줄을 대고 밖으로 호응케 하는 계교가 갈수록 더욱 간교하여 은밀한 곳에서 남모르게 초집을 만드는 행태로는 납환蠟丸(밀랍을 동그랗게 뭉쳐 만든 것) 속에 글을 숨기는 것 같은 것이 있고, 틈을 노려 간사함을 부리는 행태로는 각기 자기들만의 표시로 서로 응답하는 것이 있다고 했다. 시험지를 걷은 후에는 사람들을 모아 군졸로 위장시켜 등락을 미리 탐지하게 하는가 하면, 시험 문제가 적힌 쪽지가 곧바로 시험장 안으로 알려지고, 글의 첫머리를 소매 속에 넣어 서로 전달하는 지경이어서 계교를 부리는 것이 천태만상이라고 했다. 그리하여 시험이 끝나기도 전에 합격자가 미리 드러나고, 합격 발표가 있기도 전에 등수가 먼저 정해진다는 것이다.

그는 이어서 "이런 지경이므로 뜻이 있어 스스로 이름 아끼기를 좋아하는 선비들은 과거를 보러 길 떠나기를 수치스럽게 여긴 지 오래입니다. 신은 생각이 여기에 이를 적마다 곧바로 통곡하고 싶은 심정이었지만 하지 못했습니다. 과거의 폐단은 이미 고질이 된 병이어서 약으로 치료할 방도가 없고 이미 뒤틀린 파도여서 조각배로는 건널 방법이 없습니다. 대저 이렇게 갈수록 더욱더 심해지는 수많은 폐단은 실로 아래에서 바로잡아 막을 수 있는 것이 아닙니다"라고 했다. 그러면서 과거의 폐단을 일으키는 자는 사형에 처해야 한다는 극단적인 주장까지 했다.

이러한 상소를 본 임금은 "과거의 허다한 폐단에 대해 일찍이 들은 적이 있는데, 이제 경의 상소 내용을 보니 어찌 이처럼 극도에 이를 수 있단 말인가? 내가 평소 시험관을 항상 믿고서 예로 부려왔는데, 경의 말과 같다면 이는 내가 믿은 것과 매우 어긋나는 것으로 경악스럽고 개탄스러움을 금치 못하겠다"라고 한탄했다.

순조 24년(1824) 9월 성균관에서 치른 관시에서는 시험장의 기율이 무너져 유생들이 소란을 피웠고 잡인들이 출입해 시험장의 장내와 장외 구분이 없었다. 유생과 시험관은 서로 만나 말을 나누고, 문제를 적은 쪽지가 시험장 안에서 공공연히 돌아다녔으며, 밀봉한 이름을 바꾸기도 하고 한 사람이 여러 차례 시험지를 제출하기도 했다고 한다. 그리고 심야에 합격자를 발표해 대혼란이 빚어졌다. 이 때문에 당시의 시험관들은 파직되거나 귀양을 가는 등의 처벌을 받았다.

이러한 조선 후기의 과거 부정행위는 순조 18년(1818) 성균관 사성 이형하李瀅夏가 상소에서 지적한 여덟 가지로 요약할 수 있다. 그의 상소에는 조선 후기의 과거 부정 실태가 적나라하게 나타나는데, 그는 "지금 나라와 백성의 폐단을 말할 만한 것이 한두 가지가 아니지만 서둘러서 기필코 고치고야 말 것은 곧 과거의 폐단입니다. 과거의 폐단이 제거된다면 인재가 등용되고 조정이 존중받으며 선비의 추향趨向(마음에 쏠리어 따라감)이 정직하게 되고 민심이 안정되고 기강이 서며 교화가 행해질 것이지만, 과거의 폐단이 제거되지 않는다면 이 여섯 가지가 모조리 병들 것이니 이를 어찌 눈앞의 안일만을 도모하고 일을 무서워하면서 무너져버리게 내버려둔단 말입니까?"라면서 과거의 폐단을 시정해야 한다고 강력하게 주장했다. 그는 당시의 과거 폐단을 다음의 여덟 가지로 요약했다.

차술차작借述借作 : 남의 글을 베껴 쓰거나 남이 대신 글을 지어 써줌(남이 글을 대신 지어주는 대리 시험은 대술 또는 대작이라고 했음)

수종협책隨從挾冊 : 수종(시중드는 사람)들이 책을 가지고 시험장에 마구 따라 들어가거나, 응시자가 직접 책을 가지고 들어가서 베껴 씀

입문유린入門蹂躪 : 시험장에 아무나 함부로 들어감

정권분답呈券分遝 : 답안지를 바꿔서 제출함

외장서입外場書入 : 시험장 바깥에서 답안을 미리 써 가지고 들어감

혁제공행赫蹄公行 : 시험관이 문제를 응시자에게 미리 가르쳐주거나, 응시자가 시험관과 짜고 자신의 답안지를 알아보게 함

이졸환면출입吏卒換面出入 : 시험장을 경비하는 이졸(하급 관리)들이 번갈아 시험장에 드나들면서 응시자에게 답을 알려줌

자축자의환롱字軸恣意幻弄 : 답안을 마음대로 조작하고 농간을 부림

《순조실록》 권21, 18년 5월 병인

이형하는 이 외에도 부정한 행위는 수없이 많아 일일이 다 열거할 수

없을 정도라고 했다. 그런 지경이니 합격 발표가 나오자마자 세상 사람의 비난이 들끓고, 과거를 한번 치르고 나면 멀리서 온 사람들이 실망하는 광경을 자주 보게 된다고 했다.

**차술**

이형하가 지적한 여덟 가지 부정행위 가운데 조선 시대에 가장 많이 행해진 것은 차술 내지 차작이었다. 실학자 이익李瀷도 일찍이 과거 시험장에서 직접 글을 짓는 사람은 10분의 1밖에 되지 않는다고 했을 정도로 조선 후기에는 차술이 만연했다.

차술, 차작은 이미 조선 초기부터 나타났는데, 세종 때 정승을 역임한 허조許稠는 당시의 상황을 설명하기를, 유생들이 경서를 읽지는 않고 과거 시험장에서 한 명이 먼저 글을 지으면 대여섯 명에서 10여 명에 이르기까지 모두 서로 그대로 따라 쓰고 몇 글자만 고쳐서 쓴다고 했다. 시험관도 경서의 뜻의 옳고 그른 것을 살피지 않아 요행히 합격한 사람이 있다고 지적했다.

실제로 세종 초에 김점金漸의 아들 김의손金義孫이 남이 지은 글로 생원시에 합격해 김점이 탄핵을 받은 일이 있다. 김점은 세종 때 판서를 지낸 중신이었는데 아들의 차작 행위로 곤욕을 치러야 했다.

세종 26년(1444)에도 정영통鄭永通과 김석산金石山이 한성에서 실시된 생원시 초시 시험장에 숨어들어 다른 사람에게 글을 지어주었다가 적발된 사례가 있다. 두 사람은 생원시 직부생直赴生이었는데, 직부생이란 매년 6월에 한성의 4부部 학생이나 지방 학생들을 시험해 성적이 우수하면 초시인 향시鄕試나 한성시를 거치지 않고 직접 생원시 복시에 나가게 한 사람을 이른다. 이들은 실력이 인정되어 초시를 면제받고 복시를 남겨둔 시점에서 남의 초시 합격을 위해 대술을 해준 것이다.

이 일이 알려지자 예조판서 김종서金宗瑞가 소관 관청에서 국문하게 하고 한성시를 다시 치러야 한다고 아뢰었다. 건의를 받은 임금은 그해의 진사시와 생원시를 중지하려 한다는 뜻을 전했다. 그러자 의정부에서 아뢰기를 "잠입한 사람이 있음을 듣고 그 사람을 잡지 못했으면 다시 시험을 치르게 하는 것이 옳겠지만, 이제 이미 죄인을 알았는데 어찌 반드시 다시 시험을 치를 필요가 있습니까. 게다가 한 사람의 죄 때문에 다른 사람의 시험까지 모두 폐지한다면 실로 가엾은 일이니, 마땅히 두 사람을 의금부에 내려 국문해 두 사람과 차작한 사람은 정거하고 그 나머지는 시험하여 뽑는 것이 옳지 않을까 합니다" 했다. 이에 따라 정영통과 김석산을 의금부에 보내 국문하고 과거를 보지 못하게 했다.

또한 세조 때의 일인데, 성균관에서 시험을 볼 때 남몰래 성균관의 종 이철李哲과 중금仲金에게 뇌물을 주어 답안을 품속에 감추어 성균관 안으로 가지고 들어가게 했으므로 이것을 일컬어 '이철 생원'이니 '중금 진사'니 했다고 한다.

성종 19년(1488)에는 최세보崔世寶라는 생원이 생원시가 실시되는 시험장에 들어온 것을 다른 유생들이 보고는 "생원으로 중시重試하는 자가 있다"라고 큰 소리로 외쳤다. 이미 생원시에 합격한 생원이 시험장에 들어온 것은 다른 사람을 위해 대술을 하려는 것이라고 생각해 이를 고발한 것이다. 그러자 시험관이 최세보를 붙잡아다놓았는데 도망을 쳤다.

실제로 신정申瀞이라는 자의 아들이 최세보에게 청해 함께 시험장 안에 들어가 대술을 하게 하려 했다는 사실이 나중에 밝혀졌다. 최세보가 일찍이 신정의 집 계집종과 간통한 바 있었는데 신정의 아들이 그에게 말하기를 "내가 사마시에 합격하게 해준다면 마땅히 계집종을 너에게 주겠다"라고 했다는 것이다. 임금은 이들을 모두 잡아서 국문하라고 지시했다.

선조 때의 목천 현감 권설權渫은 남이 차작한 글로 복시에 장원했으나 전시에서 쓴 글이 문리가 연속되지 않아 사방에서 소문을 듣고 웃으며 '장단구표長短句表'라 했다고 한다. 장단구는 자수가 많은 구절과 적은 구절을 섞어서 짓는 한시의 형식을 말한다.

또한 이석표李錫杓는 진사시에 장원을 하고 영조 9년(1733) 알성문과에도 장원으로 급제해 대사간과 전라도 관찰사까지 오른 인물인데, 문과 시험장에서 친구의 답안을 베껴 썼다고 나중에 스스로 밝혔다. 그가 영조 13년(1737) 부교리로 있을 때 올린 상소에 의하면, 봉산 군수 조윤성曹允成과 더불어 20년간 함께 문필을 연마했는데 과거 시험장에서 시간이 너무 촉박해 두 사람은 서로 베끼거나 바꾸어 쓰는 방식으로 답안을 작성해 제출했다는 것이다. 그때 그가 조윤성에게 도움을 받은 것이 조윤성이 그에게 받은 도움보다 더 컸는데도 그는 장원을 하고 조윤성은 낙방하고 말았다. 그래서 이석표는 부끄럽고 수치스럽기가 남의 물건을 훔친 것과 다름이 없었다고 했다. 이렇게 서로 베껴서 비슷한 답안을 제출했는데 한 사람은 장원을 하고 또 한 사람은 낙방을 했으니 아이러니한 일이다.

앞서 이야기했듯 조선 건국 초기에는 시험장에서 남이 지은 글을 빌리는 차술이나 남을 위해 글을 대신 지어주는 대술을 엄금해서 이를 어기는 자는 엄벌에 처했다. 그래서 당시에는 그 폐단이 뒷날에 비하면 크지 않았다.

그러나 시험장의 단속이 느슨해지는 조선 후기가 되면 글을 잘 짓는 자 네다섯 명을 데리고 들어가 각각 글을 짓게 해서 그중 잘된 것을 골라 제출하는 자들도 있었다. 또는 글 잘 짓는 자가 시험장 밖에서 대술해서 시험장의 서리나 군졸 편에 전하게 하거나 응시자가 시험장을 빠져나가 집에서 글을 지어 오는 일까지 있었다. 심지어 숙종 때는 응시자가 시험 문제를 적어서 새끼줄에 매달아 밖의 대술자에게 전하고, 다시 대술자가 지은 글을 새끼줄에 매달아 응시자에게 전하는 상상을 초월하는 방법이 동원되기도 했다. 그 밖에 서울의 권세가 자제들은 시골에서 글 잘하는 선비를 데려오려고 혈안이었으며, 시험장 안에는 돈을 받고 대술해주는 무리가 우글거렸다고 한다.

### 수종협책

차술 못지않게 심각한 부정행위는 응시자나 수종이 책이나 초집 등을 가지고 들어가서 베끼는 수종협책이었다. 원래 과거 시험장에는 응시자만 들어가고 잡인은 접근할 수 없었다. 이를 어기고 시험장에 들어가는 자가 있으면 체포해서 수군水軍으로 삼았다. 그러나 임진왜란 이후 단속이 느슨해진 틈을 타서 서울 권세가의 자제들이 답안지의 글을 써줄 서리라든가, 책이나 먹을 것과 돗자리를 드는 사람 등을 데리고 들어가는 일이 많았다. 심지어 재상의 자제들 사이에는 글씨를 잘 쓰는 서리를 서로 데려가려는 쟁탈전이 벌어지기도 했다. 이러한 실정에 대해 실학의 선구자 이수광도 과거 시험장이 마치 책가게 같다고 말한 적이 있다.

심할 때는 응시자 한 명이 수종 10여 명을 데리고 들어갔다. 그래서 영조 15년(1739) 알성시에는 시험장에 들어간 사람이 1만 7천여 명이나 되었고, 정조 24년(1800)에 실시된 인일제人日製 시험장에 들어간 사람은 10만 명이 넘었다고 한다. 입문자가 많아지자 입문 때의 혼란이 이루 말할 수가 없어서 서로 먼저 들어가려고 다투는 바람에 밟혀서 죽거나 다치는 사람이 많았다. 이렇게 번잡했으니 책을 보고 쓰거나 남의 답안을 베껴 쓰는 일이 쉬울 수밖에 없었다.

응시자들이 시험장에 직접 책을 가지고 들어가서 베껴 쓰는 협책은 이미 조선 개국 직후부터 문제가 되었다. 그 때문에 태조 6년(1397)에 간행된《경제육전》에 "문과에 응시할 때 책을 끼거나 초집을 가진 자는 2식년에 한해 정거한다"라고 규정되기에 이르렀다. 협책 등을 저지른 응시생은 6년 동안 과거를 보지 못하게 한 것이다.

여기에서 초집은 경서 등에서 필요한 부분만 뽑아서 모아놓은 일종의 요약집으로, 요즘 식으로는 시험에 잘 나오는 부분이나 요점을 정리한 공책 내지 커닝페이퍼라고 할 수 있다. 이러한 부정행위가 적발되면 엄벌을 내렸으므로 글자를 아주 작게 쓴 종이를 콧구멍에 숨기는 등 웃지 못할 상황이 연출되기도 했다.

공부는 착실하게 하지 않고 초집에만 의지하는 행태는 당시 어른들의 큰 두통거리였다. 비록 협책을 금지하는 법이 제정되어 있었지만 조선 초기에는 이것이 제대로 지켜지지 않았다. 법이 마련된 후에도 협책하는 것을 금하지 않고 시험장에서 이를 수색하는 관원이 임무를 제대로 수행하지 않기도 했다. 심지어 세종은 법전에 협책과 관련된 규정이 있는 것을 알지 못해 협책을 금하지 말라고 지시하기까지 했다. 그러자 세종 11년(1429) 1월에 예조판서 신상申商이 아뢰기를 "협책을 수색하는 법이 이미《경제육전》에 기재돼 있사오니, 기존의 법에 따라 시행하시고 그 법을 고치지 마십시오. 이와 같이 하면 사람들이 장차 학업에 힘써 모두 경서를 외울 것입니다"라고 했다. 이에 임금은 "나는《경제육전》에 기재된 것을 알지 못했고, 또 말하는 자가 있기에 금하지 말라고 한 것이다. 그렇지만《경제육전》에 실려 있다면 하필 고치겠느냐"라며 협책을 계속 금지하게 했다.

그러나 그 뒤에도 협책이 근절되지는 않았다. 그러자 세종 14년에 임금은 "과거 시험장 안에 서책을 숨겨 갖고 들어가지 못한다는 것은 일찍이 법이 세워졌다. 그러나 생도들이 평소에 공부는 하지 않고 과거에 응시할 때 책을 숨겨 함부로 들어가는 폐단이 다시 전과 같다. 지금 응시하는 생도들은 경서와 사기史記를 깊이 연구하지 않을 뿐 아니라《원류지론源流至論》 등의 고문까지도 공부해서 본받으려 하지 않고, 오로지 초집을 베껴 한결같이 그대로 답습하여 요행으로 과거에 합격하기를 바란다"라고 지적했다. 그러면서 옛글을 익히지 않고 초집을 표절하거나 펼쳐 보는 행위를 엄중히 다스리고, 학교 안에 가져와서 보는 것이 발각되면 3년 동안, 과거 시험장 수색 검열에서 발각되면 6년 동안 과거 응시를 정지하게 했다.

그럼에도 협책 풍조는 근절되지 않았고, 세종 23년에 성균관 대사성 권제 등은 학도들이 학업에 태만해 경학에 힘쓰지 않고 오로지 초집하기를 일삼으며, 학업을 폐하고 무리 짓기를 즐겨 한가하게 노느라고 사방에 흩어져서 학사學舍에 모이지 않는다고 상소를 올렸다. 당시에 역시 대사성을 지낸 권채權採도 유생들이 평소에는 한가하게 놀면서 공부를 하지 않다가 시험 때가 되면 임시로 초집을 모아가지고 요행이나 바라므로 상시로 학교에 머물면서 학업을 익히는 유생들이 없다고 지적했다.

이렇게 세종 때부터 유생들이 공부보다 초집에만 의존하는 것은 별시 등의 과거 시험이 지나치게 자주 실시되기 때문이라고 보는 사람이 많았다. 정승 황희黃喜도 그렇게 생각해, "식년시 이외에 또 별시가 있으므로 많은 선비가 마음이 들뜨고 소란해 글을 읽을 겨를이 없습니다. 이미 학문을 쌓은 소양이 없으니 과거 시험장에서 써내는 글이 볼만한 것이 적습니다. 별시를 파해 선비들의 뜻을 안정시키십시오"라고 건의하기도 했다.

협책의 폐습은 계속되어 성종 7년(1476) 3월에 임금이 내시에게 명해 과거 시험장에서 책을 끼고 있는 자를 찾아내게 했는데, 내시는 수십 명을 적발해 이름을 적어 올리며 응시자 가운데 책을 끼고 있지 않은 자가 하나도 없었다고 보고했다. 그러자 시험관들이 감독을 제대로 하지 못했다며 처벌을 기다렸다. 이에 임금은 시험관들은 벌하지 말고 그날 시험을 무효화하고 다음 날 다시 시험을 치르게 했다.

한편 성종 때는 유생들이 평소 사치하는 것만 좋아하고 공부를 열심히 하지 않아 책을 끼고 다니지 않는 자가 많아서 오히려 문제가 되기도 했다. 사헌부 장령 권경희는 "유생들의 풍습의 천박함이 지금보다 심함이 없을 것입니다. 성균관에서 공부하는 유생들이 발에는 삽혜靸鞋(궁중에서 임금 등이 신던 가죽 신발)를 신고 머리에는 단모段帽를 쓰고 방 안에는 옷을 넣어두는 장롱을 설치하면서도 몸에는 책을 지니고 다니지 않습니다. 또한 선생이나 장자長者를 보아도 예의로 대하지 않습니다"라 했다. 그러면서 유생들이 삽혜를 신지 못하게 하고 길에서도 책을 끼고 다니게 하는 명령을 내려야 한다고 건의했다.

얼마 뒤에도 대사헌 이세좌가 아뢰기를 "근래에 유생들이 책을 끼고 다니는 것을 수치로 여겨 모두 소매 속에 넣어 다닙니다. 책을 가지고 다니지 않는 자는 사헌부에 잡아다가 매를 때리고 금하는 것이 어떻겠습니까?"라 했다. 그러자 성종은 "한 사람을 벌주어 100명을 경계시키는 것은 좋다. 그러나 유생들을 사헌부에서 매를 친 것은 옛날에 없던 일이니 그렇게 할 수는 없다"라고 했다. 그러면서 책을 끼고 다니지 않는 유생은 사헌부에서 잡아다가 성균관에 보내 매를 때리게 명했다.

성종 이후인 연산군 때도 협책이 이어져, 대궐 뜰에 모인 유생 중 책 가진 자를 적발해 생원 이운기李云芑 등 16명이 정거되었다. 중종 때도 책을 끼고 들어오는 것을 금하고 극위棘圍(과거 시험장의 출입을 금하는 울타리)를 엄하게 했는데도 감찰이나 입문관 등이 전혀 단속하지 않는다는 지적이 제기되었다.

또한 선조 28년(1595) 12월에 치러진 문과에서 온양의 이응길李應吉이 16세로 급제했는데, 급제자를 발표하던 날 시험관이 그를 불러 답안으로 작성한 글의 뜻을 물어보았더니 제대로 대답하지 못했다. 시험관들이 그의 시험지를 가져다가 다시 묻자 그는 가지고 들어간 책 속에 마침 출제된 문제와 통하는 글이 있어 써서 올렸다고 진술했다. 이에 임금은 이응길의 급제를 취소하고, 책을 가지고 들어가는 것을 단속하지 않은 감찰을 파직하게 했다.

조선 후기에 접어들면서 협책 풍조는 오히려 더 노골화되었다. 전기에는 주로 응시자가 직접 몰래 책을 끼고 들어가는 양상이었으나 후기에는 수종에게 책을 가지고 들어가게 했다.

정조 7년(1783)에 사헌부 지평 이수하李秀夏는 상소를 올려, 협책을 금하는 법을 어기는 무리가 있어 국가의 기강이 문란해지고 선비들의 풍습이 무너진다고 개탄했다. 그러면서 그는 당시에 협책을 너무 심하게 단속하는 실정도 비판했다. 즉 하인들의 협책 수색이 지나쳐 손으로 응시자들의 온몸을 더듬고, 심지어 옷과 버선을 벗기기까지 했다고 한다. 또한 협책이 의심되는 자들은 종일 구금했으므로 명색이 유생인 사람들의 치욕이 극도에 달했다고 비판하기도 했다.

그러면서 그는 심한 단속은 오히려 유생들의 사기를 위축시키니 이것이 어찌 조정에서 선비를 대하는 본뜻이겠느냐고 비난하고, 관계 기관에 지나친 행정은 시행하지 말게 해야 한다고 건의했다. 실제로 협책을 단속

한다고 시험장의 문을 갑자기 닫아버리는 바람에 시골에서 올라온 유생들이 시험도 보지 못한 채 그냥 낙향하는 사태가 일어나기도 했다. 이에 대한 대책으로 비변사에서는, 과거 시험장이 엄격하지 못한 것은 오로지 응시자를 수종하는 무리들이 덮어놓고 들어가기 때문이라면서 앞으로는 관원을 더 늘려서 배치하고 법을 어기지 않은 사람이 잘못 적발되지 않게 하겠다고 보고했다.

정조 15년(1791) 8월 비변사에서 과거 시험장의 폐단 중에서 가장 시급히 금지해야 할 것을 임금에게 보고했는데, 여기에도 역시 수종협책이 가장 크게 부각되고 있다.

> 첫째는 수종으로, 짐을 지게도 하고 심부름꾼으로도 부리는데 갖가지 변괴가 모두 여기서 생겨난다.
>
> 둘째는 시험장 밖에 있는 자로, 규정상 시험장에 들어갈 수 없는 자를 거느리고 들어가려고 하니 그 계책이 매우 교묘하다.
>
> 셋째는 서책으로, 시험장에 책을 가지고 들어가는 것을 금지하는 것은 법전에 실린 바다.
>
> 넷째는 문체로, 글 제목이 있는 이상 글의 체제는 자연 거기에 맞는 순서가 있는 것인데 요즘 과거 공부를 하는 자들은 오직 빨리 짓는 것만 위주로 하고, 서두와 전개하는 부분에서 반드시 제목 글자를 써서 곧바로 제목의 뜻을 노출한다.
>
> 《정조실록》 권33, 15년 8월 갑진

수종협책의 폐단은 특히 서울에서 치러진 별시에서 많이 발생했다. 별시의 일종인 알성시와 정시庭試는 원래 초시와 복시의 구분 없이 단 한 번의 시험으로 급락이 결정되었다. 그렇다 보니 성균관 유생들뿐 아니라 전국의 유생들이 합격을 위해 구름같이 모여들었다. 시험이 치러질 때는 전국에서 선비 수만 명이 어지러이 모여들어 대혼잡이 벌어졌다. 조정에서는 이런 폐단을 막고자 숙종 43년부터 정시에서 초시를 실시하는 방안을 마련해 시행했다. 또한 정시를 창경궁의 춘당대에서 실시함으로써 수종들의 접근을 막는 조치를 취하기도 했다.

한편 응시자가 많아지자 시험관들이 시간에 쫓겨 시험지의 처음 몇 줄만 읽거나 일찍 낸 시험지만 채점하는 문제가 생겨났다. 이는 다시 서리들이 역서할 때 전부 쓰지 않고 앞 문장 몇 줄만 쓰는 폐단을 낳고, 응시자들이 서로 먼저 내려고 다투는 악습을 유발했다. 응시자들은 답안을 빨리 작성하기 위해 앞자리에 앉으려고 다투거나, 군졸을 매수해 자기 시험지를 일찍 낸 시험지 묶음에 넣게 하기도 했다. 이러한 폐단을 막기 위해 조정에서는 늦게 낸 시험지에서 합격자를 뽑기도 하고, 시험관이 내도 좋다고 할 때까지 시험지를 내지 못하게 하는 등의 시정책을 마련해서 실시했지만 기대한 성과를 거두기에는 역부족이었다.

### 절과

절과竊科는 과거의 부정행위 가운데 가장 악질적인 것이었다. 이는 다른 사람 시험지에 자기 봉미를 붙이거나, 봉미관이나 서리를 매수해 자신의 답안지에서 봉미한 부분을 떼어내 합격될 시험지에 바꾸어 붙이게 함으로써 합격을 꾀한 일이다. 달리 말하면 시험지를 훔치거나 바꿔치기하는 행위였다. 봉미는 앞서 설명했듯 응시자들이 시험지 오른쪽 끝에 이름, 본관, 주소 등을 적고 봉하던 일이다. 이 때문에 떨어져야 할 사람이 붙고 붙어야 할 사람이 떨어졌다. 말하자면 합격을 도둑질한 것이기에 절과라 한 것이다.

봉미 바꿔치기 내지 시험지 바꿔치기는 이미 조선 전기부터 나타났다. 세조 11년(1465), 전주 판관이던 현득리玄得利가 생질인 생원 유양춘柳陽春과 함께 문과 복시에 응시했는데 유양춘의 실력이 더 좋았으므로 바꿔치기하려는 계략을 세우고 미리 시험지의 모양과 색깔을 같은 것으로 준비했다. 시험이 끝나갈 무렵 현득리가 몰래 유양춘의 시험지를 바꿔치기한 후 봉미 부분을 바꿔 붙여서 제출했다. 결국 현득리는 합격하고 유양춘은 낙방을 했다.

평소 유양춘의 재주를 익히 알던 시험관 김수녕金壽寧이 이를 이상하게 여겨 낙제한 답안지 중에서 유양춘의 것을 찾아보니 글이 매우 거칠고 졸렬해 도저히 그의 것이라고 할 수가 없었다. 김수녕이 유양춘에게 이 사실을 알리자 유양춘은 즉시 사실을 밝히려 했지만 외조모가 말려서 그만두어야 했다. 유양춘이 어릴 때 외삼촌인 현득리가 양육을 맡았기 때문이었다. 그러나 얼마 후 유양춘은 도승지 노사신盧思愼에게 이 일을 알려서 현득리를 국문하게 했는데, 현득리는 부정행위 사실을 부인했다.

2년 뒤 유양춘은 다시 소송을 제기해 결국 현득리의 홍패를 빼앗고 급제를 취소시키기에 이르렀다. 그런데 재판하는 자리에서 유양춘이 현득리와 서로 비난을 주고받았는데, 유양춘의 말이 매우 불손했으므로 사헌부에서 영영 과거를 볼 수 없게 해야 한다고 건의해 임금의 윤허를 받았다. 당시 세조는 유양춘의 행실을 현득리의 죄보다 더 무겁게 여겼다고 한다. 조선은 유교 국가인 만큼 조카가 삼촌을 상대로 소송을 하고 불손한 언동을 한 것은 인륜에 어긋난 행위로 단정한 것이다. 이 사건을 실록에 실은 사관은, 현득리는 간사하고 음흉하여 도리道理에 부족하고 유양춘은 관직에 나아가는 것만 탐해 천륜을 돌보지 않고 외삼촌을 관가에 소송했으니 비록 종신 정거되더라도 진실로 불쌍히 여길 바가 못 된다고 비판했다.

과거 응시가 정지된 유양춘은 그 후 대신들을 찾아 백방으로 뛰면서 과거를 볼 수 있게 해달라고 호소해 결국 응시를 허락받았다. 이에 따라 마침내 세조 14년(1468)에 실시된 춘당대 문과에 을과로 급제하기에 이르렀다.

그러나 우여곡절 끝에 어렵게 과거에 급제했지만 관직 생활도 그리 여의치 못했다. 급제하고도 10년이 지난 성종 9년(1478)에야 그는 성균관 전적에 이어 승문원 교리에 임명되었다. 게다가 그렇게 관직에 임명되자마자 사람들 사이에 유양춘은 행실이 경박하므로 조정의 벼슬에 오른 것도 다행인데 올려서 임명할 수는 없다느니, 재주는 있을지라도 행실이 경박하면 쓸 수가 없다느니 하는 비난 여론이 분분했다. 나중에 형조 정랑에 임명되었을 때는 임금에게 아부하며 등용을 갈구하는 〈희우부喜雨賦〉라는 글을 바쳤다가 대간의 집중적인 탄핵을 받았다. 이 때문에 그는 좌천을 거쳐 끝내 파직되고 말았다. 결국 출세를 위한 부정행위와 친척끼리의 싸움이 두 사람에게 평생 씻을 수 없는 상처를 남긴 것이다.

단종 때도 절과 사건이 있었는데, 생원 원선장元善長이 박서남朴瑞男의 시험지를 훔쳐서 봉미 부분을 찢어버리고 자기 것으로 조작했다가 곤장 100대와 도형 3년에 영구히 등용되지 못하는 벌을 받았다. 당시 봉미를 바꿔치기하는 행위는 남에게 글을 대신 짓게 하는 것보다 더 심한 죄악으로 간주되었다.

이러한 과거 부정행위의 병폐는 쌓이고 쌓여 급기야 숙종 때 두 차례나 큰 과옥科獄(과거 시험의 부정행위로 일어난 옥사)이 일어났다. 숙종 25년(1699)에 실시된 증광 문과의 복시 때 여러 부정행위가 드러나 3년에 걸쳐 수십 명이 투옥되고 문초를 받고 유배되는 등의 형벌을 받은 사건이 있었는데, 이를 기묘과옥이라고 한다. 숙종 38년(1712)에도 대규모의 부정이 적발되어 이른바 임진과옥이 일어나 수십 명이 처형당하는 사태가 벌어졌다.

결국 이러한 부정행위와 옥사는 정당하지 못한 방법으로 합격하려는 응시자와, 권력이나 돈에 눈이 멀어 각자의 소임을 공정하게 집행하지 못한 시험관이 서로 어우러져 빚어낸 결과였다. 당시 이런 세태를 꼬집어 돈만 있으면 어사화를 받는 급제도 할 수 있다는 뜻의 "어사화는 금은화金銀花"라는 말이 나돌기도 했다.

## 대리 시험으로 날아간
## 장원의 꿈

선조 때는 알성문과에서 차작으로 장원이 되었다가 급제가 취소되고 답안을 대신 써준 사람도 함께 처벌받은 사건이 일어났다. 선조 19년(1586) 9월 임금이 성균관으로 가서 문묘를 참배한 뒤 알성문과를 실시해 9명을 뽑았다. 이때 개성 사람 여계선呂繼先이 고향 사람인 정자 차천로에게 청탁을 해서 차천로가 대신 지어준 글로 장원을 했다. 얼마 뒤 이 일이 발각되어 의금부에서 관련자들을 잡아들여 심문하게 되었다.

이 차작 사건을 보고받은 선조는 격노하여 다음과 같은 전교를 내렸다.

> 군주가 공경한 마음으로 옛 성인을 배알하면 사방의 선비들이 바람같이 달려오고 구름처럼 모여든다. 이때 친시親試를 보여 등용하는 것은 바로 훌륭한 인물을 얻어 치도治道를 보좌하고 백성을 편안하게 구제하려는 것이다.
>
> 그런데 대궐에서 방방하고 뭇 관료가 다 하례하는데, 장원이 된 자가 바로 남곽처사南郭處士(전국시대 제나라의 선왕 때 왕을 속이고 생황을 부는 흉내만 내고도 총애를 받은 자)나 도척盜蹠(춘추시대의 큰 도적) 같은 형편없는 인간이었다. 말하자니 말이 욕되다. 임금의 부끄러움이야 애석할 것이 없고 관리들의 부끄러움도 애석할 것이 없지마는, 이것은 바로 유림들이 천만년 동안 씻을 수 없는 수치다. 보잘것없는 저 여우나 쥐 같은 것을 필히 용서치

말고 많은 선비에게 널리 알려 만세의 경계로 삼아야 한다.

그뿐이 아니다. 무릇 문사文詞는 뜻을 엮는 말기末技(변변치 못한 재주)인지라, 미사여구로 글을 다듬는 일은 장부가 부끄럽게 여긴다. 그런데 감히 쇠똥구리의 흙덩이를 가지고 수후隋侯의 구슬이라 생각해 다른 사람을 위해 대신 글을 지어주고 그릇되게 상종을 했으니, 이는 아마 이전부터 대신 글을 지어주던 솜씨일 것이다.

《선조실록》 권20, 19년 10월 무자

이러한 선조의 명에 따라 의금부에서 차천로를 심문하자 대작한 사실을 자백했으므로 그를 멀리 함경도 명천으로 유배하고, 여계선도 급제를 취소한 뒤 유배했다. 같은 알성시에서 병과로 급제한 허징許澄도 남이 지은 것을 베껴서 냈기 때문에 급제가 취소되었다. 또한 같이 병과로 급제한 한용은 시험지에 거주지를 적지 않아 역시 급제가 취소되었다. 차천로는 이보다 먼저 문과에 급제했지만 그도 역시 시험지에 본관을 적지 않아 급제가 취소될 뻔한 적이 있는 인물이었다.

대작을 한 차천로는 시에 능해 그의 시는 한호의 글씨, 최립의 문장과 함께 송도삼절로 불렸다. 시뿐 아니라 문장도 잘 써서 개성의 인재를 말할 때 도학에서는 서경덕, 필법에서는 한호, 문장에서는 차천로라 할 정도였다. 특히 문장이 수려해 당시 명나라에 보내는 외교문서 대부분을 담당했고, 문명을 크게 떨쳐 중국인들이 동방문사東方文士라 불렀다.

선조는 이러한 차천로의 재주를 매우 아까워했는데, 다음의 일화에서 이 사실을 엿볼 수 있다. 차천로가 대작한 죄로 나중에 북쪽 변경에 유배되었을 때 그곳 관찰사가 매우 후하게 대접했으므로 차천로가 괴이하게 여겨 그 이유를 물었다. 그러자 관찰사가 대답하기를 "전하께서 나에게 특별히 하교하여 '천로의 문재가 아까우나 내가 쉽사리 법을 무시하고 용서할 수는 없다. 그러나 굶어 죽기라도 한다면 어찌 불쌍하지 않겠느냐'라고 하셨다"라고 했다. 이 말을 들은 차천로는 남쪽을 향해 통곡했다고 한다.

이렇게 차천로의 재주를 아깝게 여긴 선조는 결국 2년 뒤에 그를 사면하고 관직을 내려주었다. 선조 21년(1588) 11월에 내린 하교를 보면 "차천로가 그러한 일을 감행했으니, 그런 데 마음을 쓴 것은 좋지 않다. 그러나 그는 문장에 재주가 있으니 어찌 애석한 일이 아니겠는가. 옛사람 말에 떨어진 비도 사용할 곳이 있다 했으니 한 가지 재예라도 버리지 않는 것이 임금의 도량이다. 나의 생각에는 그에게 군직軍職을 주어 승문원에 종사하게 해 사대문서를 맡기면 반드시 마음과 힘을 다하리라 믿는다. 그렇게 하면 관리의 반열에도 혐의되지 않을 것이다. 만약 완전히 폐기하면 이 역시 온당치 못한 일이니 잘 의논하여 처리할 것을 승문원 도제조에게 말하라"라고 했다. 그러나 이러한 왕명에도 그는 정식으로 복직되지 못하다가 선조 32년(1599)에야 한직인 봉상시 판관이 되었다가 광해군 때 봉상시 첨정을 지내는 데 그치고 말았다.

한편 임금은 그의 재주를 끔찍하게 아꼈지만 후세인들의 평가는 매우 비판적이었다. 그리하여 "문장의 풍부함이 일대에 으뜸이었으나 사람됨이 경솔했다"라거나 "재주는 있어도 행실이 형편없어 세상에서 버림을 받았다"라는 평을 들어야 했다.

그런데 차천로는 임진왜란 이후인 선조 38년(1605)에 전처를 버리고 임금의 친족인 여자를 아내로 맞이한 것이 문제가 되어 또다시 큰 물의를 일으켰다. 당시 그는 자기 아내가 왜적에게 더럽혀졌다는 핑계로 관청에 알리지도 않고 멋대로 다른 사람의 딸을 취해 아내로 삼았다는 비난을 받았다. 조선 시대에는 본처를 두고 다른 여자를 아내로 맞는 것은 윤리와 기강을 무너뜨리는 행위로서 국법을 어긴 죄로 처벌받아야 했다.

이 일이 드러나자 선조는 "후인들이 이를 본받아 아내가 무슨 죄를 저질렀다고 핑계하면서 스스로 개취하면 그들을 장차 모두 아내로 삼게 허락하겠는가. 풍속의 퇴폐가 이로부터 시작되어 사람의 도리가 확립되지 못할 것이다. 자기 아내를 내치지 않을 수 없다면 위로 관청에 알리고 일가친척들과 의논해 그 죄과를 따져서 내쳐야 명분이 선다. 이렇게 하고 개취한다면 누가 불가하다 하겠는가. 천로는 아내 버리기를 헌신짝 버리듯이 여겨 아내를 내치고 취하는 것을 조금도 꺼리지 않았으니 이 어찌 놀라운 일이 아니겠는가. 의논하여 조처하라"라고 명했다. 사간원에서도 "사사로이 본처를 버리고 감히 종실의 딸에게 장가들어 풍속을 문란시키고 기강을 무너뜨렸다"라면서 처벌을 주청했다.

개취보다 더 큰 문제는 왕실의 족보인《선원록璿源錄》에 후처를 그의 아내로 기재한 일이었다. 그리하여《선원록》을 기록한 선원록 교정청 관리들을 파직하는 등의 소동이 벌어지기도 했다. 그리고 당사자인 차천로와 그의 후처는 《대명률大明律》의 "본처를 두고 다른 아내를 들이면 곤장 90대에 처하고 이혼시킨다"라는 규정에 따라 형벌을 받고 이혼해야 했다.

## 당쟁으로 일그러진 과거

조선 후기는 당쟁이 치열하게 전개된 시기로, 이 때문에 과거 시험이 더욱 문란해졌다. 각 당파는 과거를 자파의 확장 수단으로 삼아 부정을 대대적으로 행했는데, 그 단초가 열린 것은 대북파(동인)가 집권한 광해군 시대다. 대북파는 과거를 당을 모으고 세력을 확장하는 도구로 삼아 과거가 실시될 때마다 시험 문제를 미리 내고 글 잘 짓는 자들에게 모범 답안을 작성시켜 이를 일당의 자제들에게 돌렸다. 또한 강경으로 시험을 볼 때는 시험에 나올 경서의 문장들을 미리 암송하게 했다. 이러한 실정이었으니 당시 대북파의 자제들 가운데 과거에 합격하지 못하는 자가 없다고 할 정도였다.

특히 광해군 2년(1610)의 별시는 대북파의 우두머리 이이첨李爾瞻의 사돈 등 시험관의 아들, 사위, 조카 들이 급제자의 대부분을 차지해 이를 사돈방榜이라고 조롱했다고 한다. 광해군 13년에는 시험관 이이첨이 시험 문제를 미리 알려주어 합격자 9명 중 그의 아들, 사위, 조카 등이 7, 8명이나 되게 했다.

이이첨은 정인홍鄭仁弘과 함께 광해군 때의 정국을 주도한 인물인데, 그 일가의 이 같은 부정행위는 반대파에게 집중적인 공격을 받았다. 광해군 8년(1616)에 남인인 진사 윤선도尹善道는 상소를 올려, 이이첨의 네 아들이 모두 미리 시험 문제를 알아내거나 차작을 해서 과거에 오른 일을 두고 온 나라 사람들이 모두 비난한다고 지적했다. 그는 이이첨의 아들들은 많은 사람에게 알려진 재주와 명망이 없는데도 잇따라 장원을 차지했거나, 문장을 짓는 실력이 전혀 없는데도 과거에 너무 쉽게 오르기도 해서 이이첨의 도당들이 과거를 자신들의 소유물로 삼았다며 비난을 퍼부었다. 〈어부사시사漁父四時詞〉 등의 시조로 유명한 윤선도는 이 상소로 외딴섬에 안치되는 처벌을 받았다.

또한 이이첨의 큰아들 이대엽李大燁은 여러 차례 과거에서 장원했는데, 모두 그 아버지의 문객이 대술한 것이었다고 서인들의 공격을 받았다. 나중에 그가 이조 좌랑이 되어 정목政目(관리의 임명이나 해임 문서)을 작성할 때 통정通政을 통공通攻으로 오기해서 사람들이 그를 '통공이랑通攻吏郎'이라고도 했다는 것이다.

광해군 2년(1610) 사헌부의 지적에 의하면, 한 사람이 글을 지으면 백 사람이 목을 빼어 엿보면서 베끼기를 마치 서리들이 조보朝報를 서로 전하며 베끼듯이 했다고 한다. 답안지를 보여주지 않으면 공공연하게 위협하고 빼앗기를 조금도 수치로 여기거나 거리낌 없이 하여, 답안지를 열람해보면 모두 똑같았다는 것이다. 그래도 어쩔 수 없이 그중에서 뽑아 합격자 수를 채우니 이 때문에 글도 모르고 글자도 제대로 분별치 못하는 자가 반수 이상 합격하고 장원을 하기까지 했다는 것이다.

또한 당시 사헌부 집의를 지낸 최호崔濩는, 시험 문제를 내는 일은 모두 대제학이 맡는 것인데 비방을 덜고 후환을 피하기 위해 물러나 있으면서 문제를 내지 않는 일도 있었다고 지적했다. 대제학이 문제를 내더라도 어떤 때는 대제학이 낸 문제 대신 시험관들이 직접 시험장에서 문제를 만들기도 했다는 것이다. 문제가 출제되면 시험장에 가득 찬 선비들이 붓을 놓고 서로 쳐다보며 하는 말이 "이것은 이미 누구누구가 오래전에 짜놓은 문제다"라기도 했다고 한다.

그리고 합격자의 등수를 정하는 일은, 시험관들이 시험지를 나누어 채점해서 괜찮은 답안이 있으면 그것을 대신과 대제학에게 가져가 합격을 결정한 다음 다시 여럿이 함께 고찰해 등수를 정하는 것이 규례였다. 그런데 어떤 시험관은 등수를 정할 때 혼자서 뽑은 시험지 6장을 가지고 나와 그중 한 장만 읽어 장원으로 정하고, 나머지 5장은 한 줄도 읽지 않는 일도 있었다.

광해군을 축출하고 집권한 서인 세력도 과거 부정을 저지르기는 마찬가지여서, 인조 4년(1626) 별시에는 급제자 16명 중 서인 출신 시험관의 자제가 대부분을 차지했다. 그 후 숙종 1년(1675) 11월에 실시된 증광 문과에서 과거의 문란함은 극에 달했다. 시험관이 응시자와 서로 약속을 한 뒤, 시험관이 하인을 시켜 몰래 유건儒巾(유생들이 쓰던 두건)을 쓰고 뜰에 내려가서 응시자의 시험지를 가져오게 하고, 또는 응시자가 뜰의 흙을 파고 시험지를 묻어서 시험관이 가져다 보게 하는 일까지 벌어졌다.

그 후 남인이 정권을 장악했을 때도 부정은 이어졌다. 당시 어떤 응시자가 떨어뜨린 쪽지를 다른 선비가 주워 보니 "이미 부제학과 상의했으니, 이를 생각하라"라고 쓰여 있었다. 이것을 본 사람들은 "이담명李聃命의 필적이다"라고 했으며, 그 쪽지는 오정창嗚挺昌 등이 윤휴의 아들 윤의제尹義齊 등과 짜고 만들어 보낸 것이었다. 이 세 사람은 모두 남인이었다.

이렇게 해서 당시 국사를 담당한 대신 허적許積, 권대운權大運, 목내선睦來善, 윤휴 등의 자제들이 모두 과거에 뽑혔다고 한다. 결국 급제자 33명의 대부분을 집권 세력인 남인의 자제들이 차지했고, 정권에서 물러난 서인은 다만 두세 사람만 급제했다. 남인이 서인을 그나마 몇 명이라도 합격시킨 것은 그들이 지은 글이 모두 결점이 없어서 쉽사리 떨어뜨릴 수 없었기 때문이었다.

한 가지 일화를 보면, 권시경權是經이라는 서인 응시자가 시험장에 들어가자 어떤 사람이 뜰 위에서 내려와 "오 판서 댁 진사인가?"라고 물었는데, 남인 판서 오정위嗚挺緯의 아들 오시만嗚始萬이냐고 물은 것이다. 권시경이 그렇다고 건성으로 대답했는데 합격자가 발표되자 그가 과연 합격자 명단에 들어 있었다. 이 일로 오시만이 혼자 떨어지자 오정위가 크게 분개해서 여러 시험관을 꾸짖었다고 한다.

그 뒤에 실시된 정시庭試에서 오정위는 별도로 오시만의 시험지를 미리 만들어 부정을 도모했다. 또한 그는 합격자의 등수를 매길 때 '시만' 두 글자를 손바닥에 써놓았다가 아들의 답안지가 나오자 손바닥을 들어 여러 시험관에게 보였다. 시험관들은 처음에는 윤이도尹以道가 지은 글을 장원으로 삼으려고 했다. 그러나 오정위가 밀봉한 윤이도의 답안지를 고의로 뜯고서 "이 작품이 비록 좋다고는 하지만 밀봉을 하지 않았다"라고 말했다. 이 때문에 결국 윤이도는 낙방하고 오시만이 장원이 되었다. 오정위는 기분 좋게 집으로 돌아가서 대문에 이르러 하인 수십 명에게 "내 아들이 문과에 새로 급제했다"라고 소리 지르게 했는데, 듣는 이들이 비웃으면서 오씨의 아들이 손바닥을 보이고 급제했다고 수군댔다고 한다.

이렇듯 당시에는 남인 집권자의 자제들이 과거에 합격하기란 식은 죽 먹기였다. 그래서 합격자가 아직 정해지지 않았는데도 합격자 이름이 먼저 전파되고, 시험 문제가 아직 발표되지 않았는데 급제자의 등수가 먼저 정해져 서로 세력을 겨루고 앞을 다투어 혼란이 극도에 달했다고 한다.

숙종 때 일어난 두 차례의 대규모 과옥도 결국은 과거의 부정을 노론파가 소론파를 공격하는 구실로 삼았기 때문에 필요 이상으로 확대된 것이다. 과거를 당쟁에 이용하는 폐해는 그 후에도 이어져 영조 6년의 정시에는 급제자 20명 중 권력을 쥔 시파時派가 15명을 차지했고, 정조 즉위년의 정시에도 급제자 대부분이 집권자의 자제들이었다.

집권자가 과거를 멋대로 운용한 사례는 이미 조선 전기부터 나타났는데 훈구파의 거물 임사홍이 좋은 예다. 그의 아들 임희재任熙載가 성종 17년(1486)에 거행된 진사시에서 장원을 차지했는데, 나이 17세에 으뜸을 차지했으므로 많은 사람이 차술로 합격했다고 비난했다. 그를 비난한 사람들은 강윤姜胤이란 자가 임사홍의 집에 의탁해 있었는데, 임희재가 진사 시험을 볼 때 강윤이 글을 대신 지어줘서 장원에 뽑히게 했다고 주장했다.

이때 누가 벽에다가 "임동任童이 이제 장원랑(갑과 1등) 되니 이로二老의 문장이 빛을 내지 못하네"라는 시를 쓴 일까지 있었는데, 이로는 임희재의 조부 임원준과 아버지 임사홍을 가리킨 것이다. 그와 함께 하남군 정숭조鄭崇祖의 아들 정승충鄭承忠과 지사 구수영具壽永의 아들 구승경具崇璟도 재주가 없는데 소과에 합격하자 사람들은 이들을 '임구정 3인'이라 했다. 그래서 "올해 남의 손을 빌려 글을 지은 생원, 진사는 임, 구, 정이다"라는 말이 떠돌았다고 한다.

이처럼 임사홍의 아들 임희재는 부정하게 진사시의 장원이 되었다 하여 물의가 분분했는데, 그의 아버지와 조부도 일찍이 부정을 행한 것으로 비난을 받았다. 아버지 임사홍은 차술로 문과에 급제했고, 조부 임원준은 시험장에서 대작을 했다가 일이 발각되어 평생 관리가 되지 못하는 처분을 받았다. 그 결과 이들 집안의 부정행위 버릇을 비판하고 풍자하는 시가 전국에 퍼져 읊어졌다고 한다.

임희재가 진사시에 장원급제하고 2년 뒤인 성종 19년에 그의 부정 합격 문제가 다시 크게 불거졌다. 당시 사헌부 대사헌 성준成俊 등이 보고한 바에 의하면, 청주 목사 최연崔堧은 임원준의 사촌으로 임희재가 진사시에 최종 합격하기 전에 치러진 충청도 향시(초시)를 감독했다. 그런데 임원준의 손자인 임희재가 그 향시에 합격했고, 구승경은 임희재의 처형이며, 정승충은 정숭조의 아들인데 학술이 없음에도 향시의 합격자 명단에 끼었다는 것이다. 그러므로 임희재 등을 다시 시험하고 아울러 관련된 이들을 국문해야 한다고 사헌부에서 주장했다. 이에 성종은 시험을 다시 치르되 처벌은 하지 말라고 지시했다. 그리고 이렇게 일이 커지자 임사홍은 상소를 올려, 서울에 살면서 향시에 응시한 사람이 30여 명이나 되는데 왜 자기 아들만 걸고넘어지느냐면서 최연이 충청 향시의 시험관이라는 사실을 알지 못했다고 항변했다.

## 수상한 장원급제

조선왕조는 국가의 기강이 과거에 달렸다고 생각해, 과거에 부정이 있으면 응시자 개인에게는 정거停擧나 발방拔榜 등과 같은 벌을 주고 응시자 일동에게도 연대책임을 지워 파방罷榜이라는 중벌을 내렸다. 정거는 일정 기간 과거를 보지 못하게 한 벌이고 발방은 해당 응시자의 급제를 취소하는 것이었다. 파방은 합격자 발표 후 부정이 발각되면 합격자 전부의 합격을 취소한 것인데, 선의의 피해를 줄 때가 많았다. 그래서 선조 39년(1606)에 "죄가 응시자에게 있으면 응시자를, 시험관에게 있으면 시험관을 벌하되 결코 파방하지 말라"라는 원칙을 세웠으나 제대로 이행되지 않아 그 뒤에도 파방하는 일이 많았다.

명종 때의 이정빈李廷賓은 파방으로 급제가 취소되었다가 다시 과거를 봐서 장원급제를 한 인물이다. 그는 명종 16년(1561) 문과에 급제했는데, 과거가 공정하게 치러지지 않았으니 파방해야 한다고 대간이 오랫동안 간했다. 임금은 이를 윤허하지 않았지만 지진과 천둥의 재해가 일어나자 결국 파방을 명해 이정빈의 급제가 취소되었다.

그러나 2년 후인 명종 18년 3월에 임금이 성균관 문묘를 참배한 후 유생들을 대상으로 실시한 알성시에서 이정빈은 다시 장원을 차지했다. 당시 임금이 친히 내린 대책 문제는 "의정부 영의정 아무개 등이 영남과 호남의 관찰사를 미리 교체하고 변방의 사정을 잘 아는 사람을 골라 보내 그 지방을 방비하고 살피게 하도록 청하는 글을 지으라"였다. 그런데 이정빈이 부정행위로 장원을 했다는 논란이 또다시 불거졌다. 당시의 사실을 전한 사관에 따르면, 이정빈이 알성시에서 장원으로 합격한 것은 사실 그의 아버지 이양李樑이 시험 문제를 먼저 알아내 미리 글을 지어놓았기 때문이라는 것이다. 이양은 명종 때의 권신으로 명종의 비인 인순왕후의 외삼촌이다. 윤원형의 독주를 견제하려는 명종의 뜻에 따라 승진을 거듭해 이조, 예조 판서 등을 역임했으나 왕의 총애를 믿고 전횡을 일삼다가 유배되어 죽음을 맞았다.

당초 알성시 실시가 결정되자 내시 정번丁蕃이 밤을 틈타 이양의 집에 가서 사람을 물리치고 은밀한 말을 전했다. 그 후 사나흘 동안 이양은 손님을 물리치고 외출하지 않았으며 시험 보는 날에는 병을 핑계로 시험관을 뽑는 일에도 참여하지 않았다.

알성시를 치르는 날 이정빈은 글씨를 잘 쓰는 사람을 거느리고 시험장으로 가서 답안을 쓰게 해 먼저 바쳤으며, 이양의 종들이 옆에서 합격 발표를 기다리다가 이정빈이 장원이라는 말을 듣고는 서로 웃으면서 "우리 주인이 당연히 장원을 하리라 했더니 과연 그렇게 되었다"라고 했다. 또한 그 뒤에 이양이 친구에게 "알성시 때 우리 아이가 내가 지은 표문 중에서 장구 서너 구절을 훔쳐서 썼다"라고 했다. 게다가 사람들이 이정빈의 답안을 보고서 모두 "어세가 익숙하고 흠이 없으니 창졸간에 지은 것이 아니다"라고 했다는 것이다.

사관은 이어서 어찌 임금이 이양에게 문제를 누설하기야 했겠는가라고 하면서도, 이것은 임금이 미리 문제를 출제했는데 정번이 가까이서 모시다가 몰래 엿보고는 이양에게 통지한 것이라고 했다. 임금이 항상 정번을 깊이 사랑해 은총과 대우가 보통이 넘어 노래를 부르게 하기도 하고 짝을 지어 활쏘기도 하면서 때때로 그를 자字인 '창지昌之'로 부르기도 했다는 것이다. 정번이 임금 앞을 떠나지 않고 지나치게 친밀하게 지냈으니 몰래 엿보아 누설해 내통하기란 어렵지 않은 일이라고 했다. 사관은 또한 군주는 비록 한가히 거처할 때라도 그 말과 행동을 삼가고 은밀히 하여 간악한 무리가 몰래 엿볼 수 없게 해야 하는데, 시험 문제를 이양에게 누설하게 해 과거를 공정하지 못하게 함으로써 조정과 민간의 조롱을 초래했다고 임금을 비판했다.

사관에 따르면 이정빈은 문리를 해득하지 못하고 동서도 분별하지 못하는 일개 어리석은 사람인데, 하루 전에 사람들이 "내일 알성시에는 정빈이 반드시 장원할 것이다" 했다. 심지어 그가 아는 유생에게 출제될 내용을 알려주며 권하기를 "내일 이 문제가 나올 것인데 미리 지어놓지 않겠는가?" 했는데 문제를 알게 된 연유를 물으니 자신의 집에서 나왔다고 했다. 그런데 정말로 그 문제가 나왔고 이정빈이 장원을 차지했으니 상대방이 괴이하게 여겼으며 그 답안은 이양이 지은 것이라 여겼다고 한다.

이렇듯 이정빈의 아버지 이양이 시험 문제를 미리 알아내 여러 날 동안 원고를 만들어 아들에게 주었다는 말이 떠돌자, 마음이 불편해진 이양은 사람들에게 "내가 일찍이 변방의 일을 표문으로 지었는데 이번 제목이 우연히 그것과 같았기 때문에 내 자식이 표절해 써서 급제했으니 또한 천명이다"라고도 했다. 그리고 당시 고시관이던 이준경李浚慶이 사람들에게 스치는 말로 "이정빈의 답안은 보통 사람이 지은 것이 아닌 것 같더라"라고 했다. 이양이 그 말을 듣고 노해서 비방하자 이준경은 벌벌 떨며 위축되어 화를 당할까 두려워했다. 급제자를 발표한 후 사은례를 행할 때는 이정빈의 이름을 부르자 이양에게 아부하는 무리와 두려워하는 사람들이 파도가 밀리듯 모두 사례하는 대열로 달려갔으며, 임금을 호위하던 승지까지도 황급히 층계로 내려가 엎드려 절하느라고 법석을 떨었다고 한다.

이러한 부정 시비 속에서도 이정빈은 급제한 후 몇 달 지나지 않아 천거를 받아 병조 좌랑이 되었고, 이어서 사간원 정언과 이조 좌랑 등을 지냈다. 그러나 뒤에 아버지가 삭탈관직되자 그도 함께 관직에서 쫓겨나고 말았다.

## 과거제도를 개혁하라

국초부터 생원시와 진사시의 소과 장

원은 선비들을 격려하기 위해 반드시 명망이 있는 선비를 뽑았다. 그러기 위해 방방(급제자 발표)하기 전에 등수를 매길 때 고시관이 풀로 봉한 부분을 살짝 뜯어 응시자의 이름을 가만히 엿보고는 명망 있는 선비를 발탁해 장원으로 삼는 것이 오랜 관례였다. 사림으로서 명망을 쌓는 것은 반드시 생원시와 진사시의 장원에서 비롯된다고 여겼기 때문이다.

그러나 당쟁이 시작되면서 세속의 풍습이 옛날 같지 않아서, 방방할 무렵에 서로 뒤얽혀 싸워 세력이 강한 자가 이기게 되므로 세력가의 자제가 아니면 사림 사이에 아무리 명망이 높아도 합격할 수가 없었다. 합격 발표 전에 고시관이 봉함(봉미)을 뒤적거려 그 이름을 가만히 엿보고는 세력가의 자제는 아무리 등급이 낮아도 장원으로 올렸기 때문이다.

그런데 영조는 이렇게 세력가나 문벌의 자제가 합격하고 장원을 차지하는 폐습을 제거하고자 했다. 그래서 영조 23년(1747) 2월에 치러진 소과에서 영조는 시험관들이 뽑은 장원을 물리치고 직접 장원을 뽑았다. 이때 시험관들은 이재관李在寬을 진사시 장원으로, 이담李潭을 생원시 장원으로 삼았다. 이재관은 판서를 지낸 이조李肇의 손자고 이담은 대사간과 이조판서 등을 역임한 이기진李箕鎭의 조카였다. 이에 임금은 시험관들을 불러 답안지를 가지고 들어오게 한 뒤, 생원시의 3등이던 개성 사람 허증許增을 친히 장원으로 뽑았다.

이어서 하교하기를 "생원 세 사람과 진사 여섯 사람은 반드시 시골 사람인 중인과 서얼로 채우게 했는데, 이렇게 한 것은 서울 사람들이 그들을 천하게 여기고 미워하기 때문이다. 조금 전에 도승지의 말을 들으니 방방할 때 풀로 봉한 것을 엿보아 그 지체와 명망을 가려 뽑고서 고례古例라고 일컫는다 하니, 이는 매우 놀랄 만하다. 또한 방방하기 전에 봉한 것을 엿보고서 장원의 차례를 매기는 것은 매우 올바르지 못하다. 내가 바로잡고자 하는 것은 틀린 것이 없다. 이제부터 소과도 한결같이 문과처럼 봉한 부분을 뜯기 전에 찾아서 엿보는 자는 과거 시험장에 관한 율로 다스리게 하라. 그리고 이것이 비록 이번의 시험관들이 처음 시작한 것은 아니지만 국가의 체모를 위해 경계하지 않을 수 없다. 여러 시험관을 아울러 파직하라"라고 엄명했다.

그러나 이러한 파격적인 조치는 기득권층이라 할 수 있는 신료들의 강력한 반발에 부딪쳤다. 며칠 후 임금이 대신들을 불러다놓고 "그저께의 처분을 경들은 어떻게 여기는가?"라고 묻자 영돈령부사 조현명趙顯命이 "성상께서 의도하신 바는 오로지 삼무사三無私를 받들겠다는 뜻에서 나왔습니다마는, 우리나라의 규모로는 끝내 공경公卿의 자식을 서인庶人으로 만들 수 없고 서인의 자식을 공경으로 만들 수 없습니다. 전하께서 이 규모를 변경해 제거하지 않은 채 단지 생원시와 진사시의 장원에 대해서만 전해 내려오는 옛 규례를 변경한다면 이는 곧 시마복緦麻服과 소공복小功服을 살피는 격입니다. 생원시와 진사시의 장원에 대해 기필코 지망地望을 가리는 것은 조종조에서 성균관을 소중히 여기는 뜻이 있습니다. 지금 하루아침에 이를 혁파해 없앤다면 아마도 삼무사를 받드는 도리가 아닌 듯싶습니다"라면서 영조의 조치에 명백한 반대 의견을 나타냈다.

여기에서 삼무사란 공자가 제자인 자하子夏의 질문에 대답한 사사로움이 없고 공평무사한 것 세 가지를 가리킨다. 즉 하늘은 사사로이 덮어주는 것이 없고, 땅은 사사로이 실어주는 것이 없고, 해와 달은 사사로이 비춰주는 것이 없다는 것이다. 그리고 시마복과 소공복을 살피는 격이라는 것은, 《맹자》 '진심장盡心章' 편에 "삼년상은 잘못하면서 시마복(3개월 동안 입는 상복)과 소공복(5개월 동안 입는 상복)을 살핀다"라는 데서 인용한 것으로 중대한 부분은 소홀히 하고 경미한 부분은 극진히 한다는 뜻으로 급선무를 모르는 행동을 지적한 말이다.

조현명에 이어 다른 대신들도 모두 같은 의견을 내놓았다. 그러자 영조는 "평소 내가 의지하고 위임한 이는 대신들이었는데, 이와 같다. 내가 장차 누구를 믿어야 하겠는가?"라고 탄식했다.

임금의 강력한 지시에도 신료들의 반발은 그 뒤에도 계속되었다. 영조 26년(1750) 2월에 소과를 실시하고 그 합격자를 발표했는데, 시험관이던 신회申晦가 아뢰기를 "지금의 제도가 탕연蕩然(텅 비고 헛됨)하니 변통하는 도리가 있어야 하겠습니다"라며 시험에 불만을 표했다. 그러자 임금은 노해서 말하기를 "탕연하다는 말은 방자하고 무엄하다. 이런 무리가 있기 때문에 공도公道가 탕연해진다"라면서 그를 파직했다. 이어서 하교하기를 "모든 과거는 글로써 사람을 가리는 것인데 봉함을 엿보고 차등을 매긴다면 이는 사람을 위해 글을 가리는 것이 되니, 이것이 공정한 일인가 사사로운 일인가? 앞으로는 이 법을 어기는 시험관은 과거 시험장에서 사사로운 정을 행한 죄로 다스리겠다"라면서 봉미를 엿보지 못하게 한 새로운 제도의 시행 의지를 다시 한 번 강조했다.

며칠 후 임금이 참석한 가운데 인정전에서 방방의가 베풀어졌는데, 새로 합격한 사람들이 장원을 무시하는 뜻으로 행사 자리에 즉시 들어오지 않았다. 그러자 격노한 임금은 "이는 필시 장원에 불만을 품은 때문일 것이다. 그 버릇이 해괴하니 불참한 사람은 빼내어 뽑아버려라"라고 했다. 이어서 또 말하기를 "시험관 신회가 '탕연' 두 글자로 앞에서 부르짖어 이 지경에 이르렀으니, 먼저 처분을 해야만 나라의 기강이 설 수 있겠다"라면서 신회를 함경도 종성으로 귀양 보냈다. 그리고 새로운 생원 진사들을 비호했다는 이유로 도승지 이정보李鼎輔를 내쫓아 인천 부사로 삼으라고 명했다.

이러한 명령이 내려지자 신료들이 또 들고일어났다. 대사간 조명채曹命采는 상소를 올려 신회를 귀양 보내고 이정보를 외방으로 내쫓은 잘못을 따졌고, 홍문관의 관원 김양택金陽澤과 조중회趙重晦도 두 사람에 대한 처분이 부당하다고 아뢰었다. 그러자 임금은 "이정보도 반드시 장원에 불만을 품은 마음이 있으니, 신회와 더불어 똑같다"라고 했다. 그리고 하교하기를 "이번 처분은 일시적인 것이 아니다. 신회를 엄히 처분하지 않으면 밀봉을 엿보는 습관이 되살아날 것이다. 자신이 사간원의 장관이 되어 바로잡아 고치려고 하지는 않고 감히 변명하여 비호하고 나서니, 대사간 조명채를 교체하라. 홍문관 관원이 아뢴 바도 변명하여 비호함에 가까운데 이와 같다면 임금이 어떻게 명령 한마디인들 내리겠는가? 그들의 죄과를 엄중히 밝혀라"라는 엄명을 내렸다.

이처럼 영조는 문벌이나 권력가의 자제가 소과의 장원으로 선발되는 오랜 관행을 바로잡아 실력은 있으나 배경이 없는 지방의 선비나 신분이 낮은 자들을 장원으로 뽑는 새 제도를 강력하게 밀어붙였지만, 세력가 자제들을 뽑는 기존 관행을 고수하려는 기득권층의 집요한 저항에 부딪쳐 많은 어려움을 겪어야 했다. 어떤 개혁이든 개혁을 추진하는 과정에는 그것을 좌절시키려는 걸림돌이 있게 마련인데, 영조 때도 예외 없이 이런 상황이 연출된 것이다.

과거의 폐단을 시정하려는 노력은 영조 이후에도 꾸준히 계속되었다. 국왕과 조정의 신하들만이 아니라 일반 선비들도 한결같이 과거제도 개혁을 소리 높여 외쳤다. 특히 조선 후기의 각종 폐해를 고치고자 노심초사한 실학자들은 저마다 적극적으로 과거 개혁 방안을 내놓았다.

과거 8폐를 지적한 순조 때의 중신 이형하도 역시 과폐의 시정책을 제시한 바 있다. 과거의 폐단을 바로잡기 위해 이형하는 다음과 같은 3단계의 면전面前 시험을 제안했다. 면전 시험은 오늘날의 면접시험과 유사한 것으로 응시자들을 불러서 실력을 직접 시험하는 것이다. 이것은 실력도 없는 자들이 각종 부정행위로 합격하는 것을 원천 봉쇄하기 위한 실질적인 방안이었다.

> 1단계로, 서울에서는 성균관과 사학四學의 교수가, 지방에서는 지방관이나 겸관兼官이 문제를 출제해 면전 시험에서 합격한 자에게 증명서를 만들어 준다. 합격자 명단을 책자로 만들어 시험장에 보내서 입장할 때의 검사와 방방한 뒤의 검토 자료로 삼는다.

2단계로, 복시 시험장에 모였을 때 별도로 시험관을 정해서 다시 출제해 면전 시험을 치른다. 이때 문필이 없는 자가 끼어 있다면 그 유생은 처벌하고 당초에 면전 시험을 시행한 시험관은 엄중히 처분한다.

3단계로, 복시 합격자를 발표한 다음에 임금이 직접 면전 시험을 하거나 관원을 임명해 거행한다. 그때 또 문필이 없으면서 거짓으로 참여한 자가 있으면 시험관과 유생을 그에 해당하는 죄로 다스린다.

《순조실록》 권21, 18년 5월 병인

이형하는 이와 같이 초시, 복시, 전시에서 각각 면전 시험을 실시하는 방안을 제시했다. 그는 이러한 면전 시험을 시행한다면 고질적인 폐단이 제거될 것이라고 주장했다. 면전 시험은 이형하가 처음 제안한 것은 아니고 그 전에도 대신들이 건의한 바 있었고, 영조 때는 잠시 실시하다가 곧 폐지된 적도 있었다.

이 같은 건의가 올라오자 임금은 중신들에게 이를 논의하게 했는데, 우의정 남공철南公轍은 선비들을 대접하는 것이 아니라면서 면전 시험을 반대하고 다음과 같은 방안을 제시했다.

먼저 시험장 내의 소란과 혼잡을 방지하려면 응시자들이 많은 수종을 데리고 들어오는 것을 막아야 하는데, 이를 위해서는 대조와 확인의 규칙을 거듭 엄격히 시행해야 한다. 또한 별도로 시험관을 뽑아서 과거 시험 날짜에 앞서 경서를 외우게 하되 구두만을 요구하지 말고 전적으로 문의

文義에 주안점을 두어 글을 잘하는지 구별한다. 여기에 통과한 자에게는 증명서를 주고, 응시자가 시험장에 들어갈 때는 증명서가 없는 자와 가짜 증명서를 가진 자는 특별히 엄금하고, 답안지를 제출하러 시험장을 나갈 때도 역시 낱낱이 검열한다.

《순조실록》 권21, 18년 5월 병인

이와 같이 남공철은 과거 시험이 치러지기 전에 먼저 응시자들에게 경서를 외우게 해서 통과한 자들만 과거에 응시하게 해야 한다는 방안을 제시했다. 그는 전면적인 면전 시험 시행에는 반대하면서도 면전 시험의 일부 요소를 도입한 일종의 강경講經 시험을 제시한 것이다. 결국 순조는 이 방안을 채택해 실시하게 했다.

이에 따라 비변사에서는 과장구폐절목科場救弊節目을 새로이 제정하고, 이에 따라 다음과 같은 식년시 규정을 만들었다.

1. 서울에서 응시자들의 명단을 작성해 책으로 만들어 한성부에 보내면 한성부에서 수합해 4관소四館所에 보내되 반드시 6월 그믐 전까지 도착하게 한다. 그리고 경서를 외울 때 통과하지 못한 자가 많으면 《경국대전》의 '응시자 명부에서 의심스러운 자가 발견되면 당부當部의 관원을 파면한다'라는 조문에 의거해 죄를 논해야 한다.

1. 지방의 유생은 각각 그 지방관이 응시자 명부를 작성해 감영監營(관찰사가 직무를 맡아보던 관아)에 보내고, 감사가 명부에 문제가 없는지 검토

한다. 그다음 그 명부에 따라 본읍에서 응시자들에게 경서를 외우게 하고 증명서를 발급한 후, 책자를 만들어 감영에 보고하고 감영이 이를 받아 시험장으로 올려 보내게 한다.

1. 경서를 외우게 할 때는 구두만을 요구하지 말고 전적으로 문의를 위주로 한다.

《순조실록》 권21,18년 5월 병인

이 밖에도 시험 절차 등에 관한 개혁안이 마련되었다. 이러한 구폐절목은 당시의 여론을 반영해 만들어진 것으로서 나름으로 과거제도의 폐단을 없애기 위한 의지가 담겨 있었지만, 과거의 부정과 폐해를 완전히 근절하기에는 역부족이었다.

과거를 개혁하기 위한 국왕과 신료들의 노력 외에 실학자 유형원은 과거제를 완전히 철폐하고 천거제를 실시하자는 방안을 제시했고, 이익은 과거제와 천거제를 절충한 이른바 과천합일론科薦合一論을 내놓은 바 있었다. 그럼에도 과거제는 조선 말기까지도 집권층의 의도에 따라 수많은 병폐를 안은 채 그대로 이어져나갔다. 이러한 과거제도의 완전한 폐지는 갑오개혁 때 새로운 고시 제도가 도입되고서야 비로소 이루어졌다.

전체적으로 볼 때 조선의 과거제도는 허다한 부정행위로 유생들의 기풍이 타락하고 당쟁을 격화시키는 등의 부정적 영향도 있었지만, 선비들의 교육열을 자극하고 문치주의 사회 발전에 이바지한 긍정적인 의의도 간과할 수는 없을 것이다.

공직자의 귀감이 되다

평생을 따라다닌 비난

끊겨버린 탄탄대로

잔인한 운명

# 2부

# 장원들의 삶, 그 빛과 그림자

# 공직자의 귀감이 되다

## 세상과 타협하지 않은 강골 _ 하숙산

세조 7년(1461)에 실시된 별시 문과에 장원급제한 하숙산河叔山은 불의를 보면 위아래를 가리지 않고 참지 못하는 강직한 성품이었다. 이러한 성격은 임금 앞에서도 그대로 드러났다. 성종 3년(1472) 사간원 정언으로 있을 때 임금이 경연經筵(임금의 공부)을 하지 않고 사냥을 하러 대궐 밖으로 나가자 그는 이것을 참지 못하고 직언을 했다. 즉 "전날에 교외로 행차하기 위해 경연을 정지하셨는데, 신의 생각에는 경연을 행하신 뒤에 행차하셔도 늦지 않았습니다. 또한 그날 경기 관찰사 이철견李鐵堅이 매를 올렸는데 신의 생각에는 백성의 폐단을 알리는 것이 관찰사의 직분인데도 매를 올리는 것은 옳지 못합니다. 그 매를 내응방(매의 사육과 사냥을 맡아보던 관아)에 속하게 명하셨다 하니, 신은 아첨하는 자가 이로부터 나올까 두렵습니다. 옛사람이 이르기를 '물건을 구경하면 마음을 버린다' 했으니 원컨대 유의하십시오"라고 했다. 임금이 공부를 하지 않고 사냥을 하러 간 것과 관찰사가 바친 매를 받은 것이 잘못이라는 지적이었다. 이러한 말을 들은 성종은 "네 말이 옳다. 경연을 정지한 것은 내 잘못이다. 매는 내가 구경하는 것이 아니고, 대비를 위해 잡은 것이다"라면서 자신의 과오를 인정해야 했다. 어쨌든 이 일로 임금의 속이 부글부글 끓었을 것임은 물론이다.

그런데 하숙산은 얼마 지나지 않아 또다시 임금의 심기를 건드렸다. 이조 좌랑 남계당南季堂을 임기가 차지도 않았는데 부교리에 임명한 것이 잘못이라고 하면서 인사의 문제점을 비판한 것이다. 이에 임금은 "이조에서 사람의 재주를 헤아려 천거했고 내가 우연히 낙점한 것인데, 무슨 사사로운 이유가 있었겠느냐?" 하면서 불쾌감을 드러냈다. 그러나 하숙산은 여기서 포기하지 않고 다시 "남계당에게 이 직위를 제수한다면 반드시 1년도 못 되어 뛰어올라 관직의 외람됨이 여기서 시작될 것입니다"라면서 강하게 나왔다. 그는 이어서 이조판서 노사신盧思愼의 아들 노공필盧公弼이 부응교로 승진한 것도 비판했다. 그러나 임금은 이번에도 그의 말을 들어주지 않았다. 그러자 그는 "신이 말한 것은 모두 채택되지 않아 직책을 다하지 못했으니 부끄럽습니다"라면서 관직을 내던져버렸다. 하지만 임금은 그의 사직을 반려하고 지방의 수령직을 제수했다.

임금에게 직언을 서슴지 않은 강한 기개를 지닌 그는 권세 있는 자에게도 결코 아첨하지 않았다. 그가 낙안 군수로 재직할 때 전라도 감사 이극균李克均이 순시하면서 순천부에 도착했는데, 하숙산도 공무로 순천에 이르렀다. 마침 낙안군에서 공물인 호피를 감영에 바칠 때였는데 군의 아전이 말하기를 영리營吏(감영의 아전)에게 선물을 주지 않으면 호피를 바칠 수 없다고 했다. 그러나 하숙산은 이에 응하지 않았고, 낙안군 아전은 결국 호피를 바치지 못하다가 남에게 면포 5필을 꾸어 영리에게 주고서야 바칠 수 있었다. 이에 하숙산은 노해서 영리를 꾸짖기를 "한낱 호피도 재화가 없으면 바칠 수 없고 재화가 있으면 바칠 수 있으니, 공물을 장만하기만도 벅찬 우리 군은 네가 또 한없이 재화를 요구하면 어떻게 감당하겠느냐?"라면서 군졸을 시켜 영리를 결박하고 매질을 무수히 가했다.

전라도 도사都事가 이 소식을 듣고 감사 이극균에게 고하기를 "영리는 참으로 죄가 있습니다마는, 수령이 함부로 감사의 아전을 고문한 것은 사리에 어긋나니 심문하십시오"라 했다. 그러나 이극균은 "이 사람은 본래 성품이 아주 굳세고 사나우니 용납해야 하며, 아랫사람을 단속하지 못한 것은 우리 잘못이다" 하고는 사람을 시켜 사과하자 하숙산이 매질을 그만두었다고 한다.

이렇게 강직한 하숙산은 벼슬도 하찮게 여겼는데, 성균관 전적으로 있을 때 관직을 버리고 고향으로 내려간 적이 있다. 그러자 대사간 손비장孫比長이 아뢰기를 "옛사람은 관작과 봉록을 사양할 수 있는 것을 시펴런 칼날을 밟고 갈 만큼 용기 있는 일이라고 말했으니, 결연히 사직하는 일은 역시 아무나 할 수 있는 일이 아닙니다. 하숙산은 문과에 장원했고 낙안 군수로 있을 때 고을 사람들이 사모해 마지않았습니다. 이 사람을 특별히 등용하여 벼슬을 내놓고 물러나 있는 사람들을 권장해야 합니다"라고 했다.

그러나 그의 재임용이 쉽게 이루어지지 않자 손비장은 다시 "하숙산은 일찍이 수령이 되어 청렴결백하기에 힘썼고 성품이 강직해 세상에 구차하게 영합하지 않으니, 그 태도와 행실이 취할 만합니다"라며 그의 임용을 강력하게 건의했다. 그럼에도 임금과 이조판서의 소극적인 태도로 하숙산은 1년이 지나도록 임용되지 못하다가 성종 9년(1478)에 병으로 사망하고 말았다. 장원이었으면서도 지나칠 만큼 강직해 세상과 타협하지 않은 그는 결국 사람들의 미움을 받아 뜻을 제대로 펴보지도 못하고 스러져야 했다.

하숙산만큼 강직한 인물로는 선조 9년(1576) 식년 문과에 장원을 한 윤기尹祁가 있다. 그는 승문원 판교를 지낸 아버지 윤강원尹剛元이 을사사화 때 전라도 강진에 유배되자 함께 따라가서 20여 년 동안 모시고 시중을 들었다. 아버지가 유배에서 풀려나자 윤기는 선조 1년(1568) 소과에 합격해 진사가 되었다. 그 후 성균관 유생으로서 을사사화 때 책록된 공신호功臣號의 훈작을 삭탈할 것을 상소하여 직언으로 명성을 떨쳤다. 을사사화는 명종 즉위 직후 외척인 윤원형 일파가 윤임 및 사림파에게 타격을 가한 정치 보복이었다. 을사사화로 정적을 제거하고 정권을 잡은 윤원형 등은 명종의 보위를 굳혔다는 명분으로 28명을 위사공신衛社功臣에 봉하게 했다.

윤기는 문과에 장원으로 급제한 후 공조 좌랑, 사헌부 감찰을 거쳐 여러 고을의 수령으로 나갔다. 수령으로 부임하는 곳마다 선정을 베풀었는데, 칠원 현감으로 있을 때는 임금에게서 옷감을 하사받기도 했다. 임진왜란이 끝난 뒤 그는 첨지중추부사로 승진했는데, 당시 임금의 총애를 받던 신하들이 선조의 계비인 인목왕후에게 존호尊號를 올릴 것을 주장하면서 이 일에 반대하는 자는 처벌한다고 위협을 가하기까지 했다. 다른 관리들은 모두 위협에 굴복했지만 윤기는 "신하가 임금을 섬기면서 어찌 의심받거나 아첨하는 행동을 할 수 있겠는가"라면서 홀로 따르지 않았다고 한다.

## 목숨을 걸고 일본으로 떠난 사신
## _ 신숙주

세조의 공신으로 영의정을 지낸 신숙주申叔舟는 세종 20년(1438)에 실시된 진사시에서 초시와 복시에 연이어 장원을 했고 생원시에도 합격했으며, 이듬해에 친시 문과에 을과 3등으로 급제했다.

그는 오랫동안 예조를 관장해 사대교린事大交隣을 자신의 소임으로 삼아 외교정책을 집행했고 중국어, 일본어, 몽골어, 여진어에도 능통한 외교의 일인자였다. 중국뿐 아니라 일본에 대해서도 해박한 지식이 있었는데, 일찍이 사신으로 일본을 다녀온 적이 있었기 때문이다.

세종 25년(1443)에 일본에 사신을 보낼 때 신숙주는 정사(사신의 우두머리) 변효문卞孝文과 함께 서장관書狀官(기록을 맡아보던 사신)으로서 일본에 가게 되었다. 당시 처음에는 남수문南秀文을 서장관으로 삼으려 했지만 남수문은 중시에 장원을 해서 명망이 높았기 때문에 조정의 중신들이 극진히 아껴 박팽년朴彭年으로 대신하게 했다. 그러나 박팽년도 계책을 써서 가지 않게 됨으로써 마침내 신숙주가 가게 된 것이다. 그런데 뒤에 남수문은 일찍 죽고 박팽년은 단종의 복위를 꾀하다 죽은 반면 신숙주는 크게 등용되어 많은 공훈을 남겼으니 아이러니한 일이다.

그 무렵 신숙주는 병을 앓다가 회복된 참이었다. 이에 세종이 그를 만나고는 "들으니 네가 병으로 쇠약하다는데 먼 길을 갈 수 있겠느냐?" 하고 묻자 신숙주는 "신의 병이 이미 나았는데 어찌 감히 사양하겠습니까?"라고 했다. 그가 일본으로 출발하려고 하자 친척과 친구 들은 사별하는 것이라 여겨 눈물을 흘리는 자까지 있었으나 그는 평온하여 조금도 난처한 기색이 없었다. 그리고 일본에 도착했을 때는 그 나라 사람들이 붓과 종이를 가지고 몰려와서 시를 써달라고 하자 붓을 잡고 즉석에서 시를 지어 주어 사람들이 모두 탄복했다고 한다.

일본에서 돌아올 때 대마도(쓰시마 섬)에 이르러서 섬의 도주島主와 세견선歲遣船(우리나라를 왕래할 수 있는 일본의 무역선)의 수를 약정하려고 할 때, 도주가 아랫사람들의 말에 휘둘려 선뜻 결정을 내리지 못했다. 그러자 신숙주가 도주에게 "배의 수가 정해지면 권한이 도주에게 돌아갈 것이요 아랫사람들에게 이익 되는 바가 없을 것이며, 수를 정하지 아니하면 사람들이 마음대로 행할 것인데 무엇 때문에 도주에게 의뢰하겠는가? 그 이롭고 해로움은 지혜로운 자를 기다리지 않더라도 뒷날에 알 수 있을 것이다"라고 했다. 이 말을 듣고 나서 도주가 드디어 약정을 했다고 한다. 그 결과 세견선을 매년 50척으로 제한하는 계해약조가 체결되었다.

임무를 마치고 귀국할 때는 태풍을 만나 배에 탄 사람들이 모두 얼굴빛이 변했으나 신숙주는 평온한 안색으로 말하기를 "내가 이미 일본국을 보았고, 또한 이 바람으로 말미암아 금릉金陵(중국 남경)에 정박하여 문물의 성함을 보는 것도 유쾌한 일이 아니겠는가?"라고 했다. 그리고 일찍이 왜적에게 사로잡혔다가 임신을 한 여자가 이때 같은 배로 오게 되어 함께 타고 있었는데, 사람들이 모두 아이 밴 여자는 항해할 때 꺼리는 법인데 태풍이 부는 것은 그 여자 탓이라면서 바다에 던지려고 했다. 그러자 신숙주가 말하기를, 남을 죽이고 자기 삶을 구하는 것은 차마 할 바가 아니라면서 말렸고 얼마 지나지 않아 바람이 잠잠해져 일행이 모두 무사했다고 한다.

그는 일본에 다녀온 뒤 일본의 산천, 관제, 풍속 등에 관한 지식을 모아 《해동제국기海東諸國紀》를 지어 성종에게 바치기도 했다.

이처럼 신숙주는 죽음을 무릅쓰고 일본에 가서 사신의 일원으로 많은 공을 세움으로써 당시에 사신의 모범이요 일본 전문가로 칭송되었다. 그가 죽은 뒤 성종 6년(1475)에 일본에 사신을 보낼 때 영사 홍윤성이 아뢰기를 "일본국의 일을 자세히 아는 자는 신숙주 한 사람뿐이었는데 이미 서거했습니다. 만일에라도 저쪽에 일이 있으면, 산천의 구부러지고 곧은 것이나 즐기고 좋아하는 습속을 누가 알겠습니까?"라면서 아쉬워했다. 영사 한명회도 "이제 사신을 일본에 보내고자 한다면 모름지기 고려의 정몽주鄭夢周나 세종 때의 신숙주 같은 자를 택해서 보내는 것이 옳을 것입니다"라고 했는데 이 말에서 그에 대한 평가를 엿볼 수 있다.

신숙주는 일본에 다녀온 뒤 계유정난에 참여해 정난공신의 칭호를 하사받았고, 세조가 즉위하자 다시 좌익공신이 되었다. 세조 8년(1462)에는 영의정에 올랐으며 예종이 즉위하자 세조가 유언으로 남긴 명령에 따라 원상院相이 되어 어린 임금을 보필했다. 이후 그는 남이의 난을 평정해 익대공신 칭호를 받고, 성종 초기에 좌리공신 칭호를 하사받고 또다시 영의정에 제수되었다.

또한 그는 일찍이 세종이 문종에게 말하기를 "신숙주는 나랏일을 부탁할 만한 자다"라 할 정도로 임금의 신임을 받았다. 그 후 세조 또한 "경은 나의 위징魏徵이다"라고 할 정도로 신임했으며, 큰일을 만날 때마다 반드시 신숙주에게 물어보았다고 한다. 위징은 당나라 태종의 충신으로 태종은 그의 거침없는 직언을 받아들여 이른바 '정관貞觀의 치治(정관은 태종 때의 연호)'라는 태평성대를 이룩했다. 이처럼 신숙주는 국왕의 깊은 신임을 받아 수상까지 역임하며 세조의 치세를 뒷받침한 외교 전문가였다.

신숙주와 마찬가지로 죽음을 무릅쓰고 의연하게 일본을 다녀온 장원이 또 있는데, 선조 21년(1588) 알성문과에 장원으로 뽑힌 황신黃愼이다. 그는 임진왜란 때 세자를 모시는 관리로 오랫동안 세자 광해군의 곁을 지켰다. 당시 명나라에서 사신을 보내 일본 왕을 책봉하면서 화친을 맺고

자 했는데, 명나라의 사신이 조선의 사신과 함께 일본에 가기를 요청했다. 이에 조정에서는 황신을 정사로 보내기로 했다. 당시에는 일본 군대가 우리나라 변경에 주둔해 있어서 정황이 날마다 변했으므로 사람들은 일본에 가면 틀림없이 죽을 것이라고 말했다. 그런데도 황신은 의연한 태도로 어려워하는 기색이 없었다. 그리고 일본에 가는 배 위에서 태풍을 만나 배에 탄 사람들이 모두 멀미로 쓰러졌는데, 황신은 다음과 같은 글을 지어 스스로 마음을 다져 신령에게 맹세했다고 한다.

늑대와 범이 우글거리는 속에서 두 해 동안이나 절개를 지키고 있었는데, 이제 사신으로 배를 타게 되었습니다. 이에 몸 바치기를 달갑게 여겨 머리를 조아려 스스로 맹세했습니다. 저 황신은 나라가 어지러운 때를 만나 나랏일에 몸 바쳐 분주하느라 아무리 험하고 어려운 일일지라도 모두 겪어보았습니다. 그러나 언행이 오랑캐 땅에서 행세할 정도로 독실하기야 하겠습니까. 변하지 않는 단심丹心이 있는 것에 힘입어 하늘에 물어도 한 점 부끄러움이 없으니, 4천 리 사신 길의 노고를 어찌 감히 추호라도 꺼리겠습니까. 30년 동안 쌓은 공부를 바로 오늘 시험해볼 때입니다.

참으로 힘쓰지 않아서는 안 될 임금의 일인 데다가 신하로서 당연한 직분이기에 바로 바람에 돛을 달고 멀리 일본 땅으로 갑니다. 참으로 사직을 편안히 하고 나라를 이롭게만 할 수 있다면 죽음 또한 사양하지 않겠지만, 임금의 명을 욕되게 하고 신의 지조를 잃는다면 산다고 한들 또한 무슨 보탬이 있겠습니까.

삼가 바라건대 신령께서는 이 정성을 굽어 살피소서. 행여 이 말이 거짓이 아니라면 하늘이 알아주시려니와, 이러한 생각이 혹시라도 게을러진다면 신은 저를 죽이소서.

《선조수정실록》 권30, 29년 8월 병신

실로 나라와 임금을 위해 목숨을 바쳐 사신의 임무를 충실하게 수행하겠다는 굳은 의지가 절절하게 밴 글이다. 이 글을 바다에 던지자 바람이 즉시 멎었다고 하며, 나중에 이 글이 세상에 알려지자 사람들이 서로 전해가며 외웠다고 한다.

일본에 도착한 후 그 나라 사람들이 갖가지 방법으로 능욕하고 핍박해 일행이 겁을 먹고 어찌할 줄을 몰랐지만 황신은 조금도 동요하지 않았다. 그러자 사람들이 그를 소무蘇武에 비유했다고 한다. 소무는 한나라의 정치인으로 흉노에게 사신으로 갔을 때 잡혀서 19년간 억류되었다가 귀국한 인물로 끝까지 절개를 지킨 것으로 유명하다.

일본에서 돌아온 뒤 황신은 전라 감사에 제수된 데 이어 광해군 초기 6년 동안 호조판서를 역임했으며, 임진왜란 때 광해군을 모신 공으로 위성공신衛聖功臣에 봉해졌다. 이렇게 죽음을 무릅쓰고 사신으로서 임무를 완수한 그였지만, 당쟁의 와중에 북인의 실력자 이이첨의 미움을 받아 옹진으로 유배되었다가 그곳에서 죽었다.

앞에서도 보았지만 조선시대에 신숙주와 함께 외교의 달인으로 널리 알려진 인물이 정몽주인데, 그도 고려 말기에 문과에 장원급제한 인물로, 공민왕 9년(1360)에 문과에 응시해 삼장三場(초장, 중장, 종장)에서 연이어 수석을 차지하여 마침내 장원으로 뽑혔다.

그는 공민왕 20년(1371)에 성균관 사성에 전임되었다가 이듬해 홍사범洪師範의 서장관으로 명나라의 수도 남경에 가서 촉蜀나라를 평정한 것을 축하하고 돌아왔다. 그때 바다 가운데서 태풍을 만나 배가 부서지는 바람에 바다를 떠다니다가 바위섬에 닿았다. 홍사범은 죽고 살아남은 사람은 열 명 중에서 겨우 두 명뿐이었다. 정몽주도 죽을 지경에 이르렀다가 살아났는데, 말 다리를 베어 먹으면서 13일 동안 버텼다. 이 소식이 명나라 태조에게 전해지자 선박을 보내 그를 데려다가 후하게 구호해준 다음에 귀국시켰다.

정몽주는 우왕 원년(1375)에 성균관 대사성으로 전임되었는데, 이보다 앞서 명나라가 처음 건국되었을 때 그가 임금을 설득해 다른 나라보다 먼저 국교를 맺었었다. 이때에 이르러 공민왕이 피살되고 김의金義가 명나라 사신을 죽인 일로 나라가 뒤숭숭해 감히 중국과 사신을 교환하지 못하게 되자 그는 "근래에 발생한 사고에 대해서는 빨리 명나라에 사신을 보내 진상을 명확히 해명하고 의심을 풀게 해야 함이 마땅한데 어찌 자신이 먼저 의심함으로써 백성들에게 화를 끼치게 하리오"라고 했다. 그러자 임금은 비로소 사신을 보내 공민왕이 피살된 것을 알리고 김의 사건도 해명하게 했다.

한편 당시 왜구가 자주 침략해 바닷가 여러 고을이 모두 텅 비다시피 했다. 나라에서 이것을 걱정해 일찍이 나흥유羅興儒를 일본 규슈의 패가대覇家臺(현재의 후쿠오카 현 하카다)에 보내 화친할 것을 협의하게 했는데, 일본인들이 나흥유를 투옥해 그가 거의 아사할 지경에 이르렀다가 겨우 살아 돌아온 일이 있었다. 우왕 3년에 이르러 정몽주가 패가대에 보빙사報聘使로 보내져 해적을 금지할 것을 교섭하게 됐는데, 그는 이 위험한 임무에 조금도 두려워하는 기색이 없었다. 일본에 간 그는 고금을 통해 이웃 나라 간의 국교의 이해관계에 대해 잘 설명했고, 일본인들은 탄복하며 매우 후하게 접대했다. 일본 승려 중에서 시를 청하는 자가 있으면 즉석에서 지어 주니 승려들이 모여들어 매일같이 가마를 메고 와서 명승지를 구경할 것을 청했다. 귀국할 때는 포로로 잡혀 있던 윤명尹明, 안우세安遇世 등 수백 명을 데려왔다. 또한 삼도三島에 대한 침략을 금지하게 하여 일본인들이 오랫동안 그를 칭찬하며 사모했다. 그 후 정몽주가 죽었다는 말을 듣고 애석하게 여기지 않는 자가 없었고 심지어는 재齋를 올려 그의 명복을 비는 자들까지 있었다.

그 밖에도 정몽주는 왜구들이 고려의 양민 자제들을 종으로 만든 것을 가련하게 여겨 그들을 석방시켜 귀국시키는 데 힘썼다. 그래서 여러 정승에게 강력하게 권고해 각각 사재私財 약간씩을 내게 한 다음 편지를 써서 윤명에게 주어 보냈는데, 왜구의 괴수가 그 편지 문장의 간곡함을 보고 감동해 포로 100여 명을 돌려보낸 일이 있다.

우왕 10년에 정몽주는 명나라로 가게 된다. 당시는 몇 년째 고려와 명나라 사이에 분쟁이 이어진 시기로, 명 태조는 화가 나서 장차 고려를 공격할 계획을 세우고 매년 보내는 공물을 늘리게 했다. 그뿐 아니라 5년간 공물을 약속대로 보내지 않았다고 해서 고려의 사신들을 볼기를 치고 먼 곳에 유배한 일까지 있었다.

이때 사신을 보내 명 태조의 생일을 축하하려 했는데 모두 가기를 꺼려 빠져나갔고, 결국 정몽주가 천거되었다. 우왕이 그를 불러 명나라로 갈 수 있겠는지 묻자 정몽주는 "임금의 명령이라면 물불도 피하지 않겠는데 하물며 명나라에 가는 일이겠습니까. 그러나 우리나라에서 명나라의 수도 남경까지는 대략 8천 리니 발해에 가서 바람을 기다리는 날짜를 제외하고도 90일이나 걸립니다. 그런데 명 태조의 생일까지는 겨우 60일밖에 남지 않았으니 10일 동안 바람을 기다린다면 남는 날이 50일밖에 되지 않아 걱정입니다"라고 했다.

그는 즉시 길을 나섰고, 새벽부터 밤까지 갑절씩 걸어 황제의 생일날에 도착해 축하문을 올렸다. 명나라 태조는 축하문에 적힌 날짜를 보고는 "그대의 나라 신하들이 서로 사고를 핑계대고 오기를 좋아하지 않다가 날짜가 임박해진 다음에야 그대를 보냈다. 그대는 지난번에 촉나라를 평정한 것을 축하하기 위해 온 사람이 아닌가?"라고 했다. 정몽주가 그때 태풍을 만나 배가 부서진 상황을 자세히 설명하자 명 태조는 특별히 위로하고 예부에 명령해 우대해서 보내게 했다.

우왕 12년(1386)에는 명나라 서울에 가서 명나라의 갓과 의복을 요청하고 해마다 보내는 공물을 줄여줄 것을 요청하는 임무를 맡았다. 이에 그는 명나라에 가서 명료하게 설명했고, 5년간 밀린 공물을 면제받고 감액 요청도 성사시켰다. 그가 돌아오자 우왕은 매우 기뻐하며 옷띠, 말, 안장 등을 주고 문하평리로 임명했다.

이처럼 정몽주는 신숙주와 쌍벽을 이룬 장원 출신의 외교 달인으로 일본에 가서 왜구의 침탈을 저지하고 명나라와도 교섭해 공물 부담을 더는 데 결정적인 역할을 하는 등 탁월한 업적을 남겼다.

## 백성을 극진히 사랑한 정승
## _ 김육

김육金堉은 기묘사화 때 희생당한 김식金湜의 후손으로, 장성하면서 학문에 해박해 선비들에게 존중을 받았다. 광해군 때는 세상에 나갈 뜻이 없어 산속에 묻혀 살면서 몸소 농사짓고 글을 읽으면서 일생을 마치려고 했다. 그가 이렇게 출세에 뜻을 두지 않은 것은 일찍이 문과 응시 자격을 박탈당했기 때문이었다.

그는 선조 38년(1605)에 소과에 합격해 성균관에 입학했는데, 광해군 1년(1609)에 동료 유생들과 함께 조광조 등 유학자 5명을 문묘에 배향할 것을 주장하는 상소를 올린 것이 화근이 되어 문과 응시 자격을 박탈당했다. 이에 성균관을 떠나 경기도 가평에 은거하면서 홀로 학문을 닦았다. 스스로 호를 잠곡潛谷이라 한 것은 이 때문이다. 그 후 인조반정이 일어나자 제일 먼저 유일遺逸(지방의 학덕 높은 재야 학자)로 천거되어 특별히 현감에 제수되었고, 이어서 인조 2년(1624) 증광 문과의 장원으로 뽑혔다. 뒤에 벼슬이 영의정에 이르렀다.

그는 사람됨이 강인하고 과단성이 있으며 품행이 단정했다. 나라를 위한 충정이 뛰어나 일을 당하면 할 말을 다 하고 피하지 않았다. 인조 14년(1636)에는 명나라 서울인 북경에 사신으로 갔다가 조선이 청나라의 침략을 받았다는 말을 듣고 밤낮으로 통곡하자 중국 사람들이 의롭게 여겼다고 한다.

그는 백성을 극진히 사랑해 그들을 잘 다스리고 잘 살게 하는 것을 임무로 삼았다. 이 때문에 백성을 위한 여러 가지 시책을 구상해서 실행했다. 충청도 관찰사로 있을 때 물을 퍼 올리는 수차水車를 만들어 보급했으며, 기근이 심할 때 굶주림에서 벗어나는 대책을 설명한《구황촬요救荒撮要》등의 서적을 편찬, 간행했다. 또한 화폐의 주조와 유통, 수레의 제조와 보급 및 시헌력時憲曆 시행 등을 위해 노력했다. 시헌력은 명나라 말기에 독일인 선교사 아담 샬이 만든 역법曆法으로 김육이 인조 22년(1644)에 북경에서 들여와 효종 4년(1653)부터 사용했다. 또한 그의 사상은 실학의 선구자인 유형원에게 큰 영향을 미쳤다. 이러한 업적으로 학자들은 그를 실학적 성향이 있는 인물로 평가한다.

이와 같은 시책 외에 김육이 가장 역점을 둔 정책은 대동법大同法의 확대 시행이었다. 대동법은 지방 특산물로 바치던 공물을 미곡(쌀) 등으로 내게 한 제도다. 당시 공물 제도는 생산되지도 않는 물건을 바치라고 하는 등 폐단이 극심했다. 그러자 조정에서는 이러한 폐단을 바로잡고

자 공물을 백성을 대신해 아전이나 상인 들이 내게 하고 나중에 그 대가를 백성들에게 받아내게 하는 방납防納을 실시했다. 그러나 이것도 폐단이 많아 대동법이 논의되기 시작했다. 오랫동안 논의한 결과 광해군 즉위년(1608)에 경기도에서 처음으로 대동법이 시행되고 이어서 인조 1년(1623)에 강원도에서도 시행되었다. 그 후 김육의 적극적인 노력으로 충청도와 전라도에서도 확대 시행되었다가 숙종 34년(1708)에 평안도와 함경도를 제외한 전국에서 실시되었다.

이처럼 대동법의 전국적인 시행에는 김육의 역할이 무엇보다도 크게 작용했다. 그는 이미 충청도 관찰사로 있을 때 그 지역에 대동법을 시행할 것을 건의한 바 있었다. 1649년 효종이 즉위한 후 우의정이 되자 대동법 확대를 위해 적극 노력했으며, 그다음 해에 영의정에 임명되자 더욱 힘을 기울여 드디어 충청도에서 시행하는 데 성공했다. 효종 5년에는 대동법의 실시를 한층 확대하고자 〈호남대동사목湖南大同事目〉을 구상해 이를 임금에게 바치면서 전라도에도 대동법을 실시할 것을 건의했다. 그러나 이 건의에 대한 찬반 논의가 진행되는 가운데 세상을 떠나 이 사업은 그의 유언에 따라 전라도 감사 서필원徐必遠에 의해 뒷날 성취되었다.

김육은 효종 9년에 79세로 죽기 직전에 호남 지방의 대동법 시행을 요청하는 다음과 같은 상소를 올렸는데, 이것이 그의 유언이 되고 말았다.

> 신의 병이 날로 더욱 깊어지기만 하니 실낱같은 목숨이 얼마나 버티다가 끊어질런지요? 아마도 다시는 전하의 얼굴을 뵙지 못할까 생각되므로

궁궐을 바라보며 비 오듯 눈물을 흘렸습니다. 호남의 일에 대해서는 신이 이미 서필원을 천거해 맡겼는데, 이는 신이 갑자기 죽게 되면 하루아침에 돕는 자가 없어 일이 중도에서 폐지되고 말까 염려되어서입니다. 그가 사은하고 떠날 때 전하께서는 힘쓰도록 격려해 보내시어 신이 뜻한 대로 마치게 하십시오. 신이 아뢰고 싶은 것은 이뿐만이 아닙니다만, 병이 위급하고 정신이 어지러워 대략 만분의 일만 들어 말씀드렸습니다. 황송함을 금하지 못하겠습니다.

《효종실록》 권20, 9년 9월 기해

이와 같은 간곡한 상소를 접한 효종은 "경의 상소를 살펴보니 매우 놀랍고 염려가 된다. 진술한 말은 모두가 지극한 의논이다. 깊이 생각하지 않을 수 있는가. 호남의 일은 이미 적임자를 얻어 맡겼으니 우려할 것이 있겠는가. 그리고 경은 늙었으나 근력이 아직 강건하며 병이 깊지만 신명神明이 도와줄 것이다. 어찌 쾌차의 기쁨이 없겠는가. 경은 안심하고 잘 조리하라"라면서 그의 상소를 수용해 호남에 대동법을 잘 시행하겠다고 다짐했다.

이처럼 충청도와 전라도의 대동법은 김육의 적극적인 건의와 노력 덕분에 시행될 수 있었다. 그가 죽자 임금은 "어떻게 하면 나랏일을 맡아 김육과 같이 확고하여 흔들리지 않는 사람을 얻을 수 있겠는가"라며 탄식했다고 한다.

김육의 첫째 아들 김좌명金佐明은 병조판서를 지냈고, 둘째 아들 김우

명金佑明은 현종의 장인이 되었다. 김좌명의 아들 김석주金錫胄도 할아버지에 이어 현종 3년(1662) 증광 문과에 장원으로 급제했다. 그는 숙종 때 우의정까지 올랐는데, 숙종 6년(1680)에 경신출척을 일으켜 남인을 제거해 많은 비난을 받기도 했다.

## 죄인에서 장원으로
## _ 나세찬

나세찬羅世纘은 귀양을 갔다 온 후 분발해서 마침내 장원으로 급제한 인물이다. 중종 23년(1528) 별시 문과에 급제한 그는 예문관 검열을 지내던 중 권신 김안로의 미움을 받아 경상도 고성으로 귀양을 갔다. 그러나 귀양에서 풀려난 뒤 탁영시擢英試에 다시 도전해 장원 급제함으로써 재기에 성공했다.

그가 김안로의 미움을 산 것은 중종 29년(1534) 10월에 열린 정시庭試에서 김안로를 비난하는 대책 답안을 써냈기 때문이다. 그 대책은 다음과 같이 권신으로 말미암아 조정 신하들이 분열되었다는 내용이었다.

> 조정은 길을 함께하는 자들끼리 붕당을 만들어 배척하기에 겨를이 없으니 어떻게 잘 다스려지기를 바랄 수 있겠는가. (…) 전하께서 만약 공평하지 못하고 바르지 못한 자의 마수에 떨어진다면 조정이 불화하는 데 그치는 정도가 아니다. (…) 공정한 도道는 싸락눈처럼 흩어지고 사사로운

도가 구름처럼 일어난다. (…) '주왕紂王은 억만의 신하를 두었으나 억만의 마음으로 갈라지고, 무왕武王은 3천의 신하를 두었으나 오직 하나의 마음이다' 라고 했는데, 지금 조정의 인심은 몇억만인지 모르겠다. (…) 한직閑職에서 원망을 품은 자들이 뒷날 분란의 불씨가 될 것이다.

《중종실록》 권78, 29년 10월 정사

중국 은나라의 마지막 임금 주왕은 주색을 일삼고 포학한 정치를 펼쳐 인심을 잃고 주나라 무왕에게 살해되었다. 반면 주 왕조를 세운 무왕은 현명하고 어진 임금이라는 평가를 받았다. 당시 시험관으로 있던 김안로는 이 대책을 보고 격노했고, 이에 시종과 대간이 김안로의 비위를 맞추느라 다투어 선동해 큰 옥사를 일으켰다. 결국 나세찬은 그해 11월에 사형 판결을 받았지만 임금이 특별히 형신刑訊(죄인의 정강이를 몽둥이로 때리던 형벌) 100대에 관직을 삭탈하고 귀양 보내는 것으로 경감해주었다.

나세찬은 40여 일간 옥에 갇혀 있었는데, 그동안 여섯 차례에 걸쳐 형신을 받았다. 옥에서 나오는 날 들것에 실려 나오면서 그는 길에서 문득 시 한 수를 읊었다.

40일 옥중 생활이요
삼천리 귀양길이로다

마침 글을 아는 같은 고향 사람이 도와주는 자가 없음을 가엾이 여겨

부축하면서 가다가 그 시를 듣고 사람들에게 전했는데, 듣는 사람들이 모두 "원망이 없는 군자"라고 했다.

귀양 가는 도중에 나세찬은 진주에 있는 친구 집에 들러 묵었다. 밤중에 마침 달이 창문을 환히 비추었는데 흔들거리는 그림자가 창에 비치기에 친구가 나가보니 나세찬이었다. "어찌하여 이렇게 하는가?"라고 친구가 물으니 "정강이를 맞았으므로 발은 움직이기가 어렵지만 손은 춤출 수 있기 때문에 시험해본 것뿐이다"라 했다. 이 말을 전해 들은 사람들은 기특히 여겨 "이 사람은 참으로 원망할 줄 모르는 사람이다. 슬퍼하고 서운하게 여기는 빛은 없고 화락하고 진솔한 기상이 있으니, 억지로 힘써서 할 수 있는 일은 아니다"라고 했다. 그래서 사람들은 그가 끝까지 곤궁하지 않을 것을 알았다고 한다.

그 뒤 김안로가 축출되자 귀양에서 풀려난 나세찬은 예문관 봉교에 복직되고, 중종 33년(1538) 9월에 조선왕조에서 처음이자 마지막으로 실시한 탁영시에 장원으로 급제해 그동안의 한을 풀었다. 장원급제 후 그는 이조참의, 대사간, 대사헌 등과 같은 요직을 두루 역임했다.

# 평생을 따라다닌 비난

## 당쟁의 원흉으로 지목되다

_ 김효원

한말 이후 일본 사람들은 당쟁이 조선 초기부터 시작되어 500년 동안 지속되었고, 이 때문에 나라가 망했다고 주장했다. 그리고 그 원인은 조선인의 모래알 같은 민족성 때문이라고 했다. 그러나 해방 이후 우리 학자들은 이러한 주장을 반박하고 당쟁을 붕당정치라 부르면서 대체로 긍정적인 해석을 내놓았다.

수백 년간 지속된 당쟁이 언제부터 시작되었는지는 많은 논란이 있어 왔지만, 대체로 선조 8년(1575) 사림士林이 동인과 서인으로 갈리면서 시작되었다는 것이 정설로 여겨진다. 나중에 동인이 남인과 북인으로 갈리고, 서인이 다시 노론과 소론으로 나뉘면서 이른바 사색당파를 형성해 치열한 당쟁을 전개하게 된다.

당쟁이 오랫동안 계속된 이유에 대해서도 여러 주장이 나와 있지만, 동서분당의 발단은 무엇보다 두 사람 사이의 감정 대립에서 비롯되었다. 그중 한 명은 명종 20년(1565) 알성문과에 장원급제한 김효원金孝元이고 다른 한 명은 심의겸沈義謙이다. 심의겸은 문과 장원 심충겸沈忠謙의 형이다.

두 사람의 갈등은 이조 전랑銓郎의 임명 문제가 발단이었다. 이조의 정랑(정5품)과 좌랑(정6품)을 일컫는 전랑은 낮은 관직임에도 당하관 이하의 문관 인사에 대한 실권을 장악했기 때문에 누구나 선망하는 직책이었다. 따라서 요직 중의 요직으로 인식되어 내로라하는 인재들이 그 자리에 들어가려 했고, 자연히 치열한 경쟁이 일어났다. 조정에서는 이러한 문제를 해소하고 전랑을 공정하게 임명하기 위해 현임 전랑이 후임 전랑을 천거하게 하는 법을 만들어 운용했다. 그러자 이번에는 서로 먼저 천거받으려고 싸우는 사태가 벌어졌다. 이 때문에 마침내 김효원과 심의겸 사이에 갈등과 불화가 생겨나고 급기야 당쟁으로 발전하게 되었다.

두 사람이 대립한 전말은 다음과 같다. 언젠가 심의겸이 의정부의 사인舍人으로 있을 때 공무차 당시의 영의정 윤원형의 집에 간 적이 있었는데, 윤원형의 첩 사위인 이조민李肇敏이 그를 서재로 안내했다. 서재로 들어간 심의겸이 한가운데 침구가 많이 있는 것을 보고 누가 자는 곳이냐고 물었더니 이조민은 그중 하나는 김효원의 침구라고 답했다. 김효원은 이때 아직 급제하지 못했으나 이미 문명文名이 있었는데, 이때 심의겸은 속으로 김효원이 권세가에게 아첨한다고 생각하며 마뜩지 않게 여겼다.

얼마 되지 않아 김효원이 장원으로 급제하자 심의겸은 공적인 자리에서 옆 사람에게 "이 사람은 윤 정승 집에서 훈도하던 사람이다"라고 했고, 그 말이 선비들 사이에 퍼졌다. 김효원은 이 때문에 몇 년간 세력을 잃고 곧장 청요직에 임명되지 못했는데, 사람들은 심의겸의 말이 빌미가 되었다고 여겼다.

그 후 둘 사이가 결정적으로 틀어진 계기는, 김효원이 이조 전랑으로 천거되자 권신 윤원형의 문객이었다며 이조참의였던 심의겸이 반대한 일이었다. 심의겸의 반대에도 김효원은 선조 7년(1574) 전임 전랑의 천거로 이조 전랑이 되었다. 그러자 후배 사류士類들이 흡족하게 여겨 칭찬했고, 명성과 위세가 갑자기 성대해져 친하게 좇는 자가 날로 많아졌다. 당시 김효원은 심의겸을 흠잡아 말하기를 "심沈은 성질이 거칠고 마음이 어리석어 중하게 쓸 수 없다"라고 했다.

그다음 해에 공교롭게도 심의겸의 동생 심충겸이 김효원의 후임으로 이조 전랑에 천거되려 하자, 김효원은 심충겸이 명종의 비인 인순왕후의 동생이고 전랑의 관직은 외척의 사유물이 되어서는 안 된다면서 다른 사람을 천거했다. 심충겸도 선조 5년 춘당대 문과에서 장원을 한 인물이다. 이때 김효원은 외척을 진출시키는 데 이처럼 급급하게 하는 것은 마땅치 않다고 주장했다.

이에 심의겸을 두둔하는 자들은 "충겸은 하자가 없어서 전랑에 합당치 못한 사람이 아닌데도 효원이 틈을 타서 원수를 갚는 것은 그르다"라고 했다. 반면 김효원을 두둔하는 자들은 "효원은 앞일을 징계하여 뒷일을 삼가는 것으로, 국가를 위하는 마음에서 나온 것이지 다른 뜻은 없다"라고 했다. 이처럼 두 사람은 이조 전랑 천거를 둘러싸고 사이가 크게 벌어졌는데, 한쪽은 권신의 문객이라며 비방하고 한쪽은 외척이라며 비방한 것이다.

이때부터 사림의 선배와 후배가 서로 화합하지 못해 당파를 이루는 조짐이 생겼고, 급기야 김효원을 지지하는 후배들 즉 신진 학자들은 동인이 되고 심의겸을 따르는 선배들인 기성 사림파는 서인으로 갈려 치열한 당쟁을 벌이게 되었다. 김효원의 집이 서울 동쪽 낙산 아래 있다 하여 그 일파를 동인이라 하고, 심의겸의 집이 서울 서쪽에 있었기 때문에 그 일파를 서인이라 했다.

그 후 당쟁의 골이 점점 깊어지고 당파의 괴수라는 비난을 받자 김효원은 그에 대한 책임을 지고 외직을 자원해 지방으로 갔는데, 이후 중앙 관직에 등용되지 못하고 계속 지방 수령직을 전전해야 했다.

그는 영흥 부사로 있다가 그곳에서 죽었는데, 벼슬살이에 청렴결백했고 일을 처리할 때도 정결하고 민첩했으며, 세 고을 수령을 역임하는 동안 치적이 모두 우수했다. 과거 자신의 잘못을 반성하는 뜻에서, 낮고 보잘것없는 관직에 있으면서도 그것을 하찮게 여기지 않았고 시사時事에 대해서는 입을 다물고 말하지 않았다고 한다. 친구에게 보내는 편지에서도 조정의 잘잘못은 조금도 언급하지 않았다. 그는 늘 탄식하면서 "당초 이조에서 발언한 한마디 말은 단지 나라를 위해서 한 것이었는데 어찌 이토록 분란이 생길 줄이야 생각했으랴. 나로서는 그 책임을 피할 수 없다"라고 했다.

하지만 김효원과 심의겸의 관계가 끝까지 나쁘지는 않았던 듯하다. 김효원의 아버지가 평안도 영유 현령으로 있을 때 김효원은 아버지를 뵈러 갈 적마다 개성을 지나게 되었다. 그런데 개성 유수로 있던 심의겸이 매우 다정스럽게 그를 맞았고, 김효원은 그곳에서 묵으며 심의겸과 서로 즐겁게 지냈다. 그 후 김효원이 안악 군수로 부임했을 때 심의겸이 죽었다는 소식을 듣고 눈물을 흘리면서 "나의 친구를 잃었구나"라 했다고 한다. 이렇게 슬퍼한 것은 아마도 자신이 당쟁을 불러왔다는 회한 때문이었을 것이다.

## 승려였다는 소문에 시달리다

### _ 이이

아홉 번이나 연달아 장원을 한 천재였지만 이이는 종교 문제로 끊임없이 고통과 갈등을 겪어야 했다. 절에 들어가 승려가 된 적이 있었다는 소문이 꼬리표처럼 따라다니면서 평생 그를 괴롭혔다. 이이는 16~17세 무렵 아버지의 첩에게 시달림을 당하다가 집을 나가 한참 만에야 돌아온 적이 있다. 아버지가 일찍이 불경을 좋아한 데서 영향을 받은 그는 이 기간에 금강산 등에 있는 산사를 전전했다. 어떤 사람들은 그의 이러한 행적을 두고 "머리를 깎고 중이 되었다가 돌아왔다"라고 말하기도 했다. 이에 그는 "전신은 바로 김시습이었는데 금세는 가도賈島가 되었구나"라는 시를 지어 당시의 여론을 간접적으로 비판했다.

매월당 김시습은 과거 준비를 위해 삼각산 중흥사에서 공부하던 중 수양대군이 단종을 몰아내고 대권을 잡았다는 소식을 듣고 그길로 삭발하고 승려가 되어 방랑의 길을 떠났다. 가도는 당나라 시인으로 집안이 가난해 일찍 출가해서 승려가 되었는데, 한유韓愈에게 시적인 재능을 인정받고 속세로 돌아와 과거에 응시했으나 번번이 실패한 것으로 전해진다.

이이는 하마터면 이 문제로 문과 합격은커녕 응시조차도 못 할 뻔했다. 생원시에 장원한 후 알성문과에 응시하려 할 때 성균관 유생들이 출가한 것을 문제 삼아 그를 시험장에 들어가지 못하게 했기 때문이다.

조선 전기에는 한적하다는 이유로 절에 올라가 독서를 하는 유생이 많았는데, 조정에서는 이를 금하기 위해 절에 가는 유생은 곤장 100대에 처한다고 《경국대전》에 규정했다. 그 후 성종 13년에는 이를 더욱 강화해 절에 가는 자는 2년 동안 과거를 보지 못하게 했다. 따라서 이이가 절에 가서 공부를 했거나 실제로 승려 생활을 했다면 과거 응시가 아주 어려웠을지도 모른다.

《선조실록》을 편찬한 사관은 "그는 애초에 부모에게 받아들여지지 못하고 도망쳐 중이 되었다가 뒤에 환속하여 소과에 장원이 되어 공자를 모시는 문묘에 가서 배알했다"라며 이이가 중이었다고 비난했다. 《선조실록》을 수정 보완한 《선조수정실록》에 나오는 그의 졸기에도 그가 불교에 입문한 것으로 묘사되어 있다. 즉 이이는 어머니가 돌아가시자 비탄에 잠긴 나머지 불교에 잘못 물이 들어 19세에 금강산에 들어가 불도를 닦았는데, 승려들 간에 생불이 출현했다는 소문이 자자했다는 것이다. 그러나 얼마 후 잘못된 행동임을 깨닫고 돌아와 유학에 전념했는데, 스승의 지도를 받지 않고서도 도의 큰 근본을 환하게 알고 정밀하게 분석해 철저한 신념으로 힘써 실행했다고 했다.

이 문제는 그의 사후에도 오랫동안 논란거리가 된 모양이다. 인조 때의 성균관 유생 송시형宋時瑩 등이 올린 다음과 같은 상소가 이런 상황을 말해준다.

> 이이의 어짊은 비록 채진후蔡振後 무리도 달리 지적할 만한 하자가 없어서 단지 소싯적에 불교에 종사한 것을 들어 하자로 삼는데, 세속의 하찮은 소견을 가지고 더러 이 일을 논하는 자가 있으므로 신들이 이를 한번 해명해보겠습니다.
>
> 대저 유학이 정도고 불교가 사교라는 것은 세상에서 아무리 못난 자라도 알 수 있음에도 정자程子와 주자朱子 두 선현이 잘못 빠져듦을 면치 못한 것은 어째서겠습니까. 석씨(부처)의 학설이 나름으로 충분히 이치에 가까운 데가 있기 때문에 재주 뛰어난 자가 구도求道하는 마음은 아주 간절하고 마음 씀씀이는 너무 예민한 나머지 쉽게 흘러드는 것이니, 이는 형세가 진실로 그렇게 되어 있어서며 이이의 일도 역시 이러한 것입니다.
>
> 이이가 자신을 책망하는 도리에서는 의당 회개하는 마음이 있어야 할

일이겠지만, 후학으로서 보자면 오직 회개한 뒤의 높은 조예나 취해 본으로 삼으면 그만입니다. 어찌 초기의 잘못을 지적하여 그의 하자를 논해서야 되겠습니까. 기어코 이것을 하자로 삼으려 든다면, 앞으로 주자도 함께 공격하자는 것입니까.

《인조실록》 권31, 13년 5월 임술

이처럼 이이를 추종하는 후대의 유생들은 이이가 한때 불교에 빠졌던 사실은 인정했다. 그러나 이것은 정자나 주자가 한때 불교에 빠진 것과 같고, 이이는 나중에 회개해 대유학자가 되었으니 이전의 일은 문제가 될 수 없다고 주장했다. 그리고 이어진 상소에서 유생들은 이이가 문과 응시를 거부당했다는 것은 근거가 없는 말로, 그를 미워하는 동인들이 지어냈다고 강조했다.

한편 이이는 병조판서로 있을 때부터 과로로 병이 생겼는데 병세가 악화되자 선조가 어의를 보내 치료하게 했다. 이때 서익徐益이 순무어사(지방에서 변란이나 재해가 일어났을 때 두루 돌아다니며 사건을 조사하던 관리)로 관북 지방에 가게 되었는데, 임금이 이이에게 찾아가 변방에 관한 일을 묻게 했다. 이이의 자제들은 병이 조금 차도가 있으나 몸을 수고롭게 해서는 안 되니 서익을 만나지 말라고 청했다. 그러나 이이는 "나의 몸은 다만 나라를 위할 뿐이다. 이 일로 병이 더 심해져도 이 역시 운명이다"라고 말했다. 그러고서 억지로 일어나 서익을 맞이해 방략方略 6조를 지어 불러주었다. 서익이 이를 다 받아쓰자 호흡이 끊어졌다가 다시 소생하더니 하루를 넘기고 죽었는데, 향년 49세였다.

그가 죽었다는 소식을 듣고 임금은 충격을 받고 소리 내어 슬피 통곡했고, 벼슬아치와 유생, 일반 백성 들이 모두 달려와 통곡했다고 한다. 궁벽한 마을의 백성들도 서로 위로하고 눈물을 흘리면서 "우리 백성들이 복이 없기도 하다"라고 했다. 발인하는 날 밤에는 멀고 가까운 곳에서 사람들이 집결해 전송했는데, 횃불이 하늘을 밝히며 수십 리까지 끊이지 않았다.

그가 죽은 후 집 안에는 남은 곡식이 전혀 없었다. 그러자 친우들이 수의와 부의를 거두어 염하고 장례를 치른 뒤 조그마한 집을 사서 가족에게 주었는데, 그래도 가족들은 살아갈 방도가 없었다고 한다. 그 정도로 청빈한 삶을 산 것이다.

이이는 나라 형세가 쇠퇴해져 난리의 조짐이 있음을 알고서 항상 임금의 마음을 바르게 하고 풍속을 바로잡고 조정을 화합하게 하는 것을 근본으로 삼았으며, 잘못된 정치를 고치고 백성을 구제하고 군비를 강화하는 것을 급선무로 여겼다.

그가 죽은 뒤 당쟁이 심화되었고 임진왜란으로 강토가 무너지고 나라가 마침내 기울어지고 말았는데, 이이가 평소에 미리 염려하던 것이 하나같이 사실과 맞아떨어졌다. 그래서 그가 건의한 각종 시무책이 나중에 채택되었으며, 조정 관료들과 백성들이 모두 "이이는 도덕과 충의의 정신으로 꽉 차 있어 흠잡을 수 없다"라고 칭송했다.

이처럼 이이는 불교에 귀의했었다는 비난 때문에 곤욕을 치렀는데, 이

이와 마찬가지로 유학자면서 불교를 숭상했다고 비난받은 사람이 또 있었으니 김수온이다. 그는 세조의 불교 중흥 정책을 뒷받침해 혜각존자慧覺尊者라는 호를 받은 승려 신미信眉의 아우로, 세조 때 실시한 발영시에서 장원급제해 영중추부사까지 지냈다. 하지만 그는 불교에 빠져 부처를 무턱대고 신봉하기가 매우 심했다는 비판을 받았다.

김수온은 회암사라는 절에 들어가 머리를 깎고 중이 되려다가 그만두기도 했다. 천성이 불서佛書를 지독히 좋아해 항상 "《능엄경楞嚴經》이 《중용中庸》보다 낫다"라고 했다. 또한 사람들이 묻기를 "불도도 그러한가?"라 하면 "그렇고말고"라고 했다고 한다. "사람이 죽으면 어디로 가는가?"라고 물으면 "모두가 크고 작은 철위산鐵圍山(불교에서 세계의 끝에 있다는 산)으로 돌아간다"라고 대답했다는 것이다.

또한 나라에서 법회 등의 불교 행사를 열 때면 김수온이 반드시 참여했다고 한다. 언젠가 대행대왕의 수륙재水陸齋가 열렸는데, 대중을 공양하는 자리를 절 밖에 별도로 설치하자 남녀노소와 거지 천여 명이 몰려왔다. 그러자 행사를 관리하는 자가 늙은이와 어린이에게까지 음식을 똑같이 줄 수는 없다고 했다. 이에 김수온이 노해 그를 꾸짖기를 "순임금이 요임금의 천하를 물려받았어도 지나친 것으로 여기지 않았는데, 선왕을 위해 재를 베풀었으니 비록 국가 소유물을 다 써서 없애더라도 지나치지 않다. 무엇이 아까워 공평하게 주지 않겠는가?"라고 했다. 이 말을 들은 사람들이 모두 "오경五經을 흔적도 없이 만들었다"라고 비난했다고 전해진다. 이 정도로 그는 불교에 상당히 기울어져 있었는데, 조선 전기까지만 해도 왕실이나 일반 백성들뿐 아니라 사대부들 가운데도 불교에 호의적인 생각을 품은 사람이 많았음을 새삼 느끼게 된다.

## 모난 성격 때문에 소인으로 몰리다 _ 정철

가사의 대가며 정치가인 송강 정철鄭澈은 명종 16년(1561) 진사시에 장원을 하고 이듬해 별시 문과에도 장원급제했다. 이런 그는 왕실과 가까운 사람이었다. 그의 누나는 인종의 후궁이었고 누이동생은 계림군桂林君(성종의 형 월산대군의 손자)의 아내였다. 이 때문에 정철은 어린아이 때부터 동궁을 드나들었는데, 나이가 같은 명종이 대군으로 있을 때 서로 유희하면서 아주 친하게 지냈다. 그가 장원급제한 것을 알고 명종이 매우 기뻐하며 특별히 술과 안주를 내리라고 명하자 정철은 "이미 급제한 이상 남의 신하 된 처지에서 감히 사사로이 이런 것을 받을 수 없습니다"라며 사양할 정도로 임금과 격의 없는 사이였다.

그가 10세 되던 명종 즉위년(1545)에 일어난 을사사화에 계림군이 관련되자 정철의 맏형은 계림군의 일족으로 연루되어 귀양 가다가 죽었고, 돈녕부 판관을 지낸 아버지 정유침鄭惟沈은 유배를 당했다. 이 때문에 정철도 아버지의 유배지를 따라다녀야 했다. 6년 만에 아버지가 귀양살이에서 풀려나자 할아버지의 산소가 있는 전라도 담양으로 이주해 그곳에서 과거에 급제할 때까지 10년간 살았다.

그는 왕실과 가까운 장원이었으나 성격이 강직하고 융통성이 부족해 때때로 처신을 모가 나게 했다. 이 때문에 사람들의 질시와 공격을 많이 받았다. 반대파인 동인들은 서인의 영수인 그를 소인 또는 간신이라고까지 비난했다. 특히 영의정까지 지낸 남인 유성룡柳成龍이 평소 그를 많이 미워했다고 한다. 언젠가 유성룡이 탄핵을 받았을 때 사람들이 뇌물을 탐했다고 비난하자 그는 "지난번에 사람들이 정철을 가차 없이 공격하면서도 욕심 많고 야비한 허물로는 지목하지 않았는데, 어찌 나의 처신이 저 정철에 미치지 못한단 말인가"라고 탄식할 정도로 정철을 싫어했다.

정철은 성격이 강직했기 때문에 친구에게도 아쉬운 소리를 못 했다. 친구인 이발李潑과 이산해가 권력을 잡고 있을 때 그들의 비위를 조금이라도 맞추었더라면 나중에 어려운 처지에 빠지지는 않았을 텐데, 한 번도 기꺼이 굽히려 하지 않았다. 또한 욕심이 많고 사악한 사람을 특히 미워해 술이 취하면 권세가 있고 없고를 가리지 않고 즉시 면전에서 꾸짖었다고 한다. 한마디로 불의를 보면 참지 못하는 성격이었다.

그의 강직한 성격은 임금에게도 예외가 아니어서 명종과 절친한 사이였지만 임금의 뜻에 무조건 따르거나 아부하지 않았다. 이 때문에 임금의 뜻을 거슬러 초기에는 오랫동안 미관말직에 머물러야 했다. 정철은 장원급제한 후 처음에 사헌부 지평을 제수받았으나 처남을 살해한 경양군景陽君의 처벌 문제에서 강직하고 청렴한 자세를 견지해 명종의 미움을 받게 되었다. 경양군은 명종의 사촌형이었는데, 처가의 재산을 빼앗으려고 서얼 처남을 꾀어 죽였다. 이 사건이 일어나자 정철은 법대로 처벌할 것을 강경하게 주장했다. 이에 임금은 사람을 보내 정철을 설득해 경양군에 대한 공격을 중지하게 했으나 정철은 임금의 부탁을 거절하고 들어주지 않았다. 이 때문에 계속 말직에 머무르다 몇 년이 지나서야 비로소 다시 지평에 제수될 수 있었다. 손해를 보더라도 아닌 것은 아닌 것이었다. 그는 결코 불의와 타협할 생각이 없었다.

그 후에도 정철은 벼슬에 연연하지 않고 번번이 벼슬을 버리고 돌아가기를 반복했다. 이것은 세상과 잘 어울리지 못한 강직하고 모난 성격 탓이었다. 지평에 이어 수찬, 좌랑, 교리 등을 지낸 그는 선조 8년(1575)에 벼슬을 버리고 담양으로 돌아갔다. 그 뒤에도 몇 차례 벼슬을 제수받았으나 사양했다. 그러다가 다시 조정에 나와 직제학을 거쳐 승지에 올랐으나 반대파인 동인의 탄핵을 받자 재차 담양으로 돌아갔다. 1580년 45세 때 강원도 관찰사가 되었는데, 이때 〈관동별곡〉 등의 가사와 많은 시조를 지었다.

그 후 전라도 관찰사, 도승지 등을 지내고 예조판서, 대사헌으로 승진했으나 동인의 탄핵을 받자 사직하고 또다시 담양으로 돌아가 4년간 은거 생활을 했다. 이때 〈사미인곡〉, 〈속미인곡〉, 〈성산별곡〉 등의 가사와 시조, 한시 등 많은 작품을 남겼다. 정여립鄭汝立 모반 사건이 일어나자 그는 우의정으로 승진해 서인의 우두머리로서 동인을 처벌하고 좌의정에 올랐다. 그러나 이 때문에 동인을 때려잡은 원흉으로 두고두고 비난을 받았다.

당쟁은 선조의 즉위로 정계에 대거 진출해 정국을 장악한 사림 세력이 선조 8년 동인과 서인으로 나뉘면서 시작되었다. 한때 정국의 주도권을 장악한 서인은 이이가 죽은 뒤 선조의 견제를 받으면서 위축되고 동인이 권력의 핵심에 진출해 정국을 주도했다. 이러한 상황 속에서 정여립 모반 사건이 일어났다.

정여립은 첨정을 지낸 정희증鄭希曾의 아들로 전라도 전주 출신이다. 어려서부터 통솔력이 있고 두뇌가 명석해 경사經史(경서와 사기)와 제자백가서에 통달했다. 그는 명종 22년(1567) 진사가 되고 선조 3년(1570) 식년문과에 급제한 뒤 이이와 성혼成渾의 각별한 후원을 받았다. 선조 16년 예조좌랑이 되고 이듬해 홍문관 수찬이 되었다.

정여립은 본래 서인이었으나 수찬이 된 뒤 이이를 배신하고 당시 집권세력인 동인 쪽으로 돌아섰다. 그가 서인의 반대파인 동인 편에 선 이유는 확실하지 않지만 이조 전랑의 물망에 올랐을 때 이이가 반대한 때문이라는 설이 있다. 이 때문에 그는 서인의 미움을 집중적으로 받았고, 선조의 눈 밖에 나서 동인의 강력한 천거에도 중앙에서 관직을 얻지 못하고 고향으로 돌아갔다. 그러나 동인 사이에는 여전히 영향력이 있어 관찰사나 수령들이 다투어 그의 집을 찾아갈 정도였다. 특히 전라도 일대에서 그의 명망이 높았다. 그는 진안 죽도竹島에 서실을 지어놓고 대동계大同契를 조직해 전라도와 황해도로 세력을 확장해나갔다.

그러다가 선조 22년(1589) 10월, 정여립 무리가 한강의 결빙기를 이용해 전라도와 황해도에서 동시에 서울로 쳐들어가 신립申砬 장군과 병조판서를 살해하고 병권을 장악하기로 했다는 이야기가 황해도 관찰사 등에 의해 조정에 보고되었다. 이에 조정에서는 관련자들을 차례로 잡아들였다.

이때 정철 등 서인 세력은 사건을 처리하면서 이를 정권 장악의 기회로 삼아 동인을 제거하고자 옥사獄事를 확대했다. 그래서 정철이 사건을 총괄하는 재판장 격인 위관委官이 되어 사건을 조사하고 처리하면서 동인의 핵심 인사들을 거의 제거했다. 정여립은 죽도로 도망했다가 자살하고, 그 아들도 잡혀 와서 처형되었다. 정여립의 친척인 정언신鄭彦信 등과, 평소 정여립과 친분이 두터웠던 동인의 거두 이발 등은 일당으로 몰려 심문 도중에 죽고 이산해, 정인홍 등 다수의 동인 핵심 인물들이 관직에서 밀려났다. 특히 조식曺植의 제자인 최영경崔永慶은 역모의 또 다른 괴수로 알려진 길삼봉吉三峯으로 지목되어 옥사했다. 이때 숙청된 인사는 천여 명에 달했다. 이를 이른바 기축옥사己丑獄死라 한다.

이때 죽은 이발도 장원 출신이다. 그는 선조 6년(1573) 문과에 장원급제하고 이조 정랑, 사헌부 장령, 홍문관 부제학을 거쳐 대사간에 이르렀다. 기축옥사가 일어나자 이발은 관직을 사퇴하고 교외에서 처분을 기다리던 중 잡혀 두 차례 모진 고문을 받고 사형당했다. 그가 죽은 뒤 82세의 노모와 8세의 아들도 중한 형벌을 견디지 못해 죽었는데, 노모는 형벌이 너무 지나치다고 꾸짖으면서 끝내 역모에 관한 일을 승복하지 않았으며, 그의 제자들과 노비들도 모진 형벌을 받으면서도 승복하는 자가 없었다고 한다.

기축옥사의 결과 동인은 크게 위축되고 서인이 정국을 주도하게 되었으나, 서인의 지나친 세력 확대는 선조의 반발을 불러일으켜 정철이 세자 책봉 문제를 거론하다가 밀려나면서 다시 동인이 정국을 주도했다.

세자 책봉 문제는 정철이 56세 때인 선조 24년(1591)에 불거졌다. 당시 그는 동인의 거두인 영의정 이산해와 함께 광해군 책봉을 건의하기로 했으나, 이산해의 계략에 빠져 혼자서 이를 건의하게 되었다. 이것 역시 쉽사리 타협하지 못하는 강직한 성품 때문에 일어난 일이었다. 이에 정철은 인빈仁嬪 김씨 소생으로 선조의 넷째 아들인 신성군信城君을 책봉하려던 선조의 노여움을 사는 동시에 "대신으로서 주색에 빠졌으니 나랏일을 그르칠 수밖에 없다"라는 대간의 비난을 받고 파직되어 함경도 명천으로 유배되었다.

그는 임진왜란이 일어나자 귀양에서 풀려나 경기도와 충청도의 체찰사를 지내고 다음 해 사은사로 명나라에 다녀왔다. 그러나 또다시 동인의 모함을 받자 마지막으로 사직하고 강화도에서 은거하다가 그해에 58세로 생을 마감했다.

불의를 참지 못하고 남에게 굽히지 않은 모난 성격 탓에 그는 "그를 강호 산림 사이에 두었더라면 잘 처신했을 텐데, 지위가 삼사三司의 끝까지 오르고 몸이 장상將相을 겸했으니 그에 맞는 벼슬이 아니었다"라는 후세의 평을 들었다. 실로 그는 세파에 끊임없이 시달려야 하는 정치인보다는 유유자적하는 처사적인 생활이나 순수 문인이 더 맞는 인물이었는지 모른다.

정철의 차남 정종명도 문과 장원 출신이다. 그러나 그는 아버지 때문에 불우한 생활을 해야 했다. 정종명은 임진왜란이 진행 중이던 선조 25년(1592) 별시 문과에 장원급제해 정6품직인 예조 좌랑에 초임되었다. 이렇게 출발은 매우 순조로웠지만 그 이후는 그야말로 가시밭길의 연속이었다. 초임되고 2년이 지났을 때, 죽은 아버지의 관직이 삭탈되자 이에 항의하다가 파면되었는데 이 일은 그의 불행의 시작일 뿐이었다.

정종명은 파면된 후 오랫동안 간신의 아들이라고 관직을 얻지 못하다가 선조 34년(1601)에 이르러서야 이조에서 그를 안성 군수로 임명했다. 그러나 이것을 안 선조가 격노해서 이조판서를 비롯한 이조의 모든 관원을 엄중히 문책하는 소동이 벌어졌다. 선조는 정철을 지독하게 미워해서 독종이라고까지 불렀다고 한다. 이후 인조가 즉위하기까지 정종명은 오랜 세월을 아버지에 대한 선조의 혐오와 동인의 박해 등으로 힘들게 보냈다. 관직 임용이 금지당했으며 심지어 생명의 위협을 받기도 했다. 광해군 3년(1611)에 낙안 군수로 임명된 적이 있기는 했지만 사간원에서 파직하라고 난리를 치는 바람에 또 쫓겨나야 했다.

그는 1623년에 인조반정으로 서인이 집권하자 비로소 복직되어 사간원 사간, 장악원 정, 홍문관 교리 등을 지내고 인조 4년(1626)에 당상관으로 승진해 강릉 부사로 갔다가 그곳에서 죽었다. 이처럼 정종명은 장원이었으면서도 단지 정철의 아들이라는 이유로 당쟁의 희생양이 되어 선조 27년(1594)부터 광해군 15년(1623)까지 근 30년을 백수로 지내야 했다. 장원급제자요 정승의 아들이 겪은 이러한 고난은 당쟁이 낳은 비극의 일면이었다.

## 내시의 친척이라고 탄핵당하다 _ 신계종

환관(내시)은 기본적으로 제왕帝王을 가장 가까이에서 보필하는 수족과도 같은 존재였다. 군주를 측근에서 모시는 그들은 군주의 총애와 신임을 획득해 무소불위의 권력을 행사하기도 했다. 특히 중국의 환관은 조정을 좌지우지하며 왕조를 멸망에 이르게 한 적도 많았다.

조선왕조에서는 이러한 환관의 폐해와 발호를 막기 위해 철저한 환관 억압 정책을 마련해 시행했다. 그 결과 조선에서는 환관의 폐해가 크게 나타나지 않았다. 그렇지만 조선의 집권층은 환관의 발호를 계속적으로 경계하면서 환관과 그 친척의 세력 강화를 막으려고 했다. 그리하여 환관은 물론 그 친척이 요직에 발탁되어 권력 가까이 접근하는 것을 원천적으로 차단하려 했는데, 다음 사례는 이러한 상황을 잘 보여준다.

신계종申繼宗은 환관 신운申雲의 조카인데 성종 9년(1478) 12월 무과에 장원급제했다. 신운은 예종 즉위년(1468)에 남이의 옥사를 처리하는 데 공을 세워 익대공신 2등에 자헌대부(정2품) 흥양군興陽君으로 봉해진 실력자였다.

신계종은 급제한 직후 문관직인 내자시 판관에 제수되었다. 그러자 무과 급제자를 문관직에 임용하는 것을 두고 대간을 중심으로 논란이 불거졌다. 먼저 사간원 헌납 남계당南季堂이 반대하고 나섰다. 그는 "이제 신계종을 내자시 판관에 제수했으나, 신계종은 환관 신운의 조카니 본래 무관으로 써야 마땅한데 문관에 제수한 것은 옳지 않습니다"라고 했다. 그러자 성종은 "그 말은 우습다. 전일 대간이 안중좌安仲佐를 논할 때는 '안중좌가 문과, 무과의 출신이라면 어찌 환관의 친족이라는 데 구애되어 임용하지 않겠습니까?'라 했는데 이제는 말하는 것이 이러하니 어찌하여 전후의 차이가 있는가?"라고 반박했다.

그러고 나서 성종은 좌우에 있던 신하들에게 의견을 물었다. 이에 영사 노사신盧思愼이 말하기를 "신계종이 환관의 문음門蔭으로 조정의 반열에 낄 수 있었다면 진실로 옳지 않겠으나, 이제 제 재능으로 쓰였으니 어찌 안 될 것이 있겠습니까?"라며 임금의 의견에 동조했다. 그러나 남계당이 또 말하기를 "이 일에도 전례가 있습니다. 세조 때 전균田畇의 양자 전구복田九卜이 무과에 급제해 당상관까지 되었으나 문관에 임용하지는 않았습니다. 세조께서 어찌 생각하는 바가 없이 그렇게 하셨겠습니까? 이제 신계종이 무과에 으뜸으로 오르기는 했으나, 조정에 있는 무신으로 신계종과 같은 사람이 한둘이 아닌데 어찌하여 문관에 써야만 하겠습니까? 우선 무관의 벼슬에 써보고 어질면 문관에 임용하더라도 늦지 않습니다" 했다. 그러나 임금은 이러한 주장을 들어주지 않았다.

그런데 며칠 후 대사간 안관후가 다시 아뢰기를 "이번에 신계종을 내자시 판관으로 삼으셨는데 신계종의 재간은 판관을 감당할 수 있으나 일에 경험이 없는 사람을 갑자기 문관에 제수하는 것은 옳지 않습니다"라 했다. 그러자 임금이 말하기를 "문과, 무과의 장원은 곧 문관에 임용하는 것이 나라의 법이니, 곧 임용하지 않으면 사람을 뽑은 뜻이 전혀 없다. 어제 심술心術의 선악을 말한 자가 있었으나 사람의 심술을 어찌 쉽게 알 수 있겠는가? 지금 문과의 장원은 곧 경연관이 되는데 그 심술도 어찌 알기 쉽겠는가?" 했다.

하지만 안관후는 다시 이렇게 말했다.

> 예전에는 당상관에 제수된 환관이 거의 없었는데 이제는 지위가 2품에 이른 자가 자못 많으니 환관의 창성함이 지금보다 더한 때가 없었습니다. 또한 옛날의 환관은 흔히 환관을 후사後嗣로 삼아서 집안의 제사를 이었는데 이제는 조카나 아우를 후사로 삼는 자가 많습니다. 신운은 벼슬이 높은 환관으로 안에 있고 신계종은 무신으로 밖에 있어 안팎이 서로 어울리면 그 형세가 장차 근거를 잡을 것입니다.
>
> 《성종실록》 권99, 9년 12월 을미

이렇게 환관과 그 친척이 안팎에서 발호할 가능성까지 언급하면서 극구 반대하고 나왔다.

이어서 영사 김국광金國光이 "대간의 말은 다만 그 조짐을 염려하는 것입니다. 그러나 예전에 최윤崔潤은 최습崔濕의 조카로 무과에 급제해 문관직인 사헌부의 감찰이 되었습니다"라고 했다. 그러나 사헌부 집의 김여석金礪石은 "신운이 전하의 좌우에 있는데 신계종이 점점 큰 지위에 이르면 이는 근거가 된다고 할 것입니다"라고 반박했다. 이렇게 대신들은 대체로 찬성을 표하고 대간들은 끝까지 반대를 고수했지만 임금은 "평소에 억제하면 어찌 발호하게 되겠는가?"라면서 끝내 뜻을 굽히지 않았다. 그리하여 신계종은 판관직을 그대로 유지할 수 있었다.

장원급제하자마자 내자시 판관에 임명된 신계종은 1년 2개월 만에 몇 등급을 뛰어넘어 내자시의 최고 자리인 정正에 파격적으로 임명되었다. 이렇게 단기간에 초고속 승진을 하자 사헌부에서 또다시 비난이 쏟아졌다. 사헌부 장령 구치곤丘致岷은 "신계종은 군공軍功이 1등이 아닌데도 내자시의 판관(종5품)으로서 첨정(종4품)과 부정(종3품)을 뛰어넘어 정(정3품)이 되었으니, 관작이 분수에 지나치지 않습니까?"라고 성종 임금을 강력하게 비판했다.

그러자 임금은 측근의 신하에게 "신계종은 어떠한 사람인가?" 하고 물었고 정창손이 "신계종은 무재가 있어 무과에 장원으로 합격하고 중시에도 합격했는데, 다만 나이가 젊어 경력이 없을 뿐입니다"라고 대답했다. 이에 임금은 "젊어서 일을 맡고 난 후에 늙으면 경력이 있는 사람이 되는 것이니, 어찌 한갓 나이가 많다고 사무에 익숙하다고 하겠는가?" 하면서 신계종의 승진에 문제가 없음을 다시 한 번 강조했다. 이처럼 신계종은 국왕의 든든한 신임과 환관 삼촌의 후원을 등에 업고 고속 승진을 했다.

신계종을 문관에 임용한 것은 그 후에도 계속 문제가 되었다. 성종 13년 7월에 환관 안중경安仲敬의 동생 안중좌安仲佐를 문관에 제수하자 대간들이 또다시 들고일어나면서 신계종의 문관 임용 문제를 거론했다. 당시 이와 관련해 사헌부 대사헌 채수蔡壽 등은 다음과 같은 상소를 올렸다.

예전에 환관의 임무는 궁내를 청소하고 명령을 전달할 뿐이었는데, 당나라 말기에 나라가 혼란하자 처음으로 그들에게 정권을 맡겨서 남아南衙와 북사北司가 서로 원수가 되어, 마침내 천하가 혼란해져 국가가 기울어지기에 이르렀습니다. 그러나 환관의 자제를 드러나게 쓴 일은 듣지 못했습니다. 어찌 당당한 성조聖朝에서 환관의 동생과 조카를 써서 조정을 더럽히고 욕되게 함이 옳겠습니까?

전하께서 전교하시기를 '법에 없는 바다' 라고 하시나, 신 등은 생각건대 예로부터 어지신 임금은 모두 환관의 족친을 쓰지 않았고 조종조 때도 그러했습니다. 그렇다면 환관의 족친을 쓰지 않는 것은 바로 선왕의 법입니다. 전하께서는 정신을 가다듬어 나라를 다스리시기를 도모하여 행동은 선왕을 본받으시면서, 어찌하여 안중경의 동생에게만 군의群議를 배척하고 선왕의 제도를 폐하시면서 특별히 쓰십니까? 환관의 동생과 조카를 문관직에 잡되게 쓰는 것은 말세에서도 하지 않는 것인데 어찌 성명聖明의 세상에서 한다고 하겠습니까? 임금의 일은 반드시 사책史策에 쓰는 것이니, 사관이 사책에 쓰기를 '환관의 동생과 조카를 문관으로 쓴 것은 아무 시대에 비롯되었다' 라고 한다면 천하 만세에서 전하를 어떤 임금이라고 이르겠습니까? 엎드려 바라건대 즉시 명령을 거두셔서 여망輿望에 부응하십시오.

《성종실록》 권143, 13년 7월 갑술

이처럼 대간은 환관 안중경의 동생 안중좌와 신운의 조카 신계종에게 문관직을 제수한 일을 싸잡아 비난했다. 환관의 동생이나 조카를 문관에 임용한 것은 중국에도 없었고 조선왕조에서도 일찍이 없었던 일이라는 것이었다.

이에 임금은 "비록 환관의 자제라 하더라도 어찌 모두 개, 돼지 같겠는가? 쓸 만하면 쓰는 것이다. 앞서 신운의 조카 신계종이 과거에 뽑혀서 이미 문관 벼슬을 주었는데, 안중좌가 과거에 올랐다면 그래도 쓰지 않겠는가? 그리고 내 아이를 안중경의 집에서 길렀으므로 일찍이 하교하기를 '조심해서 보호하여 탈이 없으면 마땅히 너에게 벼슬을 제수하겠다'라고 했다. 지금 안중경의 품계가 높아서 벼슬을 더 줄 수 없기에 안중좌에게 벼슬을 제수하게 명한 것이니 다시 말하지 말라"라고 하며 역시 뜻을 굽히지 않았다.

이렇듯 장원급제를 하고도 환관의 친척이라고 많은 비난을 받고 관직 임용에 어려움을 겪은 신계종은 임금의 신임을 받아 뒤에 전라도 병마절도사, 동지중추부사까지 역임했고 중종 17년(1522)에 성절사聖節使(중국 황제나 황후의 생일을 축하하기 위해 보내던 사신)로 북경에 갔다가 그곳에서 죽었다.

# 끊겨버린 탄탄대로

### 화를 부른 끝없는 욕심
### _ 조말생

조말생趙末生은 태종 1년(1401) 4월에 실시된 증광 문과에 장원으로 급제했다. 급제 후 정언, 헌납 등을 거쳐 이조 정랑으로 영전되었다가 태종 7년 중시에 2등으로 뽑혀 사헌부 장령, 승정원 동부대언 등을 거쳐 태종 18년에는 이조참판에 임명되었다.

이때 그는 관직을 사양했다. 그러면서 말하기를 "신이 오래 출납하는 지위에 있으면서 조금도 잘한 것이 없사온데, 등급을 뛰어 제수하시니 성은이 망극해 진실로 부끄럽습니다" 했다. 그러자 태종은 "경을 대신의 자리에 두려고 하나 천천히 하려 하니 사양하지 말라" 하고는, 다음 달에 형조판서로 승진시켰다가 곧 병조판서로 옮겨 군정軍政에 관한 일을 맡겨 융숭한 대우를 보여주었다. 이처럼 태종은 그를 극진히 총애했는데, 여기서 나아가 딸 정정옹주貞靜翁主를 조말생의 아들 조선趙璿에게 시집보내 그와 사돈지간이 되었다.

조말생은 상왕 태종의 총애를 바탕으로 세종 8년(1426)까지 무려 8년 동안이나 병조판서로 재임했다. 이렇게 한 사람이 요직에 오래 있다 보면 부정 비리가 생기게 마련이다. 과연 세종 8년 3월, 그는 예전에 뇌물을 받은 사실이 폭로되어 사형될 위기까지 몰렸다.

뇌물 사건이 터지자 세종은 "옛적에 오랫동안 정권을 잡으면 안 된다는 말을 한 사람이 있었는데, 이제 생각하니 이해가 간다. 대체로 모든 관원을 임명함에서, 임금이 그 사람을 알지 못하기 때문에 정무를 맡은 대신에게 이를 위탁하는 것이요, 대신이 사람을 쓰는 것은 반드시 과거부터 알던 사람을 쓰는 것이다. 그러므로 정무를 오래 잡으면 아무리 마음이 정직한 사람일지라도 남들이 반드시 그가 정실을 행사한다고 의심할 것은 자연스러운 이치다. 지신사부터 병조판서까지 10여 년간이나 정무를 잡은 사람으로는 조말생처럼 오래된 사람이 없더니, 과연 오늘과 같은 사건이 일어나고 말았다"라고 한탄했다.

그의 뇌물 수수 내용은 그야말로 다채로웠다. 당시 사헌부의 보고에 의하면, 왕명의 출납을 맡아보는 지신사로 있을 때는 홍충洪忠에게 토지를 받고 관직을 올려주었다. 병조판서가 된 뒤에는 보충군 서철徐哲에게서 은과 비단을 받고 서철 부자에게 종9품 무관직인 대부隊副를 제수했고, 허충許忠의 땅을 받고 그를 대부에 임명했으며, 시위군인 임관任官에게서도 토지를 받고 대부로 삼았다. 그리고 힘없는 친척인 한회韓會의 토지를 함부로 빼앗았고, 대호군 오권嗚券에게서도 토지를 받았다. 또한 양인인 삼가三加와 사덕四德이 낳은 아이를 도망한 종이라고 속였으며, 김덕金德이 낳은 아이를 잡아다가 심부름꾼으로 부리기도 했다.

이처럼 그는 뇌물을 받고 관직을 주고, 남의 땅을 빼앗는 등의 비리를 저질렀는데 이보다 더 치명적인 죄는 뇌물을 받고 소송 사건에 개입한 일이었다. 사헌부의 보고에 따르면 김도련金道練이라는 자가 노비 소유권을 두고 소송을 벌였는데, 제 힘으로는 소송에서 이길 수 없자 승소 판결을 받으려 정승 등의 권력가들에게 뇌물을 뿌렸다. 당시 조말생은 노비에 대한 소송 문제를 담당하는 형방 대언 자리에 있었는데, 김도련이 소송을 제기하자 뒤에서 몰래 그를 조종했고 그를 위해 청탁을 해주었다. 그러고는 김도련이 승소하자 송사한 노비 24명을 증여받았다. 나중에 김도련이 김득경金得卿에게 또 소송을 당했는데, 병조판서가 된 조말생은 노비 12명을 뇌물로 더 받고 소송을 판결하는 관리에게 어물어물하며 판결을 내리지 않게 했다고 한다. 당시 사헌부에서는 이를 이렇게 비난했다.

> 조말생은 본래 가난하고 지체가 변변치 못한 사람으로 임금의 은혜를 지나치게 입어 관직이 재상에 이르고, 오랫동안 정권을 잡고 있어서 부귀가 이미 극도에 달했다. 그러나 그는 재물을 탐하는 데 끝이 없어서 토지

를 많이 차지하고 뇌물을 받고 양민을 억압해 천인을 만드는 등 못 하는 일이 없었으니, 선비의 기풍을 더럽힘이 이보다 심한 것이 없다.

《세종실록》 권32, 8년 5월 병오

전후로 그가 뇌물로 받은 토지와 노비는 총계 780관貫이나 되었다. 이러한 거액의 뇌물 수수는 형률에 의하면 교형絞刑에 해당하는 무거운 범죄였다. 이 사실이 밝혀지자 사헌부와 사간원의 대간들은 벌떼같이 일어나서 법에 따라 그를 사형에 처해야 한다고 주장했다. 그러나 세종은 그의 직첩을 빼앗고 충청도 회인으로 귀양을 보내게 했다가 다시 먼 지방에 부처付處(벼슬아치에게 어느 곳을 지정해 머물러 있게 하는 형벌)하게 하고, 장물은 몰수하게 했다.

이처럼 사형에 처해질 정도의 중죄를 범한 그였지만 세종은 2년 후 그를 석방해 중앙으로 불러들였다. 그리고 동지중추원사, 함경도 관찰사, 예문관 대제학 등을 연이어 내려주었다. 그러나 여러 고위직을 역임하는 동안 그는 끊임없이 청렴하지 못하다는 비난을 받아야 했다. 결국 78세까지 장수하면서도 끝끝내 정승에는 오르지 못했다.

## 인사 비리로 패가망신하다
## _안숭선

안숭선安崇善은 고려의 찬성사 안축安軸의 5세손으

로, 처음에 문음으로 관리가 되었다가 여러 번 승진해 사헌부 감찰이 되었다. 세종 2년(1420)에 식년 문과의 장원으로 뽑혀 사헌부 지평에 임명되었는데, 일을 맡으면 얼마나 빨리 처리하는지 손바람이 일 정도였다고 한다. 뒤에 사헌부 장령과 집의 등에 이어 지신사에 발탁되어 임금의 총애를 받고 여러 번 밀지密旨를 받았다. 그러나 성품이 겸손하지 못하고 동료들을 속박했으므로 모두 싫어했다고 한다.

뒤에 대사헌, 병조판서를 거쳐 예문관 대제학이 되었을 때 안숭선은 이른바 이종원李宗元 사건이 일어나서 귀양을 가게 되었다. 그는 성격이 굳세고 과단성이 있어 시비를 판단함이 흐르는 물처럼 신속했다고 하는데, 그 과단성이 지나쳐서 좋고 싫음에 치우침이 있었다. 그리하여 자신을 붙좇는 사람은 반드시 비호하고 발탁하려 했으며 결국 그런 면 때문에 이종원의 화를 당했다고 전해진다.

이종원 사건은 인사 비리와 관련이 있었다. 안숭선이 젊었을 때 이걸李杰이란 자와 서로 친하게 지냈는데, 안숭선이 병조판서가 된 뒤에 이걸의 아들 이종원이 찾아와서 "일찍이 별시위에 들어가서 사직司直까지 되었다가 퇴직했는데, 아버지와의 교분을 잊지 마시고 미관말직이라도 시켜주십시오"라고 부탁했다. 그러자 안숭선은 이종원을 삼군三軍의 진무鎭撫에 임명했다가 얼마 후 다시 만호萬戶에 임명했다. 별시위는 중앙군대인 오위五衛의 장교 부대인데, 별시위에 복무한 자에게는 진무 같은 특수관직을 주게 되어 있었다. 만호는 각 도의 여러 진鎭에 배치한 종4품 무관직으로 무과 급제자 등 무예가 뛰어난 자들이 임명되었다. 그런데 이종원은 사실 일찍이 별시위에 들어간 적이 없었다. 결국 경력을 속이고 부정하게 만호에 임명된 것이다.

세종 30년(1448) 5월에 이 사실이 발각되자 사헌부에서 안숭선을 탄핵하기에 이르렀다. 당시 예문관 대제학이던 그는 상소를 올려 이종원에게 속아서 관직을 주었다고 변명했다. 즉 "간사하고 거짓말하는 소인배가 관원을 속이는 것을 일찍이 살펴보지 못하고, 한갓 전부터 아는 사람의 자식으로 허락하여 접견한 것이 신의 죄입니다. 신이 결과 종원 부자에게서 일호의 재물이라도 받았다면, 또한 마음으로 종원의 간계를 알고 그른 것을 알면서도 성총聖聰을 속였다면, 하늘이 화를 내리는 것이 어찌 신의 일신에 그치겠습니까. 신의 지극한 심정을 상달할 길이 없어 하늘을 부르짖으며 통곡할 뿐입니다"라고 했다. 이에 세종은 회답을 주지 않음으로써 불편한 심기를 나타냈다.

또한 사헌부에서는 안숭선이 이종원의 아비와 젊을 때부터 서로 친했고 병조판서를 맡았으므로 이종원이 별시위가 아닌 것을 알면서도 진무를 삼고 또한 만호를 주었으면서, 오히려 술책에 빠진 것이라고 교묘하게 꾸며 승복하지 않는다며 강한 처벌을 주장했다.

결국 같은 해 6월에 이종원은 거짓으로 벼슬을 빌린 죄로 참형에 처하고, 안숭선은 대신으로서 제멋대로 임용한 죄로 역시 참형에 처하도록 결정했다. 그러나 얼마 후 안숭선은 특별히 사형을 면하고, 직첩을 거두어 충청도 진천에 부처되었다. 이종원은 판결 직후 옥에서 죽었다.

안숭선이 감형되자 대간들이 다시 들고일어났다. 사헌부 대사헌 윤형

尹炯 등은 "마침내 스스로 탄로되어 정상이 나타나고 일이 명백해졌으니, 율이 극형에 해당하는데 전하께서 특별히 너그러운 형벌을 내려 몸과 머리를 온전하게 하고 다만 직첩을 거두어 가까운 땅에 내쳤으니, 무릇 이목이 있는 사람이 누가 실망하지 않겠습니까. 예전 사람이 말하기를 '다스려도 엄하게 하지 않으면 다스리지 않는 것만 못하다' 했고 '이미 알고서 다시 용서하면 간신을 무엇으로 징계하겠는가' 했으니, 이것은 또한 본받을 만하고 경계할 만한 말입니다. 혹시 다스리더라도 엄하게 하지 못하고 알고서도 다시 용서하면 어찌 후일에 장차 다시 숭선 같은 자가 있을지 알겠습니까. 신 등이 외람되게 법관의 자리에 있어 감히 침묵하지 못하고 법에 처치하기를 청하여 우러러 천총天聰을 번거롭게 하기를 두 번, 세 번에 이르렀으나 아직도 윤허를 받지 못했으니 통분함을 이기지 못합니다. 엎드려 바라옵건대 전하는 대의로 결단하여 율에 따라 처벌하시면 공도公道가 심히 다행할 것입니다"라고 했다. 이러한 대간의 강경한 요구에 굴복해 임금은 결국 그를 경상도 고성현으로 옮겨 귀양 보냈다.

그는 귀양을 간 지 1년 반 정도가 지난 세종 31년 11월에 방면되어 문종 즉위년에 중추원사에 다시 임명되고, 이어서 의정부 좌참찬에 올랐다.

안숭선은 임금의 총애를 받은 대신이었지만 인사 비리에 연루되어 승승장구하던 관직 생활에 제동이 걸려야 했다. 그에 대한 처벌을 이야기하면서 사관은 "숭선이 사람의 장점을 보면 그 단점을 알지 못하고, 남의 간교한 말을 들으면 그 거짓을 알지 못했기 때문에 종원의 술책에 빠져 패가망신하는 데 이른 것이다"라고 썼다.

## 사초를 고쳤다가 관노로 전락하다
## _ 민수

민수閔粹는 세조 2년(1456) 생원시에 장원으로 합격하고 세조 5년(1459년) 식년 문과에 을과로 급제했다. 급제 후 예문관 검열로 처음 벼슬길에 올랐으며 곧 인수부승으로 전임되었다. 그는 그 후 사관史官을 겸임했는데, 이 때문에 이른바 민수사옥이 일어나게 되었다.

민수사옥이란 민수 등의 사관이 사초史草에 세조가 불교를 좋아한 사실과 세조 때 재직한 대신들의 비행을 기록했는데, 《세조실록》의 편찬이 시작되자 이를 몰래 삭제하려다가 적발된 사건이다. 이 사건은 사초 때문에 일어났다고 해서 사옥史獄이라 한다.

《세조실록》은 세조가 죽은 다음 해인 예종 1년(1469) 4월에 실록청을 설치해 편찬을 시작했으며 성종 2년(1471)에 완성되었다. 편찬 담당자는 영관사 신숙주, 한명회를 비롯하여 실무자로 수십 명의 수찬관, 편수관, 기주관, 기사관 등이 참여했다. 《세조실록》은 기사 내용에 제약이 많고 편찬자의 의도가 많이 개입되었는데, 비밀을 보장해주어야 할 사관의 사초에 그들의 이름을 기입하게 했다. 바로 이 때문에 민수사옥이 발생하게 되었다.

사건의 발단이 된 사초는 사관이 날마다 일어나는 역사적 사실을 기록한 초고草稿로 실록 편찬의 토대가 되었다. 사관들은 시정時政의 득실과 관원의 잘잘못, 기타 사회의 모든 비밀을 보고 듣는 대로 써서 비밀리에 가지고 있다가 실록 편찬 때 춘추관에 제출했다. 해당 임금이 승하해 실록을 편찬하게 되면, 그 시대에 사관을 지낸 사람들에게 일정 기한 안에 사초를 내게 했다. 정해진 기간 안에 사초를 내지 않으면 그 사관의 자손을 관리로 등용하지 않는 등 처벌을 가했다. 원칙적으로 왕을 비롯한 어느 누구도 실록을 편찬하기 전까지는 사초를 볼 수 없었기 때문에 사관들이 안심하고 기록할 수 있었으나 이것이 제대로 지켜지지 않아 종종 말썽이 일어나기도 했다.

민수사옥의 전말을 보면, 예종 1년 4월에 신숙주, 한명회 등이 춘추관에서《세조실록》을 편찬하기 위해 실록의 원고가 될 사초를 거두어들였다. 이때 사초에 사관의 이름을 쓰게 된다는 말을 듣고 사초를 작성한 봉상시 첨정 민수는 사초에 쓴 글이 문제가 되어 대신들에게 원망을 받을까 두려워했다.

결국 민수는 몰래 봉교 이인석李仁錫과 첨정 최명손崔命孫에게 청해 자신이 쓴 사초를 빼내 고치려고 했다. 그러나 그들이 사초를 내주지 않아 뜻을 이루지 못했다. 그는 다시 기사관 강치성康致誠에게 간청해 사초를 빼내 지춘추관사 양성지와 관련된 내용 등을 고쳤다. 그런데 이때 검열 양수사楊守泗와 최철관崔哲寬이 민수의 사초에 글씨를 지우고 새로 고친 것이 있음을 발견하고 참의 이영은李永垠에게 알렸고 이영은은 이 사실을 여러 당상관에게 폭로했다. 이 사실이 임금에게까지 보고되어 민수는 결국 의금부에 투옥되었다.

그 후 영의정 한명회, 영성군 최항崔恒 등이 강치성을 국문했는데, 강치성은 "신이 춘추관에 있을 때 동료 최명손이 신에게 이르기를 '민수가 사초를 보려고 그대를 만나고 싶어 한다'라고 했습니다. 그래서 제가 민수의 사초를 찾아 밖으로 나와서 민수에게 '무엇 하려고 사초를 보려느냐?' 하니 민수가 말하기를 '양성지의 대사헌 때 일을 고쳐 쓰려 한다'라고 했습니다. 신은 곧 사초를 민수에게 주었는데, 한참 만에 민수가 사초를 가지고 와서 신이 받아가지고 서리 이귀림李貴林에게 주면서 고쳐 쓴 곳에 인장을 찍게 했습니다"라고 했다.

이어서 예종 임금이 민수에게 묻자 민수는 "사초에 말이 서로 들어맞지 않은 것이 있었기에 신이 그 말을 약간 완곡하게 고쳐 썼으나, 그 실상을 없애지는 않았습니다"라고 답했다. 그러자 임금은 "너는 옛날 서연관書筵官(왕세자에게 경서를 강론하는 자리에 참여한 벼슬아치)이었기 때문에 내가 너를 알고 있다. 그러나 너는 대신의 허물을 헤아려서 쓰지 않았느냐? 너는 유사儒士로서 어찌 국사國史를 증감한 죄를 알지 못하느냐?" 했다. 이에 민수는 "신이 알지 못한 것은 아니로되 단지 신이 용렬하여 생각이 미치지 못했고, 재상의 원망을 두려워하여 고쳐 썼으나 그 말은 약간 완곡해졌고 실상은 없애지 않았습니다"라고 말했다.

이어서 임금은 강치성에게 "민수가 사초를 내오길 청했을 때 너는 누구와 의논하여 내주었느냐? 네가 민수와 사귄 지가 오래니 반드시 공모했을 것이다"라고 물었다. 그러자 강치성이 "신은 신진의 사류士類이기 때문에 규정을 미처 알지 못해 잘못 사초를 주었습니다"라 했는데, 말하는 것이 매우 정직하지 못했으므로 곤장을 때리라고 명했다. 그러나 강치성은 오히려 "남과는 의논함이 없었고 공모함도 없으며, 다만 민수가 신이 합격한 생원시에 장원을 했었기 때문에 주었을 따름입니다"라고 대답했다. 임금이 다시 "네가 사초를 꺼내 주었는데 공모자가 없다면 어찌 굳이 숨기느냐?"라고 추궁했으나 그는 거듭 공모를 부인했다.

민수의 일이 발각되면서 춘추관에 명해 모든 사초의 고치고 지운 곳을 찾아보게 하자, 편수관인 부정 김계창金季昌이 보고하기를 "처음에 정언 원숙강元叔康의 사초를 보니 '권남이 졸했다卒(죽다)'라고 쓴 아래에 '임금이 부처를 좋아했다'와 '권남이 큰 저택을 지었다'라는 말이 있었는데, 지금은 그 말을 삭제하고 단지 '졸' 자만 쓰여 있습니다"라고 했다. 이리하여 민수만이 아니라 원숙강도 사초를 고쳐 쓴 것이 드러났다.

그런데 원숙강은 위의 글만 삭제한 것이 아니라는 사실이 추가로 밝혀졌다. 그래서 그를 계속 추궁했으나 처음에는 "'졸' 자 아래에 다른 일을 썼습니다"라고만 대답했다. 이에 김계창에게 대질케 했는데, 김계창이 원숙강에게 "그대가 아무아무 일을 쓰지 않았는가?"라고 묻자 원숙강은 비로소 다음과 같이 털어놓았다.

> 제가 처음에는 '권남이 졸했다' 라고 쓴 다음에, '권남은 계유정란 때의 일등 공신으로 여러 번 승진하여 승지가 되고 다시 이조판서가 되었으며, 백의白衣에서 재상이 되기까지 10여 년도 채 못 되었다. 이때 세조 임금이 자못 부처를 좋아했으나, 권남은 섬기지 않았지만 항상 들어가 곁에서 모셨다. 임금이 조석문曹錫文(예종 당시 원상)에게 이르기를 '경의 치재술治財術은 소하蕭何(중국 전한의 정치가로 유방을 도와 한나라의 기틀을 세움)와 더

불어 누가 나은가?' 하니 조석문이 말하기를 '소하와 같은 시대였다면 누가 더 나을지 모릅니다' 하니 임금이 웃었다.

권남이 말하기를 '전傳에 이르기를, 취렴聚斂(재물을 탐내 마구 거두어들임)하는 신하가 있는 것보다는 차라리 도둑질하는 신하가 있는 것이 낫다고 했으니, 조석문은 취렴지신聚斂之臣이요 윤사로尹師路(세조가 즉위하는 데 공을 세운 신하)는 도신盜臣입니다' 라고 했다. 권남은 복건幅巾(도복에 갖추어서 머리에 쓰던 건)과 여장藜杖(명아주대로 만든 지팡이)으로 송백松柏 사이에서 소요했으나, 일찍이 남산 아래 저택을 짓고 호야呼耶하는 소리가 수년 동안 그치지 않았으므로 사람들이 이를 조롱했다. 을유년에 병으로 졸하니 나이가 53세였다' 라고 써서 춘추관에 바쳤습니다. 그런데 그 글 뒤에 저의 이름을 썼으므로 사람들에게 원망을 살까 꺼려하여 가만히 받아서 '졸' 자 하나만 썼습니다.

《예종실록》 권5, 1년 4월 경진

결국 원숙강은 세조와 그의 공신 권남, 대신 조석문을 비난하는 글을 사초에 썼다가 이를 지운 것이다.

사초를 고친 일이 탄로나 민수는 처음에는 사형에 처해질 위기에 놓였다. 그러나 예종이 동궁으로 있을 때 서연관이던 그는 임금을 뵐 때마다 눈물을 흘리며 말하기를 "신이 범한 죄가 매우 무거우니 법으로 주살됨이 마땅하오나, 다만 신은 독자로서 부모가 모두 살아 있으니 원컨대 성상께서 불쌍히 여겨주십시오"라고 탄원했다. 이에 임금은 "너를 안 지가 비록 오래나, 국가 대사를 당해서는 사사로움을 취할 수가 없다"라고 했다. 그러나 임금은 민수를 불쌍하게 여긴 나머지 마침내 사형을 감해 제주의 관노官奴로 충원하게 했다.

이렇게 민수는 죽음을 면했지만 사초를 고친 원숙강과 민수에게 사초를 내준 강치성은 임금을 속인 죄로 사형을 면치 못했다. 그리고 민수에게 처음에 사초를 빼내달라는 부탁을 받은 최명손과 이인석은 사실을 알고도 고발하지 않았다는 이유로 충군充軍(군졸이나 수군으로 군역에 복무하게 함) 처벌을 받았다.

이 사건 후 이러한 사옥을 막기 위해 사초에 사관의 이름을 밝히지 않는 옛 제도가 부활되었다. 민수는 성종 8년(1477)에 사면되어 예문관 봉교에 제수되었고, 그 뒤 예문관 응교와 사간원 사간 등을 역임했다.

## 살인 사건에 연루되어 파직되다
## _ 최관

최관崔灌은 성종 5년(1474) 식년 문과에 장원급제했으나 범죄에 연루되어 많은 고초를 겪었다. 그는 급제 직후 사간원 정언에 이어 예조 좌랑에 임명되었다. 그런데 예조 좌랑으로 있을 때인 성종 9년에 예조의 다른 좌랑, 정랑, 그리고 중학中學 관원들과 함께 예조의 청사에 모여 술을 마시고 예조의 여종인 춘비春非를 구타해 죽인 사건이 일어났다. 이 사건으로 주모자인 정랑 이종윤李從允은 곤장 100대에 유流(귀양) 3천 리에 처하고, 최관 등의 예조 관원들은 각각 파직했다. 술과 고기를 준비해 낭관들과 더불어 술을 마신 중학 교수와 훈도들도 관직이 강등되는 처벌을 받았다.

처음에 의금부에서는 더 강력한 처벌을 건의했었다. 즉 "전 예조 정랑 이병규李丙奎 등이 예조의 종 춘비를 법을 어기고 구타하여 죽게 한 죄는 《대명률大明律》 위력제박조威力制縛條의 '강제로 사람을 결박한 자는 장 80대고, 이로써 죽게 한 자는 교형絞刑에 처한다'라는 데 견줄 때, 정랑 이종윤은 주모자므로 때를 기다려 교형에 처해야 하고 이병규 이하는 수종이므로 곤장 100대와 유 3천 리에 해당합니다"라고 했다.

그러자 임금은 정승들에게 이를 논의하게 했는데 정창손, 한명회 등의 정승들은 "이 사람들이 공청公廳에서 술을 마음대로 마시고 사사로이 계집종을 때려서 죽게 했으니 죄가 진실로 중합니다. 그러나 율律에는 사형에 해당하지 않는데 율에 견주어서 죽을죄로 처단하는 것은 예전에도 그러한 예가 없었습니다"라며 사형에 반대했다. 그러자 임금은 "내 생각에도 반드시 죽이고자 한 것은 아니다. 내가 일찍이 듣건대 관리들이 가난한 노비를 불쌍히 여기지 않으며, 값도 주지 않고 술을 사 오라고 독촉하여 혹시 늦으면 즉시 벌을 준다는데 예조만 그런 것이 아니라 각사各司가 모두 그렇다고 한다. 이 같은 일은 적발하기가 어려운데 이번에 징계하지 않으면 어떻게 후인들을 경계할 수 있겠는가? 투구고살인조鬪毆故殺人條의 '주범이 공모하여 사람을 때려 죽게 한 자는 장 100대와 유 3천 리에 처한다'에 견주어, 이종윤은 주범이므로 장 100대와 유 3천 리에 처하고 나머지는 각각 장 100대에 직첩을 빼앗는 것이 어떻겠는가?"라고 함으로써 이들에 대한 처벌이 확정되었다.

이렇게 해서 최관은 곤장을 맞고 파직되었다가 나중에 관직이 두 등급 강등되어 한성부 참군參軍(정7품)으로 복직되었다. 그러나 옥사獄事의 처결을 잘못했다 하여 다시 좌천되어 한 등급 낮은 장악원 직장直長(종7품)이 되었다. 이처럼 그는 장원급제자임에도 여러 이유로 정6품직인 좌랑에서 3등급이나 강등되는 수모를 겪었다.

그 후 성종 13년에 임금이 말단의 관료로 처진 자들 가운데 훌륭한 이를 천거하라고 명하자, 영사 홍응洪應이 특별히 임용해야 할 사람으로 최관을 천거했다. 홍응은 구례舊例에는 일찍이 대장(사헌부의 집의, 장령, 지평과 사간원의 사간, 헌납, 정언)을 지낸 자는 등급을 낮추어 감찰(정6품)에 임용하지 않았다면서, 최관이 지낸 정언도 대장인데 직장에 임용한 것은 구례에 크게 어긋난다고 주장했다. 그리고 이어서 최관은 문예에 뛰어나고 무재도 조금 있으며 인품 또한 범상한 사람이 아니므로 그를 특별히 임용해야 한다고 건의했다. 이에 임금은 최관이 쓸 만한 사람임을 안다고 했으나 즉시 승진시키지는 않다가 몇 달 뒤에야 이조 좌랑에 제수했다.

그런데 최관은 좌랑에 이어 사헌부 지평과 집의를 지내고 예빈시 부정으로 있던 성종 22년에 잘못 들은 말을 퍼뜨려서 재상을 위태롭게 하려 했다는 이유로 다시 관직이 교체되는 처벌을 받았다. 그 후 오랫동안 당하관에 머물러 있다가 연산군 7년(1501)에야 비로소 당상관인 사간원 대사간에 임명되었다. 장원급제 직후 정6품직인 사간원 정언에 초임된 후

무려 27년 만에 정3품 당상관에 오른 것이다.

당상관에 오른 이후에도 그는 제대로 승진하지 못하고 거의 10년 동안 정3품직인 병조 참의에 머물러 있었다. 중종반정이 일어나 세상이 뒤바뀐 후에도 승진은 끝내 이루어지지 않았다.

## 탐관오리의 아들이라 벼슬길이 막히다
## _ 강태수

조선 시대에는 뇌물을 받거나 나라의 재물을 횡령한 죄를 범한 관리, 즉 장리의 아들은 서얼의 자손과 마찬가지로 과거를 볼 수 없었다. 종종 6년(1511)에 32세로 별시 문과에 장원급제한 강태수姜台壽는 비록 장원이었지만 이 규정 때문에 관직 생활 내내 어려움을 겪어야 했다.

그는 성종 때의 대신 강희맹의 손자로 일찍이 백부 강귀손姜龜孫에게 양자로 들어갔다. 그런 까닭에 그의 생부 강학손姜鶴孫이 관노비를 사사로이 점유했다는 이유로 장죄를 범한 것으로 판정받았지만 과거를 보고 장원을 차지할 수 있었다.

그런데 장원급제한 후 관직에 임명될 때 생부의 장죄가 문제가 되었다. 그를 공조 좌랑에 임명하자 부당하다는 주장이 제기된 것이다. 당시 부원군 유순柳洵은 "강태수는 백부의 뒤를 이었으니, 급제하지 않은 자와는 차이가 있습니다. 그러나 장리를 엄금하는 뜻으로 본다면 육조에 임용함을 허락하지 않는 것이 마땅합니다"라고 임금에게 건의했다. 또한 영의정 김수동金壽童 등은 "의정부, 육조, 승정원, 사헌부, 사간원, 홍문관, 춘추관 이외의 직에 임용을 허락하십시오"라 했고 영중추부사 박안성朴安性은 "강태수가 백부의 뒤를 이었다지만 무릇 4조祖를 상고하면 반드시 생부를 쓰게 되니, 육조에 임용하심은 잘못된 듯합니다"라고 주장했다.

그런 한편 그의 병조 좌랑 임명에 찬성하는 견해도 제기되었다. 동지사 정광필은 "그 아비가 비록 장오의 죄를 범했으나 숙부의 뒤를 이었기 때문에 과거에 나오는 것을 허락해 문과에 장원했는데, 이제 도리어 아비의 허물 때문에 낭관마저 막는다는 것은 가혹한 듯합니다"라 했다. 특진관 이계남李繼男도 정광필의 견해에 동조하여 "《경국대전》에 '장리의 자식은 과거에 나가는 것을 허락하지 않는다'라고 했지만 강태수는 백부의 뒤를 이었기에 생부가 장오를 범한 것을 따지지 않고 과거에 오르는 것을 허락했는데, 이제 '장리의 자식'으로 논한다면 국가의 법 운용이 전후가 어긋납니다. 그리고 '생부가 장오를 범했으니 마땅히 장리의 자식으로 논한다'고 한다면 전일에 과거를 보게 허락한 것이 잘못이니, 법의 운용이 글렀다면 그 과거는 개정해야 마땅합니다. 또한 과거를 보게 허락한 것이 옳다고 여겨 개정하지 않는다면 장리의 자식으로 의논함은 온당치 못한 듯합니다"라고 주장했다.

이와 같은 논의가 끝난 후 중종은 영의정 김수동의 의견에 따라 "남의 양자가 된 자는 자식이 된 것이므로 강태수는 이미 과거에 나간 것이니, 육조 등의 관청 외의 임용을 허락함이 옳겠다"라고 했다. 그러나 임금은 병조 좌랑 임용을 번복하지 않고 강태수를 계속 그 자리에 근무하게 했다.

그러자 이번에는 대간이 그의 관직을 갈아야 한다고 주장했다. 즉 "강태수는 장리 강학손의 아들이니, 비록 백부 강귀손이 입양했다고는 하지만 그 아비 학손을 아비라 하지 않을 수는 없습니다. '장리의 아들과 손자를 육조에 임용하지 말라'라는 것은 이미 《경국대전》에 실려 있는데, 태수에게 공조 좌랑을 제수한 것은 곧 법을 허물어뜨린 것입니다. 이제 삼공이 의논하기를 '의정부, 육조, 홍문관, 춘추관, 사헌부, 사간원 이외의 다른 직엔 임용하라'라고 했는데 삼공이 어떠한 소견에서 이러한 의논을 드렸는지 신 등은 알 수 없습니다. 나라에 정한 법이 있는데 능히 지키지 못하고 마음대로 변경한다면 그 해가 매우 크며, 육조의 직엔 장리의 손자도 임용할 수 없는데 하물며 그 아들이겠습니까. 태수의 직은 갈지 않을 수 없습니다"라 했다.

이러한 주장을 임금이 받아들이지 않자 대간에서는 1년이 넘도록 같은 건의를 계속 올렸다. 그러자 중종은 다음 해 7월, 장리의 아들로 남의 양자가 된 자는 사헌부와 사간원의 관직 외에는 모두 제수할 수 있다는 최종 결론을 내렸다.

그 후 중종 12년에 강태수는 다시 예조 정랑에 임명되었는데, 이번에도 대간이 육조 낭관에 맞지 않는다며 다시 그의 관직을 갈아야 한다고 주장했다. 결국 임금은 대간의 건의를 받아들여 그의 관직을 교체해 승문원 검교(정6품직)에 임명했다. 이처럼 그는 생부의 죄에 연좌되어 갖은 수모를 겪으며 순탄치 못한 관직 생활을 한 끝에 한직인 검교로 관직 생활을 마감해야 했다. 뒷날 사관은 그를 평하면서, 젊어서부터 재명才名을 자부하고 항상 의기가 만만했으나 소망이 뜻대로 이루어지지 않은 것을 한하여 사림士林을 원망하는 마음을 가졌다고 했다.

# 잔인한 운명

## 기묘사화로 장원급제가 무효화되다 _ 김식

김식은 조광조와 함께 사림파의 핵심 인물로 중종 14년(1519) 4월에 실시된 천거과(현량과)에 장원으로 급제했다. 그가 장원이 되자 중종은 "김식 같은 사람은 바로 성균관 대사성에 합당한데도 문과 급제자가 아니라는 데 구애되어 임용하지 못했는데, 장원이 되었다고 하니 매우 기뻐하노라"라고 만족해했다.

천거과는 사림파의 세력 확장 차원에서 자파 인사들의 중용이 목적이었기 때문에 다른 과거와는 달리 전국의 선비를 먼저 천거받고 이들에게 단 한 번의 대책을 치러 급제자를 결정했다. 따라서 실시 당시에는 이를 현량과라 부르지 않고 천거과라고 불렀다. 현량과라는 명칭은 기묘사화 뒤 천거과를 깎아내리려는 훈구파에 의해 붙여졌다.

이에 따라 중종 13년 3월에 조광조 등의 사림파가 그 시행을 건의한 후 약 6개월에 걸쳐 천거가 실시되어 모두 120명이 천거되었다. 이들 가운데 40여 명을 예조에서 선발하여 이듬해 4월에 경복궁 근정전에서 대책이 치러졌다. 대책 시험이 끝난 후 김식을 장원으로 한 급제자 28명이 확정되었다. 이들은 대부분 사헌부, 사간원, 홍문관 등의 요직에 포진되어 훈구파 공격의 선봉으로 활약했다. 김식도 장원급제한 직후 사헌부 장령에서 성균관 사성으로 승진하고 이어서 홍문관 부제학, 성균관 대사성 등의 요직에 임명되었다.

이렇게 천거과에 장원급제한 그에게는 탄탄한 출세가도가 보장된 듯 보였지만, 중종 14년 11월에 일어난 기묘사화로 모든 것이 물거품이 되고 말았다. 기묘사화가 일어나자 정권을 장악한 훈구파는 우선 천거과를 무효화하는 파방을 추진했다. 당시 훈구파 인사들은 일제히 천거과의 파방을 외쳤는데 "천거과는 뽑아 쓰고 싶은 사람만 골라서 응시하게 하고, 아래에 있는 자가 오르기도 하고 이미 떨어진 자가 뽑히기도 했으니 매우 공정하지 않습니다. 과거는 조종조부터 행해왔고 가장 공정한 방도인데 이제는 이러하니 천거과를 파하십시오. 그러고서야 사습士習(선비의 풍습이나 정신)도 일정한 향방이 있게 될 것입니다"라거나 "천거과는 전하를 속인 것이 많습니다. 신 등이 천거된 자들의 명단을 보니 모두가 거짓이었습니다"라면서 천거과 파방을 주장했다.

이러한 주장에 중종은 처음에는 "이 과거는 과연 조종조에 없던 것이며 당초에 대신들도 불가하다고 하는 사람이 많았으나, 내가 인물을 쓸 데가 매우 많다고 생각했으므로 특별히 설치했다. 과거는 중요한 일이므로 파할 수 없으니, 갑자년 과거의 전례에 따라 급제자들은 우선 현직顯職(높고 중요한 관직)에 등용하지 않는 것이 옳을 것이다. 새로 급제한 자들은 장원만 파해야 하고, 한 과방科榜을 다 파할 수는 없다"라고 하여 천거과 전체를 파해서는 안 되고 장원급제만 취소해야 한다고 했다.

그러나 훈구파의 공세에 밀려 중종은 끝내 자기 주장을 철회하고 파방에 동의해야 했다. 결국 그해 12월에 천거과의 파방이 단행되어, 급제자들에 대한 임용 금지와 직첩 회수 조치가 취해졌다. 김식도 다른 급제자와 함께 장원급제가 취소되고 급기야 자살로 생을 마감했다. 그는 기묘사화 직후 도피했다가 경상도 거창의 산골에서 목을 매어 자살했다.

그 후 사림파가 서서히 재기함에 따라 중종 말기부터 천거과에 대한 복과復科 운동이 일어나서 인종 원년(1545) 6월 마침내 천거과의 복과가 이루어졌다. 그러나 그해 10월에 명종이 즉위한 후 일어난 을사사화로 윤임 일파가 제거되고 윤원형 일파가 실권을 장악함으로써 천거과는 또다시 파방되는 시련을 맞았다. 이 때문에 명종 때는 천거과의 복과가 끝내 이루어지지 못하다가 선조가 즉위한 직후인 선조 원년(1568) 8월에 최종적으로 재복과가 실현되었다. 김식은 이미 사망했으나 재복과에 따라 장원급제자의 지위와 관작이 회복되었으며 선조 때 영의정에 추증되었다.

기묘사화로 화를 입은 사림파 출신 장원은 김식 외에도 김정金淨, 한충韓忠, 이자李耔등이 있다. 김정은 중종 2년(1507)에 증광 문과에 장원급제해 사림파의 성장에 따라 도승지, 대사헌에 이어 형조판서로 승승장구한 인물이다. 하지만 기묘사화로 사형될 위기에 빠졌다가 다행히 대신들의 비호로 사형을 면하고 제주도로 유배되었다. 그러나 중종 16년(1521)에 훈구파가 일으킨 신사무옥辛巳誣獄에 연루되어 독약을 받고 죽고 말았다. 신사무옥은 사림파 안처겸安處謙 등이 무리를 모아 변란을 일으키려는 음모를 꾸민다고 무고함으로써 일어난 사건으로, 기묘사화 때 살아남은 사림파 인사들 상당수가 죽거나 귀양을 갔다.

한충은 중종 8년(1513) 별시 문과에 장원을 차지하고 좌승지 등을 거쳐 충청도 수군절도사로 재임하던 중 기묘사화를 맞았다. 그는 평소 조광조와 교유했다 하여 거제도로 유배되었다가 신사무옥 때 훈구 대신 남곤南袞이 보낸 자객에게 살해되었다. 연산군 10년(1504)에 실시된 식년 문과에 장원을 한 이자도 기묘사화로 피해를 당한 사림파의 한 사람이다. 그는 우참찬까지 승진했으나 기묘사화가 일어나자 파직되어 숙청되었다. 간신히 죽음은 면했지만 그 후 그는 충주 등지로 은거하며 여생을 세상을 등지고 살았다.

### 임금을 비판했다가 급제가 취소되다
### _ 임숙영

광해군 때는 대책 시험에서 임금을 비난하는 답안을 썼다가 장원도 되지 못하고 급제 자체가 취소된 일이 있었다. 광해군 3년(1611)에 실시된 별시 문과의 대책에서 임숙영任叔英이 주어진 제목이 아닌 제목으로 임금과 외척 세력, 권신 등을 싸잡아 극렬하게 비난했다. 이를 시험관 심희수沈喜壽가 적극 취해 장원으로 발탁하려 했지만 동료들의 만류로 결국 등수를 낮춰 병과로 급제시켰다. 그런데 광해군이 그 대책문을 보고 크게 노해 급제자 명단에서 임숙영의 이름을 삭제하게 지시했다.

임숙영의 답안을 본 광해군은 격노하여 다음과 같은 전교를 내렸다.

> 과거 시험에서 응제문應製文은 정해진 법식이 있으니, 옛날 사람들은 아무리 과격하고 곧은 말이라도 모두 질문한 제목에 나아가서 도리와 욕심, 공과 사를 논했을 뿐이었다. 그런데 요사이 인심이 극악하여 오직 임금을 헐뜯고 욕하는 것을 능사로 여기니 너무나 무리하다.
>
> 내가 응시자 임숙영의 응제문을 보니 그 답이 질문에 대한 것이 아니고 별도로 제목을 벗어나 방자하고 거리낌 없이 패악한 말을 했다. 그런데 또한 시험관이 합격시켰으니 숙영의 임금이 된 자는 너무도 괴롭지 않겠는가.
>
> 그가 하고 싶은 말이 있어서 상소를 하여 극구 말했다면 그래도 괜찮지만 과거 시험장에서 감히 제목을 벗어나 글을 지어 온갖 말로 비방했다. 이 글을 합격시킨다면 말세의 경박한 무리들이 반드시 앞을 다투어 임금을 욕하는 글을 미리 지어서 시험관의 눈을 현혹하여 합격하는 수단으로

삼을 것이니, 그 폐단은 앞으로 바로잡기 어려울 것이다. 임숙영을 방목에서 삭제하라.

《광해군일기》 권39, 3년 3월 정사

이처럼 광해군은 정해진 규칙을 어기면서 답안을 지어 임금을 비판한 것은 방자하기 짝이 없는 일이므로 그의 이름을 급제자 명부에서 지우게 했다.

그러면 임금을 노하게 한 대책은 과연 어떤 내용이었을까? 그 일부분을 보면 다음과 같다.

달리고 다투는 길을 열어놓으심으로써 하늘이 전하에게 부여한 현자를 임용하는 도가 여기에 이르러 폐해졌으며, 안일하고 편안함을 즐기심으로써 하늘이 전하에게 부여한 자강불식하는 도가 여기에 이르러 폐해졌으니, 이 때문에 충직한 선비가 가슴을 치고 팔을 걷어붙이고 전하를 원망하지 않는 이가 없습니다.

(…) 게다가 관직을 맡은 사람은 조그맣게 이루어지는 효과를 즐겨서 깊고 먼 염려를 잊으며, 일을 맡은 사람은 한때의 이익에 얽매여 장구한 계획에 소홀하니, 위에서 직분을 태만히 하여 아랫사람들이 생업을 잃고 위에서 은혜가 적어 아랫사람들이 노여움을 품고 있습니다.

이로 말미암아 전하의 나라가 혼란해지기 전에 먼저 위태로우니 이는 마치 나무가 속이 썩고 집이 안에서 무너지는 것과 같아서 비록 겉모양은 변함이 없으나 당장에 쓰러지고 무너질 것입니다.

그러므로 이야말로 군신과 상하가 경계하고 면강하여 천명을 맞이해야 할 시기인데도 이것은 힘쓰지 않고 한갓 겉치레만 일삼아 마치 태평시대처럼 여기니, 전쟁이 사방의 국경 안에서 터지지 않았다 뿐이지 어찌 이러한 상태를 편안하게 여길 수 있겠습니까.

《광해군일기》 권39, 3년 3월 정사

이와 같이 그는 임금의 실정으로 나라가 금방 망할 정도라고 광해군의 정치를 비판했다. 그러나 그의 비판의 초점은 당시에 외척인 류씨柳氏 일문이 조정에 관여하여 관리 임용 등을 좌지우지하는데도 조정의 신하 중에 감히 지적해 물리치는 사람이 없었음을 지적하려는 데 있었다. 그리고 당시의 권신 이이첨 등이 존호尊號(왕이나 왕비의 덕을 높이 기리는 뜻으로 올리던 칭호)를 올려서 임금에게 아첨하고자 했기 때문에 이를 비판한 것이다. 이처럼 그의 대책은 외척이나 권신들이 교만하게 멋대로 구는 것과 내전에서 정사에 간여하는 것 등을 공박하는 내용이었다.

임숙영의 사건을 전한 사관은 이렇게 개탄했다.

국가가 망함이 바로 여기에 있지 않은가. 충직하고 곧은 말을 비방이라고 하여 도리어 엄중히 책망하고 삭제의 벌을 내렸으니, 위태롭고 망하는 화란이 조석에 닥치더라도 누가 말을 하여 자기 몸을 위태롭게 하겠는가. 이와 같이 하고서 망하지 않는 자는 드무니 통탄을 금할 수 있겠는가.

《광해군일기》 권39, 3년 3월 정사

임숙영은 참으로 아까운 인재였다. 천성이 곧고 지조가 굳었으며 총명한 데다가 많은 책을 널리 열람했다. 그리하여 국조의 전고典故와 씨족의 원류 및 산천, 도로, 민요, 조세 등을 모두 환히 알았으며 천하의 지리까지도 그 지역을 다녀본 것처럼 또렷이 알았다. 문장을 지을 적에도 붓만 잡으면 금방 글이 되었다 한다. 특히 한문 문체의 하나인 사륙문四六文에 더욱 능해, 그가 지은 〈통군정서統軍亭序〉라는 글은 중국 학사가 "천년 이래의 절조絶調가 다시 해외에서 나왔다"라고 할 정도로 뛰어났다. 또한 일찍이 이규보李奎報의 삼백운三百韻을 흠모한 나머지 율시 육백운六百韻을 지었는데, 사람들이 그 거작에 탄복했다고 한다.

임숙영이 임금을 비난하는 답안을 작성했다는 이유로 급제가 취소되자 이를 두고 대간을 중심으로 격렬한 논쟁이 벌어졌다. 그러다가 정승 이덕형, 이항복 등의 간곡한 요청이 광해군에게 받아들여져 결국 몇 달 후에 급제가 회복되었다. 그 결과 임숙영에게 승문원 정자와 박사 등의 관직이 제수되었다. 그는 승문원에 근무하면서도 조금도 기세가 꺾이지 않아 거침없이 극렬한 말을 했다.

그러자 권신 이이첨의 무리들이 그를 더욱 미워해 비방꾼으로 지목하다가 드디어 삭탈관직하여 지방으로 내쫓았다. 이때부터 임숙영은 오두막집에서 잠방이를 걸친 채 살며, 죽도 넉넉하게 먹지 못했지만 즐거워하면서 지푸라기 하나라도 남에게서 취하지 않았다. 그 후 인조반정이 일어나자 복직되었으나 관직 생활이 순탄치 못해 홍문관 부수찬, 사헌부 지평 등을 지내는 데 그치고 말았다.

지평을 제수받은 후에도 일을 논하는 것이 하도 강직해 사람들이 모두 사모하고 우러러보았다 한다. 어느 날 그가 감기에 걸리자 친구가 긴 이불을 빌려주며 땀을 조금 내라고 했는데, 그는 그 이불을 덮지 않고 그대로 두었다. 그가 죽은 뒤에 친구가 와보니 이불이 짧아서 두 발이 드러나 있었다. 이때 나이가 48세였는데, 그가 죽었다는 소식을 듣고 원근에서 모두 슬퍼하고 안타까워했다고 한다.

당시 권필權韠이라는 선비는 다음과 같은 시를 지어 임숙영의 용기에 동조했다가 큰 화를 입기도 했다.

궁 안 버들은 푸르고 꽃은 어지러이 나는데
온 성안 벼슬아치 봄빛에 재롱부리네
조정에선 태평의 즐거움을 함께 축하하는데
누가 포의布衣에게 위태로운 말 하게 했나

권필은 이 시 때문에 죽음을 맞고 말았다. 이 시에서 제일 문제가 된 부분은 첫 부분 '궁 안 버들'을 나타내는 '궁류宮柳'라는 두 글자였다. 대부분의 사람들은 이것을 외척인 류가柳家나 중전을 지적한 것으로 여겼다. 이 시를 전해 들은 광해군은 "권필이 어떤 사람이기에 감히 이런 시를 지어 멋대로 비난한단 말인가. 임금을 무시하는 부도한 죄가 매우 크다"라면서 그를 잡아다 심문하게 명했다.

그는 심문하는 자리에서 결코 외척을 비난하거나 임금을 무시하려는 뜻으로 지은 시가 아니라고 혐의를 부인했다. 그는 "임숙영이 전시의 대책에서 미치광이 같은 말을 많이 했으므로 신이 이 시를 지은 것인데, 대의는 '좋은 경치가 이와 같고 사람마다 뜻을 얻어 잘 노니는데 숙영이 포의(벼슬 없는 선비)로서 어찌하여 이런 위험한 말을 한단 말인가'였습니다. 옛날의 시인들은 흥興의 시체詩體를 가탁하여 풍자한 일이 있었기 때문에 신이 이를 모방해 지으려 한 것입니다. 숙영이 포의로서 이처럼 과감하게 말하는데 조정에서는 바른말을 하는 사람이 없었기에 이 시를 지어 제공諸公들을 풍자함으로써 면려되는 것이 있기를 바란 것입니다. '궁류' 두 글자는 당초 왕원지王元之가 전시 때 지은 시인 '대궐 버들이 봄 아지랑이 속에 휘휘 늘어졌네'에서 한 글귀를 취한 것인데, 시를 보는 사람들은 시에 들어 있는 류 자를 가지고 고의로 외척을 가리킨 것이라고 합니다만 신의 본마음은 그렇지 않습니다. 신은 어려서부터 다른 것은 배운 것이 없고 단지 시를 짓는 것만 터득했기 때문에 어떤 일을 당하면 번번이 시를 지어왔습니다. 설혹 어리석고 망령되어 잘못 말을 만들었다 할지라도 어찌 임금을 무시하는 마음이 있었겠으며 부도한 말을 멋대로 할 수가 있겠습니까"라고 했다.

그러나 임금은 "궁류가 외척에 관계되지 않는다는 내용을 바른대로 고해야 한다"라면서 몸소 심문하겠다고 했다. 그리고 임금이 계속해서 문초했으나 권필은 "신은 단지 경치에 대해 말했을 뿐입니다. 다른 사람들은 혹 외척을 가리킨 것이라고도 합니다만 실상은 그렇지 않습니다"라고만 했다.

그러자 임금은 형신을 가하라고 명했다. 이렇게 국문을 받은 권필은 결국 함경도 경원으로 귀양을 가게 되었다. 본래 몸이 허약하던 그는 혹독한 매를 맞았기 때문에 들것에 실려 도성 문을 나간 직후 숨을 거두었다.

권필은 뜻이 크고 기개가 있었으며 논의와 풍도가 당시에 으뜸이어서 약관의 나이에 당시의 인걸들을 다 사귀었으므로 명성이 대단했다. 선조 때 당쟁이 시작된 뒤부터 세상일에 뜻이 없어 과거에 응시하지 않은 채 산과 바다를 떠돌면서 시와 술로 즐겼다.

언젠가 선조가 그의 시 수십 편을 가져오게 해서 열람하고는 가상히 여겨 관직을 제수하라고 명해 참봉에 제수했으나 그는 부임하지 않았다. 다시 동몽교관에 제수하자 잠시 취임했다가 곧바로 버리고 갔다. 성질이 강건하고 입바른 자신의 성격을 알기에 화를 당할까 깊이 두려워해 힘써 숨어 지내려 했으나, 시를 지어 시인時人을 풍자하기 좋아했으므로 시 한 편이 나올 적마다 도리어 도성 안이 떠들썩하게 외워 전했다. 이 때문에 벼르는 사람이 많게 되었고 끝내 화를 면하지 못한 것이다.

## 단종 복위 사건으로 희생되다
## _ 하위지

사육신 하위지河緯地는 세종 17년(1435)에 생원시에 합격한 후 세종 20년의 식년 문과에서 대간臺諫의 간담을 서늘하게 한 답안을 써서 장원급제했다. 그 후 예조 참판으로 있던 세조 2년(1456)에 단종 복위를 도모하다 발각되어 죽음을 당했다.

그가 장원급제할 때 작성한 대책의 글은 당시 커다란 파장을 일으켰다. 그가 쓴 대책 답안은 대간 즉 사헌부와 사간원 관리들이 그 직책을 다하지 못한다고 비난하는 내용이었는데, 이에 대간들이 벌떼같이 일어나서 하위지를 비판하며 사직을 하는 소동이 벌어졌다. 대사헌 안숭선 등은 "요사이 과거 응시자 하위지가 대간들이 그 직책을 다하지 못한 실책을 극구 풍자했는데, 신 등은 스스로 송구하여 감히 더는 직책을 더럽히지 못하겠나이다"라면서 사직했다.

그러자 임금이 하위지의 대책 답안을 들여오라고 명하면서 "과거를 베풀어 대책을 시험하는 것은 그 직언을 구할 따름인데, 위지의 책문은 강직하게 해답하고 조금도 감추거나 숨기지 않았으니 매우 취할 만하다. 또한 그가 논한 바는 무릇 대간의 과실을 말한 것뿐인데 경들이 어찌 이것을 가지고 미워한단 말인가"라면서 대간을 나무랐다.

이때 문제가 된 대책 시험 문제는 다음과 같았다.

대간이란 임금의 눈과 귀며 조정의 중한 청선淸選이다. 그러므로 반드시 어진 이를 택하여 이를 제수하고 서열의 구애 없이 일을 맡기는 것은, 언로言路를 개방하고 그들의 풍채와 기절을 권장하려는 것이었다. 근래에는 으레 자격을 챙기고 보통 관원과 다름이 없어, 혹자는 말하기를 '이렇게 하게 되면 대간이 한자리에 오래 머물게 되어 격려하는 뜻도 없으려니와, 언로가 장차 막히게 되어 정직한 진언자가 적을 것이다' 라고도 하는데 그 말이 과연 그러한가 그렇지 않은가.

《세종실록》 권81, 20년 4월 을축

한마디로 효율적인 대간의 임용과 교체 방안을 물은 것인데, 이에 하위지는 다음과 같이 답했다.

대간이란 구중궁궐의 눈과 귀며, 모든 벼슬아치의 먹줄로서 조정의 중선重選입니다. 그러기에 임금의 좌우에 서서 임금과 더불어 시비를 다툽니다. 임금은 '행할 만하다' 라는데도 대간은 '결코 행할 수 없다' 라 하고, 임금은 '마땅히 죽여야 한다' 라는데도 대간은 '결코 죽여서는 안 된다' 라 하며, 진노에 부딪치면서도 천안(임금의 얼굴)에 항거하는 것이니 그 임무가 또한 무겁지 않습니까. 그러므로 이 세상에 나서 벼슬을 않는다면 모를까 벼슬을 한다면 반드시 대간이 되어 임금과 가까이 하려는 것은 족히 그 말씀을 듣고 계책을 행하게 할 수 있기 때문입니다.

(…) 옛날에 대간의 책임을 맡은 자는 부월斧鉞(형구로 쓰던 도끼)은 앞에 놓고 정확鼎鑊(죄인을 삶아 죽이던 큰 솥)은 뒤에 두어 어떤 위협 속에서

도 그 일신을 돌아보지 않고서 기탄없이 말했으니, 어느 겨를에 자격이 적체되어 있다거나 작록이 오르지 않음을 헤아려 일신의 사모私謀를 운운하겠습니까. 혹자의 말이란 어찌 그다지도 대간을 소홀히 대한단 말입니까. 오랫동안 한자리에 적체되었다 하여 스스로 격려하는 의지도 없다면, 이는 이록利祿만을 동경하는 관원일 것입니다. 어찌 더불어 임금을 섬기겠습니까.

(…)제가 처음 서울에 와서 길에서 얻어들으니, 흥천사興天寺 중수 공사에 승도僧徒 천여 명이 동원되었고 자재의 소비가 그 얼마임을 알 수 없으며, 급식에 따른 양곡이 하루 수십 섬 이상 소요된다고 합니다. 대가大家와 거상들이 속임수와 꾀는 수작을 그대로 믿고 앞을 다투어 미곡과 포목 등을 희사하며, 혹시나 절호의 기회를 잃을까 두려워한다 하며, 그 공사에 따른 비용이 실로 만萬을 헤아린다고 합니다. 이는 곧 정사년 구황救荒(흉년 등으로 기근이 심할 때 빈민들이 굶주림에서 벗어나게 도움) 당시 한 고을 수만 이재민의 반년 식량에 해당하는 것으로, 이 수만 명의 군중이 반년간이나 연명할 물자를 한날 무용한 비용에 헛되게 버리는 결과가 되는 것이니 그 비용이 비록 민간에서 나온다 하더라도 국가의 손실은 마찬가지입니다.

(…)이 공사를 일으킨 것이 국가 계책에 손실이 없는 것이 아닐 터인데 어전에 나아가 성상의 옷깃을 끌며 그 폐해를 극구 진달하는 자를 듣지 못함은, 이 어찌 공론의 아쉬운 바가 아니겠습니까.

《세종실록》 권81, 20년 4월 을축

이처럼 하위지는 대간의 임무가 참으로 막중하다는 것을 강조한 다음, 홍천사 중수 공사에 막대한 경비가 들어가는데도 대간이 임금에게 직언을 올려 공사를 만류하지 않은 것을 날카롭게 지적했다.

당시 시험관이던 판예조사判禮曹事 허조가 이 대책문을 읽고 한참 동안 탄복하며 칭찬한 끝에 같이 있던 대간을 돌아보고 말하기를 "대간의 책임을 맡은 자는 이를 보면 부끄러울 것이다. 이 한 조목은 대간들의 병통(심한 잘못이나 결점)을 적중히 찌른 말이다" 하니 그들이 부끄러워했다고 한다. 하위지를 계속 비판하던 대간들은 그 후 좌천되거나 파직되었으나 하위지는 급제자 발표 후 집현전 부수찬에 임명되었다.

대간은 그야말로 죽음을 무릅쓰고 임금과 신하의 그릇된 처사에 항거해야 함을 대책을 통해 절절하게 지적한 하위지는, 이렇게 강직한 뜻을 지닌 사람답게 수양대군의 불의에 저항해 분연히 일어났다.

하위지와 함께 사육신의 한 명인 성삼문成三問은 세종 20년에 하위지와 함께 식년시에 급제하고, 세종 29년(1447) 문과 중시에 장원급제한 인물이다. 단종 1년(1453)에 정난공신이 되고 집현전 학사를 지낸 후 집현전 부제학, 예조 참의 등을 거쳐 세조 2년(1456) 단종의 복위를 꾀하다 실패해 극형에 처해졌다.

사육신에 대한 처벌은 그야말로 처참한 것이었다. 사건 직후 의금부에서 아뢴 바에 따르면 "이개, 하위지, 성삼문, 박중림, 김문기, 유응부, 박쟁, 송석동, 권자신, 윤영손, 아가지, 불덕 등이 결당하여 어린 임금을 끼고 나라의 정사를 마음대로 할 것을 꾀해, 6월 1일에 거사하려 했으니 그 죄는 능지처참에 해당합니다. 재산 몰수와 연좌도 아울러 율문에 따라 시행하소서"라 하여 그들을 능지처참에 처하고 재산을 몰수하며 친척들을 연좌 처벌할 것을 주장했다.

이에 따라 세조는 사육신에 대한 처벌 결정을 내렸다. 성삼문 등의 친자식들을 모조리 연좌시켜 교수형에 처하고 어미와 딸, 처첩, 조손祖孫, 형제자매와 아들의 처첩은 변방 고을의 노비로 영속시키고, 나이 16세 미만인 자는 지방에 살게 하다가 나이가 차기를 기다려서 멀리 안치시키게 했다. 그러고 나서 모든 벼슬아치를 군기감 앞길에 모아서 빙 둘러서게 한 다음, 죄인들을 환열轘裂(죄인의 팔다리를 각각 수레에 묶고 수레를 반대 방향으로 끌어서 찢어 죽이는 형벌)하여 두루 보이고 그들의 목을 베어 3일 동안 모두가 볼 수 있게 거리에 매달아놓았다. 하위지, 성삼문 등의 사육신은 이렇듯 비록 의로운 일을 하려다가 당한 비극이라지만 그 자신뿐 아니라 일가친척이 온통 처참한 비극을 겪게 되고 말았다. 성공하면 공신이요 실패하면 역적이 된다고 했는데, 공신과 역적의 차이는 그야말로 하늘과 땅만큼 컸다.

하위지와 성삼문은 단종 복위를 꾀하다 죽임을 당했지만, 반면 정인지와 권남은 세조를 도운 공신이 되어 온갖 부귀영화를 누린 장원급제자들이다.

정인지는 태종 11년(1411)에 16세로 생원시에 합격했고 태종 14년에 식년 문과의 장원으로 뽑혔다. 그가 병조 좌랑으로 있을 때 태종이 머리를 들게 하고서 자세히 본 뒤에 세종에게 말하기를, "나라를 다스리는 데는 인재를 얻는 것보다 먼저 해야 할 것이 없는데 정인지는 크게 등용할 만하다"라고 했다고 한다.

그 후 정인지는 여러 번 승진해 집현전 응교로 있던 세종 9년(1427)에 문관 중시에 다시 장원하여 집현전 직제학에 제수되었다. 세종 20년(1438)에 예문관 제학에 제수되었다가 형조 참판으로 옮겼는데, 이때 세종이 형조판서 정연鄭淵에게 "경을 대신할 만한 자가 누구인가?"라고 물었다. 그러자 정연이 대답하기를 "정인지가 재주와 덕망이 출중합니다" 하니 그를 즉시 발탁해 형조판서로 삼았다고 한다. 그 뒤 예문관 대제학, 의정부 우참찬, 예조, 이조, 공조의 판서와 의정부 좌참찬을 역임했다.

수양대군이 1453년에 계유정난을 일으키자 정인지는 여기에 참여해 우의정으로 승진하고 정난공신 1등이 되었으며 하동부원군에 봉해졌다. 1455년에 세조가 즉위하자 영의정으로 승진되고, 세조의 즉위를 도운 공으로 다시 좌익공신 3등에 올랐다. 예종 때 남이의 옥사가 일어난 후 익대공신 3등에 책록되고 성종이 즉위한 후에 다시 좌리공신 2등에 오른 후 83세로 죽었다. 이렇게 하여 모두 네 차례나 공신에 올랐다. 공신이 한 번 되기도 어려운 일인데 네 번이나 되었으니 대단한 영예가 아닐 수 없었다.

공신이 된다는 것은 엄청난 혜택이 주어지는 것을 의미했다. 정식 공신은 보통 1등부터 3등까지 있었고 그 밖에 원종공신이 있었는데, 각 등급에 따라 차등 있게 특혜가 베풀어졌다. 공신에게는 우선 논공행상에 따라 높은 관직이 제수되고 많은 토지와 노비가 하사되었다. 그야말로 권력과 부, 명예가 한꺼번에 주어졌다.

그는 4명의 아들을 두었는데 그중 정현조鄭顯祖는 세조의 딸인 의숙공주懿淑公主에게 장가들고 좌리공신이 되어 하성군河城君에 봉해졌다. 정숭조鄭崇祖도 좌리공신으로 하남군河南君에 봉해졌다.

이렇게 장원급제 후 영달하여 온갖 부귀영화를 누린 정인지였지만 축재에도 능했던 모양이다. 재산 늘리기를 좋아해 수만석지기가 되었는데도 땅을 더 차지하려 했고, 심지어 이웃에 사는 사람의 것까지 많이 점유했으므로 사람들이 이를 그르게 여겼다고 한다. 그의 아들 정숭조는 아버지의 그늘을 바탕으로 벼슬이 재상에 이르렀는데, 그의 재물 축적도 아비보다 더했다는 비난을 받았다.

정인지와 함께 세조의 총신이던 권남도 수양대군이 김종서 등을 제거하고 실권을 장악한 계유정난에 적극적으로 참여해 정난공신 1등에 책록되었다. 단종 3년(1455) 1월에 내려진 하교를 보면 그의 공이 매우 컸음을 알 수 있다.

> 숙부 수양대군이 비밀히 더불어 말하고 폐부를 헤쳐 보이니, 네가 숙부의 한마디 말을 듣고 분연히 충의의 마음을 일으켜 몸을 나라에 바치려 했다. 이에 한명회와 더불어 더욱 숙부를 격려하여 모의를 합하고 계책을 결정하여 충성을 다하고 기이한 계교를 내어, 드디어 여러 간신을 베어 멸하고 왕실을 재건하여 오늘의 아름다움이 있게 했다. 이것이 비록 천지 종사의 신령이 보호하고 도와주어 숙부의 마음을 달랜 것이지만 위태함에 임하여 기이한 꾀를 내고 참모하고 획책한 것이니, 너의 공이 실로 크다.
>
> 《단종실록》 권13, 3년 1월 경오

그는 이처럼 수양대군의 최측근 참모로서 여러 가지 묘책을 내어 반대파를 제거하고 수양대군이 대권을 거머쥐는 데 커다란 공을 세웠다. 정난공신이 된 후 권남에게는 전지田地 200결, 노비 25명, 말 1필, 백은白銀 50냥 등의 상이 내려졌다. 그는 뒤에 다시 좌익공신 1등으로 책봉되어 또 다시 많은 토지와 노비 등을 하사받았다.

세조 6년(1460) 8월에 사정전에서 종친과 재상들이 참석한 술자리가 베풀어졌는데, 이 자리에서 당시 우의정이었던 권남은 다음과 같은 시를 지었다.

> 성주聖主께서 이미 다시 교화의 정치를 펴시니
> 훈신勳臣들이 다투어 태평의 시를 드리네.
> 고굉股肱과 원수元首는 고기와 물 같으니
> 풍운의 호랑이와 용이 마침 때를 만났네.

이 시를 들은 세조는 "자못 장원의 기풍이 있도다"라고 평했다고 한다.

이처럼 하위지, 성삼문, 정인지, 권남은 모두 같은 시대의 장원이었지만 정치적인 판단 결과에 따라 그들의 운명은 극명하게 갈렸다.

## 끝까지 충절을 지키다가 스러지다
## _ 오달제

중국 대륙에서 명나라가 쇠퇴하자 북방의 여진족이 크게 성장해 추장 누루하치가 여러 부족을 통합, 1616년에 후금後金을 세우고 명나라를 압박했다. 광해군은 명과 후금의 전쟁에 휘말리지 않기 위해 신중한 중립 외교정책을 펼쳤다. 그러나 인조반정으로 서인 정권이 들어서자 후금을 배척하고 명과 가까이 지내는 이른바 친명배금 정책으로 돌아섰다.

이에 불만을 품은 후금은 정묘년(1627)에 조선에 쳐들어왔다가 돌아갔다. 그 후 후금은 1636년 국호를 청淸으로 바꾸고 황제를 칭하면서 조선에 군신 관계를 요구했다. 조선이 이를 거절하자 청은 다시 조선을 침략했으니, 이것이 병자호란이다. 이때 인조는 남한산성으로 피신했다가 청나라 군대의 포위에 고전하다가 결국 45일 만에 송파의 삼전도에서 항복하고 말았다.

청군이 쳐들어오자 조선 조정은 끝까지 싸워야 한다는 주전론主戰論 즉 척화론斥和論과 싸우지 말고 화친을 맺고 휴전해야 한다는 주화론主和論으로 갈려 격론을 벌였다. 당시 주화파의 선봉은 대신 최명길崔鳴吉이었고 척화파의 대표는 소장 관리 오달제吳達濟였다. 오달제는 26세 때인 인조 12년(1634) 별시 문과에 장원으로 급제해 전적, 좌랑, 지평 등을 거쳐 병자호란이 일어나던 인조 14년에 정6품직인 홍문관 수찬이 되었다.

청군이 침략을 시작하자 주화파 최명길 등의 주장으로 화친을 위한 사신을 교환하게 되었는데, 오달제는 최명길을 비난하는 다음과 같은 강경한 상소를 올렸다.

지난번 최명길이 사신을 보내 서신을 교환하자는 의논을 화의和議를 거절한 후에 제안했고, 삼사의 공론이 이미 제기되었는데도 오히려 국가의 사체事體는 생각지 않고 전하의 의중만 믿고서 경연 석상에서 감히 황당한 말을 진달했습니다. 그리하여 위로는 성상의 귀를 현혹하고 공론을 견제했으며 심지어는 대론臺論(탄핵)이 제기되었음에도 한편으로 사신을 들여보내야 한다고 말했습니다. 아! '한마디 말이 나라를 망친다' 라는 것은 이를 두고 한 말인가 봅니다. 그 말의 전도됨이 몹시 해괴합니다. 홍문관 관원이 대면하여 책망하고 중론이 격분하여 일어나기까지 했으니, 명길은 의당 황공해하고 위축되어 결론을 기다리는 것이 도리일 것입니다. 그런데 오히려 태연하게 차자箚子(간략한 상소문)를 올려 이치에 어긋나는 논리를 다시 전개하여 의리가 어떠한지는 돌아보지 않았습니다.

대체로 대간의 의논은 체면이 몹시 중한 것입니다. 비록 대신의 지위에 있더라도 감히 대항하지 못하고 책임을 지고 사직해 불안한 뜻을 보이는 법인데, 명길은 어떤 사람이기에 유독 공론을 두려워하지 않음이 이처럼 극도에 이른단 말입니까. 방자하고 거리낌 없는 죄를 바로잡지 않을 수 없습니다. 신이 이런 의향을 본관의 관원이 함께 모인 자리에서 여러 번 제안했으나 끝내 의견의 일치를 보지 못했습니다. 신이 이미 제안했으나 견제가 이와 같으니 신을 파직하십시오.

《인조실록》 권33, 14년 10월 기사

이러한 상소를 본 인조는 격노하여 "대체로 사람이 잘못이 있으면 그 잘못된 것만 책망하는 것은 옳지만, 경중을 살피지 않고 지위의 높고 낮은 것도 가리지 않고 기회를 틈타 마음 내키는 대로 매도하는 것은 아주 옳지 못한 일이다. 판윤 최명길은 1품 중신으로 사직에 공이 있는 사람이다. 그의 말이 설사 맞지 않는 것이 있더라도 결코 멸시하고 욕을 해서는 안 되는데, 젖비린내 나는 어린 사람도 모욕을 주니 오늘날 국가 풍습이 매우 한심스럽다"라면서 오달제를 파직하라는 명을 내렸다. 이미 주화론에 기울어진 인조는 이에 반대하는 오달제를 매우 못마땅하게 여겨 어린 사람이 감히 대신을 비난한다면서 파직이라는 중징계를 내린 것이다.

그해 겨울 청군이 한양에 쳐들어오자 오달제는 인조를 따라 남한산성에 들어가 청나라와의 화의를 끝까지 반대했다. 그러나 인조는 주화파의 주장을 수용해 항복을 결정했고, 청나라에서는 전쟁의 책임을 척화파에게 돌려 이들을 찾아 처단할 것을 요구했다. 이에 오달제는 윤집尹集과 함께 자진하여 척화파로 나서서 적진에 잡혀가 청나라로 끌려갔다.

청나라의 압박이 조여오던 1637년 1월에 그는 홍문관 교리 윤집과 함께 오랑캐에게 가서 죽을 것을 청하는 상소를 올렸다. 그 상소에서 그들은 오랑캐에게 결코 사죄하지 않을 것이며, 죽음으로써 청나라의 부당한 요구를 막겠다는 결연한 의지를 표명했다.

신들이 삼가 듣건대 의정부에서 화친을 배척한 사람을 자수시키고 청군의 진영에 가게 했다고 합니다. 이러한 때를 당하여 진실로 군부君父의 위급함을 구원할 수만 있다면 조정에 있는 어느 신하인들 감히 나가지 않겠습니까. 신들이 지난해 가을과 겨울에 상소를 올려 최명길의 주화론을 배척했으니 이는 바로 더욱 드러나게 화친을 배척한 것입니다. 오랑캐 진영에 가 한 번 칼날을 받음으로써 교활한 오랑캐의 요청 한 건을 막을 수 있게 해주십시오. 다만 듣건대 의정부의 의논이 신들을 짐승들에게 사죄시키려 한다니, 그 뜻 역시 슬프기만 합니다. 신들에게 이미 사죄할 것이 없거니와 명을 받든 신하도 아닌데 어떻게 오랑캐와 수작할 수 있겠습니까. 이것은 감히 받들지 못하겠습니다.

《인조실록》 권34, 15년 1월 계해

오달제가 상소를 올린 지 며칠 후 조정에서는 최명길 등을 파견해 국서國書를 가지고 청군 진영에 가게 하고, 화친을 배척한 오달제와 윤집을 잡아 함께 보내게 했다. 떠나기 전에 그들이 남한산성에서 인조에게 하직 인사를 하자 임금은 "그대들의 식견이 얕다지만 그 원래의 의도를 살펴보면 본래 나라를 그르치게 하려는 것이 아니었는데, 오늘날 마침내 이 지경에 이르고 말았다. 고금 천하에 어찌 이런 일이 있겠는가"라면서 눈물을 흘리며 오열했다고 한다.

그러자 윤집이 아뢰기를 "이러한 시기를 당하여 진실로 국가에 이익이 된다면 만 번 죽더라도 아까울 것이 없습니다. 전하께서는 어찌하여 이렇게 구구한 말씀을 하십니까"라 했다. 임금은 다시 "그대들이 나를 임금이라고 여겨 외로운 성에 따라 들어왔다가 일이 이 지경이 되었으니, 내 마음이 어떻겠는가"라고 했다. 이어서 오달제가 아뢰기를 "신은 자결하지 못한 것이 한스러웠는데, 이제 죽을 곳을 얻었으니 무슨 유감이 있겠습니까"라 했다. 임금은 다시 "고금 천하에 어찌 이런 일이 있겠는가"라 하고는 목이 메어 소리를 제대로 내지 못했다. 그러자 오달제가 또 아뢰기를 "신들이 죽는 것이야 애석할 것이 없지만, 단지 전하께서 성에서 나가시게 된 것을 망극하게 여깁니다. 신하 된 자들이 이런 때 죽지 않고 장차 어느 때를 기다리겠습니까"라 했다.

그 말을 듣고 나서 임금은 그들에게 부모와 처자가 있느냐고 물었다. 윤집은 아들 셋이 있는데 모두 전쟁터에 있어서 생사를 알 수 없다고 했고, 오달제는 70세 된 노모가 있고 아직 자녀는 없지만 아내가 임신 중이라고 대답했다. 이 말을 듣자 임금은 "참혹하고 참혹하다"라고 한탄했다. 이어서 "그대들이 죄 없이 죽을 곳으로 나아가는 것을 보니 내 마음이 찢어지는 듯하다. 어찌 차마 말할 수 있겠는가. 성에서 나간 뒤에 국가의 존망 역시 단정할 수는 없다만, 만일 온전하게 된다면 그대들의 늙은 어버이와 처자는 마땅히 돌보아주겠다. 그대들의 늙은 어버이의 연세는 얼마며, 그대들의 나이는 또 얼마인가?"라고 물었다.

마침내 그들이 절하고 하직하려 하자, 임금이 앉으라고 하면서 내시에게 술을 대접하게 했다. 이때 승지가 와서 "사신이 벌써 문에 와서 재촉하고 있습니다"라고 하자 임금은 "어찌 이와 같이 급박하게 재촉하는가"라

했다. 두 사람이 술을 다 마시고 아뢰기를 "시간이 이미 늦었습니다. 하직하고 떠날까 합니다"라 하자 임금이 다시 눈물을 흘리며 말하기를 "나라를 위해 몸을 소중히 하라. 혹시라도 다행히 살아서 돌아온다면 그 기쁨이 어떠하겠는가"라 했다. 이에 오달제가 마지막으로 "신이 나라를 위해 죽을 곳으로 나아가니 조금도 유감이 없습니다"라고 말했다.

최명길이 두 사람을 이끌고 청나라 진영으로 가자, 청 태종이 그들의 결박을 풀라고 명했다. 그리고 그들을 후하게 대접하며 초구貂裘(담비의 모피로 지은 옷) 한 벌씩을 주었다.

그해 4월, 윤집과 오달제는 귀환하는 청나라 병사의 후진을 따라 당시 청나라 수도인 심양에 도착했다. 그들이 도착하자 적장 용골대龍骨大는 두 사람을 앞에 앉혀놓고 말하기를 "그대들이 화친을 단절하자는 의논을 앞장서 외쳐 두 나라 사이에 틈이 생기게 했으니 그 죄가 매우 중하다. 마땅히 죽여야 하겠지만 특별히 인명이 지중하여 살려주고자 하니 처자를 거느리고 이곳에 들어와서 살겠는가?"라고 회유했다.

그러자 오달제는 "내가 참고 여기까지 온 것은 만에 하나라도 살아서 돌아가면 우리 임금과 노모를 다시 보려는 것이었다. 다시 고국에 돌아갈 수 없다면 사는 것이 죽느니만 못하다. 속히 나를 죽여라"라고 말했다. 그러자 용골대는 노한 목소리로 "저것들이 황제가 살려주려는 은혜를 생각하지 않고 항거하여 말하기를 이와 같이 하니, 이제는 다시 용서할 수 없다"라고 했다. 이때 청나라의 재상 박황朴潢이 "나이 젊은 사람이라 다만 임금과 어버이를 사모하는 마음만 간절하여 함부로 생각한 것을 말한 것이니 아무쪼록 그들을 용서해주십시오"라고 간곡히 부탁했다. 그러고 나서 오달제에게 말하기를 "그대의 노친에게 그대가 살아 있다는 말을 듣게 하는 것이 비록 이역에 있다 하더라도 죽었다고 하는 것보다야 낫지 않겠는가?"라고 하니 오달제가 아무 대답도 하지 않았다고 한다. 그는 청나라의 회유에 굴복해 구차한 삶을 영위하느니 차라리 깨끗한 죽음의 길을 선택했다.

나중에 이 사실을 전해 들은 임금은 이렇게 말했다.

> 그 일은 가엾고 또한 아름답다. 청나라 대신이 말한 것을 따라 뜻을 굽혀 애걸했더라면 혹 살길이 있었을 것인데, 오랑캐에게 항복할 수 없는 의리 때문에 죽도록 굽히지 않아 나라에 빛이 있게 했다. 오달제의 말은 매우 아름답다. 죽고 살 즈음에 명예와 절조를 잃지 않기가 또한 어렵지 않겠는가.
>
> 《인조실록》 권35, 15년 7월, 경오

오달제와 윤집이 끝내 굴복하지 않자 청나라 사람들은 그들을 묶어다가 서문 밖에서 죽였는데, 조선 측에서 시체를 수습하려고 청했으나 허락하지 않았다. 뒤에 알려진 바에 따르면, 서문 밖에 사람을 죽이는 곳이 있었는데 뼈가 쌓인 가운데서 그들의 주검을 찾을 길이 없었다고 한다.

오달제는 형장으로 끌려가는 도중에 다음과 같은 시를 지어 자신의 노모와 형에게 부쳤다.

외로운 신하 의리 바르니 부끄럽지 않고
성주의 깊으신 은혜, 죽음 또한 가벼워라
이생에서 가장 슬픈 일이 있다면
홀로 계신 어머님 두고 가는 거라오

이 시를 듣고 눈물을 흘리지 않는 자가 없었다고 한다. 뒷날의 사관은 그의 죽음에 대해 평소에는 과감히 말하고 난리에는 절개를 지키다 순국했다고 평했다. 그는 죽는 것을 마치 집으로 돌아가는 듯이 한 것으로 알려진다.

죽음을 맞았을 때 오달제는 29세, 윤집은 30세의 젊은 나이였다. 조정에서는 그들의 부모와 처자에게 매달 늠료(봉급)를 지급하기로 하고, 오달제의 어머니와 아내에게는 각각 쌀 12말과 콩 2말씩을 주게 했다. 오달제의 유복녀는 일찍 죽고, 아내는 현종 12년(1671)에 유행한 열병으로 죽었다.

오달제, 윤집과 함께 잡혀가 있던 척화파 홍익한洪翼漢도 그들과 함께 심양성 서문 밖에서 처형당했는데, 사람들은 이들을 삼학사三學士라 하여 그들의 충의와 절개를 높이 추앙했다. 그들의 충절을 높이 기리기 위해 조정에서는 증직과 시호를 하사해, 오달제에게는 영의정을 추증하고 충신이라는 뜻의 충렬忠烈이라는 시호를 내렸으며 고향에 정문旌門을 세워주었다.

## 역적으로 몰려 능지처참되다
## _ 김옥균

안동 김씨 출신의 전도양양한 젊은이 김옥균金玉均은 21세 때인 고종 9년(1872) 알성문과에 장원으로 급제했다. 그는 급제 직후 홍문관 교리에 임명된 것을 시작으로 고종의 총애를 받으며 여러 요직을 차례로 역임했다. 고종 20년(1883) 이조참의에 제수된 후 고종은 백성들을 구제할 방도와 각종 폐단을 수습할 방안을 수시로 보고하게 함으로써 그에 대한 각별한 신임을 표시했다. 이러한 임금의 총애를 바탕으로 그는 일본의 메이지유신과 같은 급진적인 개혁운동을 구상했고, 그것을 실천에 옮겼다.

호조참판에 임명된 직후인 1884년 10월 17일 그는 개화파 동지들과 함께 마침내 정변을 단행했다. 이날 밤 개화파인 총판 홍영식洪英植이 주관한 우정국 낙성식 연회가 열렸다. 연회가 끝나갈 무렵 담장 밖에서 불길이 일어나는 것이 보였다. 이때 민비의 조카인 민영익閔泳翊은 우영사로서 연회에 참석했다가 불을 끄려고 먼저 일어나 문밖으로 나갔다가 피습을 당했다.

자리에 있던 사람들이 모두 놀라서 흩어지자 김옥균, 홍영식, 박영효朴泳孝, 서광범徐光範, 서재필徐載弼 등은 자리에서 일어나 대궐로 들어가 고종에게 변고에 대해 급히 아뢰고, 속히 거처를 옮겨 변고를 피할 것을 청했다. 임금이 경우궁으로 거처를 옮기자 김옥균 등은 일본 공사에게 지원해줄 것을 요청했다. 이에 일본 공사 다케조에 신이치로竹添進一郎가 병사를 거느리고 와서 임금을 호위했다.

그다음 날 김옥균 등은 생도生徒와 장사壯士 들을 시켜 민씨 정권의 주요 인사들을 제거하는 작업에 나섰다. 그리하여 좌찬성 민태호閔台鎬, 지중추부사 조영하趙寧夏, 해방 총관 민영목閔泳穆 등을 살해했다. 이때 임금이 연거푸 "죽이지 말라! 죽이지 말라!"라고 했으나 명을 듣지 않았다고 한다.

민씨 수구파들을 제거한 그날 김옥균 등의 개화파는 신정부를 구성하고 개화파 인사들을 핵심 요직에 배치하는 조각을 단행했다. 홍영식을 우의정으로, 서광범을 협판교섭통상사무로 승진시키고 서재필을 전영 정령관으로, 박영효를 전후영사로 임명했다. 김옥균은 호조 참판이 되어 공석 중인 판서를 대신하고 재정을 총괄하는 중임을 맡았다.

그러나 그다음 날 밤 조선에 주둔 중이던 청나라 군대가 개입함으로써 상황은 반전된다. 민씨 정권의 요청을 받은 청나라 병사들이 대오를 나누어 궁문으로 들어오면서 총포를 쏘았고 조선의 병사들도 따라 들어왔다. 일본 병사들이 이를 막았지만 수적으로 상대가 되지 않았다.

그러자 일본 공사가 병사들을 거느리고 궁을 떠났는데 김옥균, 박영효, 서광범, 서재필 등은 일본군을 따라 나갔고, 홍영식과 박영교朴泳教 그리고 생도 7명만 임금을 뒤따라 북묘로 갔다. 이때 청나라 군대가 임금이 북묘에 있다는 말을 듣고 대오를 거느리고 맞이하러 갔다. 그러자 홍영식 등은 임금의 어의를 끌어당기면서 가지 말라고 청했다. 여러 사람이 임금을 모시고서 사인교에 태우자 홍영식 등은 다시 성을 내며 고함쳤고, 이

때 조선의 병사들이 홍영식, 박영교와 생도들을 죽였다. 그 직후 청나라 사령관 위안스카이袁世凱가 병사들을 보내 임금을 영접했다. 이로써 개화파의 거사는 수포로 돌아가 삼일천하로 막을 내리고 말았다.

다음 날 도성 안의 백성들은 일본인들을 만날 때마다 때려서 죽이거나 상처를 입혔다. 일본 공사는 병사를 거느리고 도성 밖으로 나갔고 김옥균, 박영효, 서광범, 서재필과 생도 10여 명은 일본 공사관에 몸을 숨기고 있다가 머리를 깎고 양복 차림으로 몰래 인천항으로 가서 일본 군함을 타고 망명길에 올라야 했다.

예로부터 이기면 충신이요 지면 역적이라고 하지 않았던가. 거사가 실패로 끝나자 거사를 주도한 개화파 인사들은 즉시 역적으로 매도되었다. 그리하여 김옥균 등이 망명한 다음 날부터 역적들을 잡아서 처단해야 한다는 목소리가 일제히 터져 나왔다.

사헌부와 사간원에서는 이렇게 주장했다.

> 아! 고금 천하에 어찌 이번 김옥균 등의 역적들처럼 극악무도한 자가 있었습니까? 하늘이 정한 인륜을 생각하지 않고 평소에 남을 해칠 마음을 품고는 연회를 차려놓고 사람들을 칼로 죽였습니다. 그런 뒤에는 변고가 났다고 선언하고는 전하를 핍박해 처소를 옮기게 했습니다. 일본 사람들을 끼고 무력을 과시하면서 정승들을 모조리 죽여 궁정에 피를 뿌리고, 장상將相들을 좌지우지하여 종사宗社를 위태롭게 했습니다. 매우 다행스럽게도 중국의 주둔병이 전하의 신변을 보호하여 온 나라 신민들이

다 같이 기뻐했습니다. 그러나 역적의 괴수는 이미 처단되었지만 그 밖의 역적들은 오히려 대부분 법망을 빠져나갔습니다. 이미 죽은 홍영식에게 속히 노륙孥戮(죄인의 아버지나 아들을 연좌해 함께 사형함)의 법을 시행하고, 도망 중에 있는 역적들은 나라 안에서 염탐해 체포하는 한편 각국에다 상금을 걸고 찾아주게 요구함으로써 나라의 형법을 시원스럽게 바로잡아야 합니다.

《고종실록》 권21, 21년 10월 임진

이어서 대신들도 "김옥균 등은 우리 동방 한 나라의 죄인일 뿐만 아니라 바로 천하 만세의 인륜에 관계되는 죄인입니다. 삼가 바라건대 속히 처분을 내리십시오"라고 했다.

이러한 주장에 고종은 "난적의 화가 예로부터 무수히 많았지만 이번 다섯 역적의 변고는 역사에도 없는 일로 간담이 떨려 생각조차 할 수 없다"라거나 "요사이의 변고는 옛날에 듣지도 보지도 못한 일이다. 생각하면 기가 차서 차라리 말하고 싶지 않다"라고 분노를 표하면서 강경한 처벌 의지를 내비쳤다. 이제 살아남은 개화파에게 남은 것은 극형밖에 없었다.

조정에서는 그해 11월 1일에 우선 김옥균 등의 친척들의 관직을 삭탈하는 조치를 취했다. 김옥균의 아버지를 비롯한 개화파 인사들의 부모와 형제들은 삭탈관직되었고, 김옥균의 아내와 딸은 노비로 강등되어 온갖 고초를 겪어야 했다.

김옥균은 일본으로 망명했다가 큰 뜻을 품고 다시 중국 상하이로 망명길을 떠났다. 그러다가 해외로 망명한 지 10년 만인 고종 31년(1894) 3월 민씨 정권이 보낸 자객 홍종우洪鍾宇의 총탄에 암살당하고 만다. 그가 죽자 중국 병선兵船이 그의 시체를 인천 월미도까지 싣고 왔고, 그곳에서 조선의 배로 옮겨 다시 한양까지 운반했다.

그의 시체가 한양에 도착하자 이번에는 그를 능지처참해야 한다는 주장이 벌떼처럼 일어났다. 영의정을 비롯한 대신들은 "아! 이 역적은 바로 천하 고금에 없는 흉악한 역적으로, 온 나라 사람들치고 누군들 그의 사지를 찢고 그의 살점을 씹으려고 하지 않겠습니까? (…) 반란을 음모한 무도한 대역적에게 부도不道의 법을 적용하고 반란을 일으킨 이괄李适과 신치운申致雲에게 시행한 전례를 더 시행하여 천하 후세에 반역을 음모하는 역적들을 두려워하게 하십시오"라고 주장했다.

이어서 의금부에서는 《대명률》에 나오는 "모반과 대역의 공모자는 주모자와 추종자를 가리지 않고 모두 능지처참한다"와 "열 가지 극악한 죄를 범해 응당 죽여야 할 자는 결코 시기를 기다리지 않는다"라는 규정을 들면서, 시간을 기다리지 말고 능지처참해야 한다고 주장했다. 이에 임금은 "역적의 두목 김옥균은 천지개벽 이후에 아마 없었을 흉악한 자로서 반란을 일으킨 이괄과 신치운보다 더하다"라며 그를 즉시 능지처참하라고 명령했다. 그리하여 김옥균의 시체는 한강변의 양화진에서 사지가 찢겼고, 머리는 거리에 내걸렸다.

그러나 세상인심은 세상 형편에 따라 쉽게도 변하는 것인지, 그가 능지처참된 지 4개월 뒤에 온건 개화파가 주도한 갑오개혁으로 신정부가 수립되자 그의 죄가 모두 사면되고 복권이 이루어졌다. 그 뒤 순종 3년(1910) 6월에 이르러 김옥균에 대한 조선 정부의 평가는 백팔십도 바뀌었다. 당시 순종은 다음과 같은 조령을 내렸다.

죽은 호조 참판 김옥균은 일찍이 나라를 다스릴 포부를 안고 벼슬이 높이 올라가는 것을 달갑게 여기지 않았다. 해외를 두루 돌아다니면서 세계의 대세를 통찰했으며 여러 번 사리에 맞는 훌륭한 말을 아뢰었고 나라의 근심을 스스로 맡았다. 갑신년에 개혁할 것을 결의하고 세상에 더없는 큰 공적을 세우고자 했는데, 그만 일이 실패하여 갑자기 이웃 나라로 떠돌아다니면서 온갖 고생을 다 겪다가 마침내는 세상을 떠났다.

그러나 그의 정성스러운 일념은 한 번도 나라를 잊은 적이 없었으니 참으로 유신의 선창자이고 문명의 선각자였다. 지난 갑오년에 비록 이미 명백히 해명해주었으나 아직 표창하는 은전을 베풀지 못했으니 특별히 대광보국숭록대부 규장각 대제학에 추증하라. 시호를 주는 절차는 시장(시호를 정할 수 있게 그가 살았을 때의 일들을 적어 올리던 글)이 올라오기를 기다리지 말고 시호를 정하라."

《순종실록》 권4, 3년 6월 29일

이제 그는 천하의 역적에서 다시 유신의 선창자요 문명의 선각자로 돌변했다. 이에 따라 그에게는 규장각 대제학이 추증되고, 이어서 충달忠

達이라는 시호가 내려졌다. 忠은 나라에 공을 많이 세운 충신에게 시호로 내리던 글자다. 이처럼 김옥균은 나라를 근대화하려다가 역적으로 몰려 처형되었고, 다시 충신으로 뒤바뀌는 파란만장한 생을 살다 간 장원급제자였다.

**도움을 받은 자료들**

이 책은《조선왕조실록》의 기사를 기본 자료로 활용했다. 그 외에 최진옥의 〈조선 전기 장원급제자의 분석〉(최숙경교수정년기념사학논총, 2000), 〈조선 후기 장원급제자 연구〉(국사관논총, 92, 2000), 이성무의《한국의 과거제도》(집문당, 1994), 조좌호의《한국 과거제도사 연구》(범우사, 1996), 이원명의《조선 시대 문과급제자 연구》(국학자료원, 2004), 국사편찬위원회 편,《한국사》10(1977), 정구선의《조선시대 천거제도 연구》(초록배, 1996) 등에서 도움을 받았다. 그 밖에 한국학중앙연구원의 〈조선의 방목〉,《민족문화대백과사전》,《브리태니커백과사전》등도 다소 참조했다.